ESCUCHANDO a DIOS

ESCUCHANDO a DIOS

OYENDO SU VOZ

Joyce Huggett

 | Vida®

La misión de Editorial Vida es proporcionar los recursos necesarios a fin de alcanzar a las personas para Jesucristo y ayudarlas a crecer en su fe.

ESCUCHANDO A DIOS
Edición en español publicada por EDITORIAL VIDA —2007
Miami, Florida
© 2007 por Editorial Vida

Publicado en inglés bajo el título:
Listening to God
por *Hodder & Stoughton Ltd*
Londres, Sydney, Auckland
© 1986 y 2005 por Joyce Hugget

Traducción: *María Martín de Fraguela*
Edición: *E.F. Morris*
Diseño interior: *artserv*
Diseño de cubierta: *Pablo Snyder*

ISBN-10: 0-8297-4821-0
ISBN-13: 978-0-8297-4821-5

Categoría: RELIGIÓN / Vida cristiana / Oración

Impreso en Estados Unidos de América
Printed in the United States of America

07 08 09 10 11 12 ❖ 6 5 4 3 2 1

En memoria de Tom,
quien fue el primero en enseñarme
a escuchar a Dios.

Contenido

Prefacio

Han pasado cerca de veinte años desde que tentativamente envié el manuscrito de *Escuchando a Dios* a mi entonces editora Carolyn Armitage. Terminé el libro y durante tres meses permaneció guardado en la gaveta de mi escritorio antes de que yo reuniera el valor de remitirlo. Aunque Carolyn me había dado muchísimo estímulo, me consumía el temor ante la posibilidad de que este libro se publicara. Me preguntaba cómo reaccionaría el público cristiano. ¿Entenderán los evangélicos por qué yo tomé ideas de autores católicos? ¿Me rechazarán? ¿Comprenderán los carismáticos y se identificarán con mi creencia de que mi llamado a la quietud y a la soledad eran el llamamiento del Espíritu de Dios? ¿Se ofenderán mis amigos contemplativos por causa del reto gentil que contiene el último capítulo? En otras palabras, aquellos a quienes he llegado a querer ¿me malinterpretarán, me aislarán e incluso me rechazarán?

¡No necesitaba haberme preocupado! De hecho, todavía me sonrío al recordar mis preocupaciones neuróticas. Aún antes de que el libro se publicara, el equipo editorial que trabajaba entonces en Hodder & Stoughton me buscó en la Convención de vendedores de libros cristianos, agradeciéndome el libro y profetizando el sinnúmero de lectores que estarían agradecidos por él.

Cuando al fin se publicó el libro, me maravillé de que su profecía probara ser correcta. Durante más de dos años estuve recibiendo diariamente cartas de los lectores alrededor del mundo. Muchos de estos lectores confesaron que su peregrinaje de oración tenía tanto paralelismo con el mío que de muchas maneras ellos mismos hubieran podido escribir el libro. También expresaban la gratitud porque *Escuchando a Dios* les había permitido responder abiertamente a las insinuaciones del Espíritu. Todavía recibo cartas como aquellas. Cada vez que las leo y las releo, ofrezco a Dios mi gratitud, no solo por inspirarme a escribir el libro en primer lugar sino por su fidelidad en darme la gracia de apelar a mi valor para enviar el manuscrito terminado a la editorial.

Mucho ha cambiado desde ese día en que llevé el manuscrito al correo. Las cosas han cambiado internacionalmente en que hoy un número siempre creciente de cristianos de una variedad de orígenes —en particular aquellos que vienen de un fondo evangélico y carismático— se siente atraído a responder a la petición de Dios de «Quédense quietos, reconozcan que yo soy Dios» (Salmo 46:10) y a la invitación de Jesús «Vengan conmigo ustedes solos a un lugar tranquilo y descansen un poco» (Marcos 6:31).

También cambiaron mis circunstancias. Yo no sigo viviendo en una casa de siete dormitorios donde tenía el lujo de tener un cuarto tranquilo para usarlo como lugar de oración. Ahora vivo en un apartamento donde mi precioso lugar de oración es un rincón en una parte de mi estudio que mira a un bosquecillo que está bordeado con árboles de pino, un lugar donde a las ardillas les gusta jugar, un lugar que también parece amar a las gaviotas y a las palomas.

Los años que pasaron entre el tiempo en que viví en una casa pastoral espaciosa en Nottingham y ahora en este apartamento fueron años que se pueden resumir en una palabra: «cambios». Mi esposo dejó de ser el rector de una iglesia floreciente y apasionante en Nottingham y ambos llegamos a ser socios en misiones con Interserve. Nuestro papel en Interserve era proveer cuidado pastoral y recursos espirituales a otros compañeros en misiones, incluyendo dirigir retiros para ellos. Esto conllevaba mudarse de Nottingham a Chipre donde establecimos el Refugio Secreto, un oasis donde nuestros compañeros en misiones pudieran venir para retiro y descanso, oración y cuidado. Esto también nos hizo viajar mucho para dirigir los retiros para misioneros en los países donde ellos estaban sirviendo a Dios. Ninguno de estos retiros se efectuó en la clase de centros bien acondicionados que tenemos en Inglaterra. ¡La mayoría se celebraron en lugares que no tenían calefacción y a veces ni electricidad, algunas veces ni tan siquiera había agua corriente! Con todo, nunca oímos a los misioneros quejarse y fuimos testigos de la obra del Espíritu Santo en los lugares más profundos de las vidas de la gente. ¡Qué privilegio!

Dado que el «cambio» caracterizó nuestras vidas, en una ocasión alguien me envió una tarjeta que contenía las palabras siguientes:

Cambio

DIOS
Sacudiéndonos
Gentilmente
de una mano
a la otra

¡Dios puede
Tomarnos!
ALABADO SEA[1]

Esta tarjeta estuvo en mi escritorio durante muchos meses. Recientemente se mudó conmigo, recordándome lo apropiado del cambio.

Es apropiada porque la oración es un peregrinaje. Se me recordó esto en uno de los centros de retiro en el que tuve el privilegio de trabajar en uno de mis viajes al extranjero.

Este lugar de oración en particular está situado en un alto promontorio que mira a un río serpenteante. Mientras que las participantes se ocupaban de los ejercicios de oración que yo les había dado cada día, algunas veces yo me sentaba y contemplaba el río que parecía ser una serpiente gigantesca dormida en el barranco debajo, sus curvas y dobleces me recordaban las vueltas y revueltas de mi propia vida.

En *Escuchar a Dios* he compartido un tramo de mi propio viaje a través de la vida, una fase del peregrinaje que duró unos quince años. Esa fase, según he explicado, estuvo precedida por un período más largo de cerca de cuarenta años. Seguido por diecinueve años más que han sido ricos porque, como alguien correctamente nos recordó: «La recompensa de la búsqueda es seguir buscando».

Como expliqué en el prefacio del manuscrito original, hubo dos razones por las que describí en detalle esa fase intermedia de mi peregrinaje espiritual. Una fue porque las muchas personas que estaba conociendo me hacían la clase de preguntas que yo me había hecho en la década de 1970: ¿Habla Dios hoy como lo hizo en los tiempos bíblicos? Si es así, ¿cómo habla él? ¿Cómo sé si es su voz la que he oído? ¿Qué debo hacer si quiero aprender a sintonizar la pequeña y tranquila voz de Dios? Este libro se escribió pensando en tales personas.

Se publicó con una oración sincera para que estas personas pudieran encontrar respuestas a algunas de sus preguntas mientras se desarrollaba mi propia historia. Se produjo porque allá en lo profundo de mi corazón se había enraizado la convicción de que Dios todavía nos habla hoy y de que él está buscando activamente a personas cristianas que tomen seriamente su orden de escucharlo.

Hubo otra razón por la cual decidí escribir acerca de escuchar a Dios. Se puede sintetizar mejor en la palabra «obediencia». Sentí que Dios me estaba pidiendo que uniera tres hilos de espiritualidad que, en ciertas etapas de la historia de la iglesia, han permanecido tan separados que parecen casi incompatibles: la riqueza de la tradición evangélica con su fidelidad a la Biblia, la frescura del movimiento carismático con su disposición a recibir una vigorizante y autoritativa dirección del Espíritu Santo, y la profunda tranquilidad del mundo de la contemplación con su énfasis en encontrar a Dios y ser encontrado por él.

En *Escuchar a Dios* he descrito cómo estos tres hilos se han entretejido en mi propia vida. Relato algunos de los gozos, algo de la tristeza y algo de las sorpresas que he encontrado mientras que esta obra de Dios comenzara en mi vida hace treinta años. Intenté mostrar cómo, en una vida, *mi* vida, Dios ha estado derribando las barreras de sospecha y prejuicios que dividían a un cristiano de otro cristiano; cómo él ha impreso en mí el hecho de que los cristianos en muchos campos necesitan unos de los otros si es que van a llegar a ser completos y a abrazar el evangelio completo. Hay un sentido entonces, en el cual este libro es acerca de la reconciliación y acerca de la oración que escucha.

Ofrezco el libro a los lectores en quienes el Espíritu Santo de Dios está obrando de manera similar con el estímulo no de temer los cambios extraños que tal vez te estén sucediendo, sino regocijándote en ellos. Porque Dios nos invita, no a estancarnos en nuestra vida espiritual, sino a cambiar y a ir para ser cambiados.

Muchos años más tarde a lo largo del camino creo ese reclamo todavía con más fervor. Lo creo porque desde que escribí el libro yo misma he cambiado considerablemente. Mi experiencia de Dios no se ha congelado entre las páginas de *Escuchar a Dios*. Continúa evolucionando. Desarrollándose. Profundizándose. Ese es el motivo por el cual añadí una postdata titulada «Seguir adelante». Dios siempre nos está moviendo hacia adelante. Uno de los lugares a través de los cuales él nos guía es al desierto, ese lugar donde encontramos sequía y oscuridad espiritual, tiene una faz amistosa, incluso fructífera. No es un lugar para temerse sino más bien un lugar para ser bienvenidos. Es el lugar donde nos refinamos, el lugar donde nos refrescamos y equipamos, el lugar donde nos preparamos para la eternidad, donde nos encontraremos con el Amado cara a cara.

Al imprimir este libro una vez más, me hago eco de la oración que hice por primera vez allá en 1985, que se convierta en un puente sobre el cual el cristiano ardientemente desee escuchar la voz de Dios y que el Dios que ansía comunicarse con sus hijos pueda reunirse con ellos, abrazar a cada uno y viajar juntos a través de la vida escuchándose en amor uno al otro.

Joyce Huggett
2005

Reconocimientos

Un incontable número de personas contribuyó a la edición original de este libro. Aun más, ejerció su influencia en las actualizaciones hechas a través de los años. La mayoría permanece felizmente inconsciente del hecho de que, de alguna manera, ellos son coautores de este libro. De todos modos, mientras les agradezco, me gustaría mencionar a algunos de ellos.

Siempre estaré en deuda con los monjes de la Abadía del Monte San Bernardo por la bienvenida que me dieron cada vez que fui allí a un retiro. Su calidez, su testimonio y su adoración me hablaron con más poder que cualquiera de las palabras en los días y meses y años cuando estaba explorando un método de oración más apacible.

También estaré eternamente agradecida a las Hermanas del Priorato de Santa Hilda en Whitby, las que me recibieron en su medio con tanta calidez, generosidad e interés a pesar de que yo les era completamente extraña. Continúo también en deuda con las Hermanas del Amor de Dios, quienes por muchísimos años me han ofrecido no simplemente un apoyo infinito en el peregrinaje de la oración sino una amistad duradera y también oraciones que me han sostenido.

El Rev. Stephen Verney, quien era obispo de Repton cuando primero comencé a explorar las riquezas de la oración contemplativa, no fue solo una fuente de inspiración y de estímulo constante sino también un mentor que oraba por mí regularmente y por ello continúo dándole gracias a Dios.

Los miembros del grupo original de oración contemplativa en la Iglesia de San Nicolás, Nottingham, de igual manera dieron forma a mi vida de oración. Mientras *les* agradezco, debo incluir a mi esposo e hijos quienes sacrificaron tiempos de comunión familiar para liberarme al explorar el escuchar y orar y quienes también me ayudaron a evaluar mis conclusiones.

Doce personas oraron por mí mientras estaba dando a luz este libro. Sin su amor y oración intercesora, nunca se hubiera completado y me alegro de esta oportunidad para darles las gracias públicamente.

Para Carolyn Armitage, que editó el primer manuscrito de este libro, «gracias» parece una frase demasiado débil para expresar mi gratitud por su sabiduría, perspicacia y el cuidado que me dio antes de que el libro fuera a la imprenta. A ella le doy otro ramillete verbal de flores.

Y para Joan Edlin, la amiga que solía ser mi mecanógrafa, continúo sintiéndome asombrada cuando recuerdo las horas que empleó mecanografiando y haciendo de nuevo el manuscrito. Nunca se quejó. Más bien me celebraba constantemente, animándome en el sentido más profundo de la palabra, porque «estimular» significa «vertir valor».

Más recientemente la Comunidad del Santo Nombre me apoyó magníficamente y siempre estaré agradecida por su amor, compañerismo y su apoyo en la oración.

Finalmente, mis gracias a David Moloney y Julie Hatherall de Hodder & Stoughton por su bondad, afirmación y cooperación cuando este libro va a la imprenta otra vez con su nueva cubierta.

Joyce Huggett
Abril 2005

1

Cómo aprender a escuchar

DESDE MUY TEMPRANA EDAD la oración llegó a ser la urdimbre y la trama de mi vida. Mi padre tejió los primeros hilos de oración en la tela de mi experiencia. No fue que me enseñara oraciones ni que orara conmigo, hasta donde puedo recordar. Pero en su lugar, me enseñó el valor de la oración al permitirme observarlo mientras oraba.

Lo puedo ver ahora. Cada tarde, después del trabajo, se sentaba en su butaca cerca del fuego que siempre ardía durante el invierno en la chimenea de nuestra pequeña sala. Leía el periódico local desde la primera página hasta la última, escuchaba las noticias en el radio, luego tomaba su Biblia de piel, grande, negra, con filos dorados. Yo lo observaba con el rabillo del ojo. Amaba el olor de ese cuero y el crujir del papel de la India y el brillo de las páginas doradas. Y amaba el aspecto del rostro de mi padre cuando leía este libro atesorado. Parecía que al leerlo recibía contentamiento y gozo aunque los tiempos eran tan difíciles como cuando se quedaba sin trabajo.

Cuando terminaba de leer la Biblia y las notas, yo sabía lo que iba a hacer después. Le entregaba la Biblia a mi madre que estaba sentada en la butaca al otro lado del fuego. Mientras que ella volvía las páginas, él cerraba los ojos, inclinaba la cabeza y en una mano enterraba su rostro rojo como una manzana. A menudo yo contemplaba su cabello ondulado y castaño y me sentaba muy quieta mientras observaba cómo se movían sus labios finos. Aunque yo era muy niña, sabía que no podía interrumpir tales momentos. Pero cuando otra vez levantaba su cabeza, me subía sobre sus rodillas, me acurrucaba en sus brazos y jugaba con los lóbulos de sus orejas antes de darle un beso sonoro en la mejilla más cercana al fuego: la mejilla que estaba caliente.

Nuestra casa terraplenada solo tenía dos dormitorios. Mis hermanos dormían en uno de estos dormitorios y yo dormía en una camita en la esquina del otro, compartiéndolo con mis padres. A menudo, mientras aún estaba despierta, mis padres venían a acostarse y yo miraba a mi madre mientras doblada la sobrecama de satín de un rosado flamenco antes de arrodillarse con mi padre, al lado de la cama, sobre el frío linóleo rosado. Con frecuencia mi padre se demoraba en esta actitud de oración y otra vez yo podía estudiar su figura y el movimiento de sus labios silenciosos.

Los niños son grandes imitadores de las personas que aman. Quizá no sea de sorprenderse que yo no pueda recordar un tiempo en el cual la oración no fuera un rasgo principal de mi vida.

Entre mis recuerdos más tempranos están un retrato mío arrodillada junto a mi cama en oración y el recuerdo de una rutina regular. Yo me acostaba con la luz encendida y cantaba a todo lo que me daba la voz hasta que alguien venía a decirme que me callara. Mi cántico favorito era uno que mi padre me enseñó y que acostumbrábamos a cantar en la Escuela Dominical.

> ¿Hay algo más maravilloso
> Demasiado para ser verdad
> Que el Hijo de Dios descendiera del cielo
> Y muriera para salvar a un niño como yo?
>
> A veces pienso en la cruz
> Y cierro los ojos y trato de ver
> La corona de espinas y los clavos tan crueles
> Y a Jesús crucificado por mí.

Y yo cerraba los ojos, visualizaba a Jesús colgando de la cruz y mi corazón se volvía extrañamente cálido. El amor de Dios por mí conmovía mi corazón. Incluso a esa tierna edad quería responderle dándole el amor que brotaba de mi corazón al pensar en él colgando en la cruz por mí.

Cuando llegué a la adolescencia ya tenía un patrón de oración bien establecido. Cada noche, como mi padre, leía la Biblia, estudiaba el pasaje con la ayuda de las *Notas de la Unión de la Escritura* y me arrodillaba junto a mi cama para orar. El deseo más profundo de mi corazón era vivir la vida a la manera de Dios. Pero, ¿cuál era la manera de Dios?

Recuerdo estar perpleja sobre esto cuando me enamoré por primera vez. Tenía catorce años y mi héroe era un muchacho atlético de quince años. Él me encontraba en la escuela y juntos íbamos a casa en bicicleta y en el parque cercano a mi casa nos arrullábamos y nos besábamos. Nadie nunca me habló acerca del éxtasis de enamorarse. Nadie me explicó cómo se debe comportar un cristiano con los miembros del sexo opuesto, así que, aunque disfrutaba del arrullo y del besuqueo, al mismo tiempo estaba ansiosa. Con la única persona que hablé acerca de la situación fue con Dios. Él tenía toda mi confianza. Por la noche me arrodillaba junto a mi cama y le contaba todo. Y le hacía una sarta completa de preguntas: ¿Es correcto sentirse de esta manera acerca de un muchacho? ¿Está mal hacer estas cosas en el parque? ¿Es este el compañero con quien tú quieres que yo me case? Mi corazón estaba lleno de confianza y de sinceridad cuando me descargaba. El problema estaba en que no llegaba respuesta. Me levantaba de las rodillas tan confundida como antes.

Cuando otro novio me pidió que me casara con él, encontré el mismo cielo raso de silencio. En ese tiempo yo tenía dieciocho años y estaba trabajando mucho en los estudios avanzados preuniversitarios. Recuerdo estar halagada y confusa, aturdida y excitada, todo al mismo tiempo. Incapaz de hablar a mis padres acerca de tales cosas, me arrodillé esa noche en mi lugar de costumbre, sobre la alfombra al lado de mi cama y le rogué a Dios que me mostrara lo que debía decirle a este joven locamente enamorado. No llegó ninguna respuesta audible. Solo silencio.

A través de mis días de estudiante el amor de Dios creció en mí de una forma irresistible. La oración me intrigaba, me atraía y cada semana ocupaba varias horas de mi tiempo. Como estudiante de teología estaba obligada a estudiar la historia de la Iglesia. Envidiaba a los monjes y ermitaños primitivos de los cuales había leído que dedicaban su vida entera a la oración. Pero nunca descubrí el secreto de cómo escuchar a Dios. Ni tampoco conocía a alguien más que conociera este arte. Para mí la oración era como una conversación telefónica en la que solo conversaba una persona. Yo era esa persona. Me parece recordar que me enseñaron que la oración era el medio que el hombre tenía de comunicarse con Dios. La lectura de la Biblia fue la manera que Dios escogió para hablar con el hombre.

Ya sea que realmente me lo enseñaran o no, esto era lo que creía y cada día hacía tiempo para hablarle a Dios y trataba de escucharlo leyendo la Biblia. Uno de mis tutores en el Departamento de Teología descubrió este patrón personal de oración. Esto me ganó a mí y a otros como yo la calificación de los que «molestan a Dios», pero no nos fastidió. Lo que importaba era la oración.

Desde nuestra luna de miel en lo adelante, mi esposo y yo oramos tanto juntos como separados. En oración conversamos con Dios. Si necesitamos una respuesta para un asunto urgente esperamos que un versículo de la Biblia salte de la página y nos señale la dirección correcta, o que las circunstancias y el consejo de los amigos coincidan y así, de esta forma, Dios aclarará su voluntad.

Cuando nació nuestro hijo, lo enseñamos a orar. Cuando llegó nuestra hija, oramos sobre ella y con ella y por ella. Mientras le daba el pecho, en las primeras horas de la mañana, disfrutaba el silencio y oraba. La oración era una de las experiencias fundamentales para nuestra familia. Aun así, de alguna manera la oración creaba un hambre. Era como pensar que faltaba una pieza en el rompecabezas.

Cómo escuchar a Dios

Cuando nuestro hijo tenía once años de edad, mi esposo aceptó un trabajo en Nottingham. Iba a pastorear una iglesia en el centro de la ciudad. Nuestro nuevo hogar lindaba con la agitada carretera de circunvalación al frente y con Woolworths al fondo. Decidimos, antes de acomodarnos en él, que tenía una situación ideal para las reuniones de los hombres de negocios a la hora del almuerzo.

Todos los miércoles a la hora de almuerzo, unos cuantos hombres de negocios se reunían en nuestra sala de estar, tomaban sopa, comían emparedados, escuchaban una charla y oraban. Uno de los asistentes más asiduos era un miembro retirado de nuestra congregación: Tom. De vez en cuando los miembros del grupo dirigían las reuniones antes de invitar a un orador de afuera para que les hablara. Cuando llegaba el turno de Tom, él hablaba acerca de una dimensión de la oración que él llamaba «Escuchar a Dios». Insistía que cuando una persona escucha a Dios, Dios le habla, y cuando un hombre obedece, Dios obra.

Una vez Tom describió cómo este proceso de escuchar a Dios había revolucionado su matrimonio desde adentro. En una ocasión, mientras escuchaba a Dios, él sintió que Dios le urgía a pedirle perdón a su esposa por la manera en que había fallado en el pasado. Esa noche él hizo la confesión a su esposa y sugirió que ellos debían estar quietos juntos. El resultado de este acto de obediencia fue que su esposa rededicó su vida a Cristo.

Desde ese tiempo en adelante Tom y su esposa ponían el despertador a las seis de la mañana de modo que pudieran disfrutar juntos de un tiempo de quietud. Leían la Biblia, oraban y escuchaban la pequeña y tranquila voz de Dios. Cuando sentían que Dios les estaba hablando, escribían las instrucciones o retos o direcciones que recibían. Determinaron obedecer lo mejor que pudieran. Gracias a este reavivamiento espiritual, la vida se abrió para ellos en una forma nueva. La vida y los valores de Jesús llegaron a ser el patrón sobre el cual ellos cortaron sus vidas. Su amor mutuo se profundizó, su matrimonio se enriqueció y la nueva calidad de sus vidas tocó a sus muchos amigos y conocidos.

Tom también describió que durante sus tiempos de escuchar atentamente a Dios, fluyó su creatividad y surgieron planes. En una ocasión él fue a Dios cargado por causa de una huelga que estaba paralizando la firma impresora de la cual era director. Dios implantó en su mente, según le pareció, no solo un método para finalizar la huelga, sino ideas que cuando se pusieron en práctica, crearon un espíritu nuevo en la firma. En otra ocasión le pareció que Dios ponía una carga en su corazón por un amigo marxista. Durante sus períodos matinales de quietud surgieron ideas que puestas en práctica resultaron en la conversión a Cristo de este hombre.

El testimonio de Tom me fascinaba, aunque al mismo tiempo me aterraba. Yo lo admiraba. Rebosaba la bondad de él y de su esposa hacia mi familia y hacia mí. Su autenticidad, honestidad y transparencia no se podían negar. Sin embargo, cada vez que él describía su experiencia de detectar la pequeña y tranquila voz de Dios, yo detectaba un deseo agitado en el fondo del estómago, cierto recuerdo me llenaba de terror y bloqueaba el paso de progreso para mí. Realmente me estremecía recordar la tragedia de Jim, un amigo nuestro, que se equivocó tomando el pensamiento de lo que deseaba como el susurro de Dios, Jim había estudiado en la universidad con mi esposo y conmigo. Lo conocíamos bien. Precisamente después de nuestra boda nos escribió diciéndonos que Dios le había dicho que se casara con una amiga mutua, Kenny, otra compañera de estudios. «Pero eso es locura», protesté cuando leí la carta. «Jenny está comprometida con Geoff. Ellos van a casarse en tres meses». Nos resistimos a responder su carta. Jenny se casó con Geoff. Varios meses después llegó otra carta de Jim insistiendo que Dios le había dicho que se casara con Jenny. Esta vez David, mi esposo, le escribió a Jim para darle la noticia de que Jenny estaba casada.

Jimmy, sin duda alguna, saltó al próximo tren y llegó a nuestro hogar quejándose de que Jenny había cometido un error. En verdad, al principio rehusó creer que Jenny estuviera casada. Solo después de inspeccionar el registro de matrimonios de la iglesia en la que se celebró la boda, se convenció de que Jenny ahora era de Geoff «para bien o para mal».

La reacción de Jim perjudicó nuestra relación con él y trajo un malestar considerable a los recién casados, Jenny y Geoff. El recuerdo de este penoso incidente fue la causa de que pusiera en duda si la aparente línea directa de Tom con Dios era auténtica. Pudiera decir que era importante para él, pero yo no estaba convencida de que la Biblia nos estimulara a escuchar a Dios de esa manera. Así que, de algún modo, deseché con renuencia su receta de oración y hasta sospeché ligeramente de esta.

Dios tiene su manera propia de quebrantar nuestros prejuicios personales. Mi poema favorito, *El Lebrel del Cielo*, de Francis Thompson, nos recuerda este hecho agradable:

> Huí de él en las noches y en los días;
> Huí de él en los arcos de los años;
> Huí de él allá en los caminos laberínticos de mi propia
> mente;
> Y en medio de mis lágrimas me escondí de él…
> De esos fuertes pies que seguían,
> Y que me siguieron a mí.[1]

Cuando desconté la experiencia de Tom de escuchar a Dios, no estuve consciente de que yo también sería una futura fugitiva. Pero parece que así es como Dios me vio. Y, como siempre, el Lebrel del cielo me perseguía gentil, sensitiva y persistentemente. Una vez más él venció. Me convertí en su víctima voluntaria.

2

Sintonizados con Dios

Por este tiempo la iglesia del centro de la ciudad donde estábamos trabajando y adorando estaba llena de actividad, con nueva vida. Una razón para esto era el influjo de estudiantes que adoraban con nosotros los domingos. Venían de la Universidad de Nottingham y de la politécnica. En el otoño de 1976, dos años después de nuestra llegada a Nottingham, el capellán de la politécnica nos invitó a asistir a una conferencia de un fin de semana que él estaba organizando para hablar sobre el tema de la oración a algunos de sus estudiantes. «Celebraremos la conferencia en la Abadía del Monte San Bernardo», explicó. Es un monasterio católico romano a unos cuarenta minutos de Nottingham.

David y yo preparamos nuestras charlas y llegamos puntualmente al monasterio. Nunca antes yo había traspasado las puertas de un monasterio, pero mientras entrábamos por el camino bordeado de árboles, recordaba cómo nos sonreíamos de nuestra arrogancia. «¿Por qué *hemos* venido a hablar?» le pregunté a David. «Estos monjes han dado su vida al trabajo de la oración. Seguramente ellos saben de esto más que nosotros».

Yo iba a hablar primero. Al fondo se sentó un monje calvo con un hábito blanco que de vez en cuando me preguntaba cuál sería su evaluación de mi conferencia. Cuando los estudiantes se separaron en grupos pequeños para hacer sus comentarios, me las ingenié para tener mi puesto en el mismo grupo de este experto en la oración. Estaba ansiosa por oír lo que él iba a decir.

El propósito de la discusión era estimular a cada persona para que explicara a los demás los métodos de oración que les habían sido beneficiosos. El monje oía, asintiendo y sonriendo de tiempo en tiempo, pero sin hablar. Al final de nuestros comentarios lo invitamos a divulgar el secreto de su vida de oración. Su respuesta me iba a obsesionar durante semanas. «Oh», replicó con sus ojos parpadeando alegremente mientras hablaba, «encuentro que esta asignación es un poco difícil. Bueno, en estos días hago en silencio la mayor parte de mis oraciones». Fallé en comprender cómo alguien puede pasar la mayor parte de su vida en oración y aun así dejar a un lado las palabras. El misterio de esta declaración me molestó cada vez que pensé en eso durante las semanas venideras.

Ese día el monje se hizo amigo de mi esposo y de mí y plantó una sugerencia en nuestras mentes:

«¿Por qué no vienen aquí un día y hacen un retiro para ustedes mismos?» La misma fraseología «hacen un retiro», sonó sospechosamente católica para nuestros oídos protestantes, pero se nos prendió algo acerca de este santuario de oración. A principios de diciembre llegamos para hacer nuestro primer retiro.

Nunca olvidaré ese primer sorbo de quietud real. El retiro no demandaba nada de nosotros, excepto que sencillamente estuviéramos en la presencia de Dios. Habíamos venido directamente de la actividad de la vida de una parroquia con la iglesia en el centro agitado de la ciudad, así que esta ausencia de la imperiosa necesidad de cumplir con nuestras responsabilidades era por sí misma una terapia. El monasterio, con sus paredes y estructura saturadas de oración, su ritmo tranquilo y su centro puesto en Dios, nos parecía un oasis bien venido. Nos estábamos nutriendo, renovando y refrescando. Cada uno de nosotros disfrutaba viendo al otro descansar en la calidez del amor de Cristo que sentía, un fenómeno que era raro en el hogar.

De vez en cuando, durante nuestras cuarenta y ocho horas de retiro, el monje se reunía con nosotros y nos explicaba algunos de los misterios de su experiencia de oración. También nos prestó un libro que iba a cambiar mi vida. Mientras leía *He touched me* [Él me tocó] de John Powell, me sentía profundamente conmovida. Aquí había un hombre que comprendía mi búsqueda, que daba voz a mis luchas y que no tenía temor de exponer su vulnerabilidad personal al expresar cómo él había tropezado con respuestas a las clases de preguntas que yo había hecho.

¿Cómo Dios se comunica conmigo? ¿Cómo pone en evidencia quién es él después que me he revelado a él? ¿Tengo que esperar durante horas, días, semanas o incluso años para ver lo que Dios hará con y acerca de mi apertura a él? ¿O hay una respuesta más inmediata y directa? ¿Puede Dios poner directa e inmediatamente una idea nueva en mi *mente*? ¿Puede él darme una perspectiva nueva en la cual ver mi vida con sus éxitos y fracasos, agonías y éxtasis? ¿Puede Dios poner deseos nuevos en mi *corazón*, nueva fortaleza en mi *voluntad*? ¿Puede él tocar y calmar mis *emociones* turbulentas? ¿Puede él realmente susurrar palabras a los oídos de mi alma que escuchan por medio de la facultad interior de mi *imaginación*? ¿Puede Dios estimular ciertos *recuerdos* guardados dentro del cerebro humano en el momento en que se necesitan esos recuerdos? [1]

Nunca antes tuve el valor de expresar preguntas como estas aunque hervían en mi corazón desde la vez en que Tom me habló acerca de escuchar a Dios. Con ansias continué leyendo. La conclusión de John Powell me llenó con una emoción infantil.

Por supuesto, yo estaba segura de que Dios puede y nos enseña de estas maneras. Pienso en toda la Biblia como simplemente un informe escrito de tales experiencias religiosas de Dios invadiendo la historia humana y las vidas humanas, Dios hablándole a los hombres. También creo que este Dios está disponible y ansioso de hablarnos a tí y a mí. Sí, precisamente tan ansioso como lo estuvo de hablarle a Abraham, Isaac, Jacob, Isaías y Jeremías. [2]

«Pero, ¿vendría él a mí?» Esta pregunta que escribió John Powell también encontró eco en mi corazón. Su testimonio me dejó con una sed insaciable:

El Señor... puso sus ideas en mi mente, y especialmente sus perspectivas. Él amplió mi visión, me ayudó a ver lo que es realmente importante en la vida... Él viene a mí, en los momentos receptivos de oración en los que escucho y me hace una transfusión de su poder. [3]

Este hombre tuvo una experiencia de oración que fue para mí como un lenguaje extranjero. Determiné aprender ese lenguaje.

Quería lo que él había encontrado y estaba preparada para hacer sacrificios por esta perla de gran precio.

El dedo de Dios

De la misma forma en que un padre detecta las primeras reacciones en el corazón de un hijo pródigo, parece que el ojo de Dios que lo ve todo tomó nota de mis frescos anhelos por él. Él hizo la entrada en mi vida de una manera dramática, gentil y sensible.

Durante ocho años yo había luchado en contra del movimiento carismático. Sus extremos y excentricidades me conturbaban y alarmaban y determiné conducirme fuera de lo que me parecía un mero emocionalismo. Pero dos semanas después de este retiro en la Abadía del Monte San Bernardo, un amigo en quien confiaba me telefoneó tarde en la noche para decirme que él había recibido la plenitud del Espíritu y que creía que había estado hablando en lenguas. Yo estaba furiosa, recuerdo el escalofrío que estremeció mi cuerpo mientras notaba el entusiasmo en su voz. Recuerdo mi respuesta: «¡Qué cosa! Quizá debamos hablar de esto después de la reunión de mañana por la noche». No expresé mi determinación de sacar esta tontería de su cabeza, ni reaccioné verbalmente a su comentario final: «Joyce, pienso que hay algo en esto para ti». Pero temía nuestro encuentro y esperaba que esto no marcara el fin de una feliz amistad.

Después de la reunión de ese lunes por la noche, este miembro de nuestra congregación y yo hablamos largamente y hasta tarde. Lo conocía bien y no podía negar que Dios lo había tocado. Hubiera sido inútil, así lo supe, hablarle en contra de una experiencia religiosa que con tanta claridad había revitalizado su amor por Dios, renovado su sed por la lectura de la Biblia y que le había conferido poder a su vida de oración. Fue esa noche, mientras orábamos, que el Cazador del cielo me capturó. No pude luchar más contra la oleada de vida con la cual él me llenó. No tengo palabras para describir lo que sucedió. Simplemente recuerdo que yo sentía un cosquilleo de gozo. Al día siguiente yo estaba exuberante con este gozo. Como lo expresé a mi esposo, «yo supongo que esto es lo que significa tener la plenitud del Espíritu de Dios». Dejé de sentir hambre en la oración. No podía dejar de orar. Oraba mientras caminaba a las tiendas, oraba al reunirme con los niños que venían de la escuela. Oraba al acostarme y al levantarme por la mañana. Pero la naturaleza de la oración había cambiado. Había dejado de ser una sarta de peticiones, una diatriba de preguntas, súplicas y aflicciones. En su lugar, el sentido de la presencia de la vida de Dios dentro de mí me asombró y me llevó al silencio. Este silencio impresionante dio a luz a una alabanza sin palabras, una adoración a él sin palabras. Silencio. Sin palabras. Esto fue lo que el monje había estado describiendo. Un toque fresco de Dios. Esto era lo que John Powell había experimentado.

La voz tranquila y suave

La mayoría de los domingos por la tarde, en este período de la historia de nuestra iglesia, una maestra de escuela, pelinegra, con ojos castaños, solía venir a nuestro hogar con un montón de jóvenes. Era tímida y aunque hice varios intentos de hacer amistad con ella, nunca sentí que realmente había llegado a conocer a la verdadera persona que se escondía detrás de sus ojos pardos. Una mañana, cuando sonó el teléfono y la voz de Joan clamó pidiendo ayuda, me sorprendí pero me agradó que confiara en mí. Joan, sin rodeos, me explicó que su madre había sufrido un colapso repentino y le diagnosticaron que sufría de un tumor en el cerebro que consideraban ser incurable.

Me sentí desarmada. Después que Joan me dejó, le pedí a Dios que sanara a esta mujer. En lugar de prometer que lo haría, tuve la sensación de que Dios me pedía que la visitara en el hospital cercano. No estoy diciendo que haya oído una voz. No fue así. Lo que estoy diciendo es que un conocimiento interior al cual llamaré como «una voz» me habló tan claramente que no pude escapar sus implicaciones. En verdad, fue tan real que discutí con ella. «Pero Señor, ni siquiera la conozco. ¿Qué se supone que le diga?»

La voz simplemente replicó, «ve y cuando llegues yo te diré lo que vas a decir». El sentimiento de que Dios quería que yo visitara a esta mujer enferma no se iba a ir. Así que fui a visitarla.

Mientras caminaba hacia las puertas del hospital, mis ojos se posaron en una estatua en el nicho de una pared. El escultor había cincelado una representación impresionante de un pastor sosteniendo a un cordero enfermo. La voz me habló de nuevo. «Descríbele esta estatua». Con mi falta de fe, nuevamente protesté. «Pero Señor, ella no es cristiana. Ella no va a entender lo que esto significa». La réplica regresó «No te preocupes». «Díselo».

Cuando al fin encontré a la paciente, le hablé acerca de su

enfermedad, de su hija, de las enfermeras. Antes de irme fue que le describí la estatua que había visto. Ella escuchó y pareció complacida de que hubiera venido, así que le prometí regresar.

Durante varias semanas seguí visitando a esta paciente y entre nosotras surgió una amistad confiable.

De alguna manera sentía que Dios estaba obrando en su vida. Aun así me asombré cuando una tarde me dijo que estaba lista para morir ahora que conocía al Buen Pastor. Me contó que había pensado mucho acerca de esa estatua y que Dios se le había mostrado personalmente por medio de ella. Murió unos cuantos días después.

Esta experiencia me persuadió de que Dios puede hablar, que él habla y que si obedecemos a esa urgencia interior pueden suceder cosas notables.

Otro incidente reforzó esta idea. Unas cuantas semanas después de la muerte de la madre de Joan, recibí una llamada telefónica de la afligida esposa de un clérigo. Ella se estaba muriendo con cáncer y el tratamiento la dejaba deprimida y débil. Yo solía visitarla de vez en cuando hasta que la hospitalizaron. Pero entonces no quería interrumpir el tiempo de visitas de la familia, así que simplemente oraba por ella en mi hogar.

Una tarde no pude sacar de mi mente a esta mujer. La voz que estaba aprendiendo a reconocer como la de Dios me empujaba a visitarla. Cuando estaba sentada al lado de su cama, sosteniendo su mano huesuda y apergaminada, la misma voz susurró: «Recuérdale el himno "Tal como soy"». Mi respuesta muestra cuán lenta yo era para aprender a obedecer. «Pero, Señor, ella es de una tradición de una iglesia anglicana de mucha liturgia. Ella no va a apreciar *ese* himno». La respuesta vino: «No te preocupes». «Cítalo».

Cuando comencé la primera línea, esperé poder recordar el primer verso. El himno completo salió de mis labios:

> Tal como soy, de pecador,
>> Sin más confianza que tu amor,
> Ya que me llamas, acudí;
>> Cordero de Dios, heme aquí
>
> Tal como soy, me acogerás;
>> Perdón, alivio me darás;
> Pues tu promesa ya creí;
>> Cordero de Dios, heme aquí.

Cuando terminé, su débil mano me apretó un gracias y quietamente la dejé.

Murió unos días después. Cuando asistí al funeral, me sorprendió ver que uno de los himnos que su esposo había escogido era precisamente «Tal como soy». Después él explicó: «Las palabras de ese himno le trajeron mucho consuelo y paz aun en medio de todo el sufrimiento de las horas finales de dolor atroz en esta tierra. A menudo ella me pedía que se lo leyera».

De nuevo yo estaba profundamente emocionada. Ya no pude negar más que Dios habla hoy. En esas semanas llenas de acción me pareció descubrir por mí misma que las afirmaciones de Tom eran correctas. El Espíritu de Dios que mora en nosotros habla hoy y quiere que lo escuchemos. Aun más, él quiere que actuemos tanto como que oigamos. Este descubrimiento abrió una puerta hacia un reino espiritual totalmente nuevo para mí. Como Lucy, en el libro de C.S. Lewis, *El león, la bruja y el guardarropa* me encontré en un mundo que estaba relacionado al nuestro pero que misteriosamente era otro. Como Lucy, me llené de un asombro y excitación que hicieron estremecer mi espina dorsal. Me identificaba con la mezcla de emociones que C.S. Lewis describe cuando Dios lo sorprendió por el gozo:

> Estaba sobrecogido… había pasado la larga inhibición, el seco desierto yacía tras mí, una vez más estaba fuera, dentro de la tierra del anhelo… No había nada que hacer acerca de esto, ni pensar en regresar al desierto. Simplemente se me había ordenado —o más bien, compelido— a «sacar de mi rostro» esa apariencia. Y nunca más volverla a tener».[4]

3

Un gusto de silencio

CADA VEZ QUE PODÍA iba a la Abadía del Monte San Bernardo para orar. Algunas veces solo podía disponer de unas pocas horas. Otras veces me las arreglaba para pasarme el día completo. Ocasionalmente hacía un retiro de treinta y seis horas.

¿Qué me llevaba hasta allí? Una visita reciente me ayudó a indicar con precisión el poder del lugar. Conduje a través de condiciones peligrosas, junto a líneas llenas de nieve, para llegar a la abadía en medio de una enceguecedora ventisca; en el camino mi carro resbaló y al hacerlo chocó con otro carro más grande. Aun así, cuando al fin pude estacionarme afuera de la casa de huéspedes de la abadía, encontré el camino a través de la nieve que me llegaba hasta el tobillo, levanté el picaporte de la puerta de roble de la capilla y al instante sentí una paz que invadía mi espíritu.

El silencio de la capilla saturado de oraciones se filtró en mí. En unos segundos caí de rodillas consciente de lo que me rodeaba, del olor de pulimento fresco en los muebles, el sonido de los monjes arrastrando los pies en las casillas del coro, el viento aullando alrededor del edificio, sin embargo, yo estaba intensamente consciente de un amor que me llevaba así mismo, el amor de Dios.

El sentido de la presencia y del amor de Dios era tan fuerte que borró todos los recuerdos de un viaje traumático. Este amor pedía una respuesta. Mientras que los monjes adoraban, como una esponja que yacía dura y seca, yo abrí cada célula y fibra de mi ser a la calidez, el resplandor y a la llamada del amor del Señor viviente.

«Y esto fue como siempre fue», reflexioné. «En este lugar el Señor me llama de mi preocupación con mi yo y mi sobrecarga a enfocarme en él y solamente en él. En este lugar toca mi ser real el cual escondo a menudo. Me toca por medio del atractivo de la música, me toca por medio del estímulo visual de la cruz, por la atmósfera poderosa y cargada de oración, por medio de la vela titilante, lo cual de alguna manera tranquiliza mi corazón atormentado».

Cuando los monjes dejaban la iglesia, yo me quedaba allí, como lo hice en esta ocasión. Y estuve consciente de que cada parte de mi ser —cuerpo, mente y espíritu— estaba abierta, atenta a la presencia divina. No había hecho nada para prepararme para esta eventualidad. Dios lo había hecho todo. La iniciativa fue de él. El milagro fue suyo. Al transmitirme su amor de una manera tal que yo lo sentí, se desdoblaron las partes de mi ser que normalmente permanecían cerradas. Me imagino que más bien yo era como el lirio acuático que se abre cuando puede disfrutar del cálido sol, pero cierra sus pétalos cuando la nube o la lluvia ocultan el sol.

Lo que oí en esos momentos de escuchar era más que una voz. Era una presencia. Sí, oí al Señor llamarme por mi nombre pero también «oí» su ternura. Absorbí su amor y este escuchar fue en un nivel que corría mas profundamente que las meras palabras. Algunas veces me parecía como si el mismo Jesús estuviera frente a mí o a mi lado o sobre mí. Este encuentro con él me sobrecogía. ¿Era esto su resplandor? ¿Era la ternura de su mirada? ¿O era el hecho de su mirada? La única manera de describirlo es compararlo con el sobrecogimiento que una persona siente cuando ama a alguien muy profundamente. El corazón de esa persona arde de puro placer y por el gozo de estar en la presencia del amado, los ojos de esa persona brillan o centellean o se rocían con una emoción cálida y profunda, pero esa persona no habla. Las palabras no son necesarias y hasta interrumpen porque pudieran trivializar el amor. Y nada debe echar a perder el éxtasis de su encuentro el cual puede ser demasiado breve en cualquier caso. Ellos se contentan simplemente con «estar» en la presencia uno del otro. Pero ese silencio está envuelto de una cálida comunicación.

Nunca antes me había deleitado en Dios de esta manera. Y nunca se me había ocurrido que Dios quería que yo me quedara en su presencia de modo que él pudiera mostrarme que se deleitaba en mí. Hasta ahora, mi oración había sido vocal, apurada, algunas veces manipuladora, siempre orientada al logro de algo. Arrodillarme al pie de la cruz hizo que la música me inundara de modo que yo pudiera «precisamente» estar con Dios, en una quietud que me convenció que «él es», que «él es Dios»; era una experiencia nueva. Pero «pasar el tiempo» con Dios sin hacer logros concretos estaba cambiando mi vida, cambiando mi visión de Dios, mi percepción de la oración, cambiando mi comprensión en cuanto a escuchar a Dios.

El problema era que yo podía lograr esta clase de quietud en un lugar donde la gente ora continuamente, yo estaba casada, madre de dos adolescentes, completamente involucrada en ayudar a mi esposo en una parroquia activa, yo nunca podría ser un monje. Podía soñar en llegar a ser una ermitaña, pero me daba cuenta que mi vocación no era simplemente la de orar, sino la del matrimonio, la maternidad y el servicio a la comunidad. ¿Cómo iba yo a llevar lo que había experimentado de Dios en la Abadía del Monte San Bernardo y traducirla a mi peregrinaje espiritual diario?

Cuando todavía estaba perpleja acerca del problema, me atacó la mononucleosis infecciosa y me tumbó. ¿Era quizá esta la manera que Dios tenía de darme el tiempo y el espacio que necesitaba para examinar mis prioridades? ¿Quizá era esta su oportunidad de hablar en tonos que yo no hubiera podido detectar de haber estado viviendo la vida a un paso normal? C.S. Lewis nos recuerda con razón que el dolor es el megáfono de Dios por medio del cual él habla a un mundo sordo.

Yo no sé por qué durante meses esta enfermedad me quitó de la línea delantera de actividad. Lo que sí sé es que un libro que me dio una amiga cuando estaba enferma me enfrentó con la respuesta a mi pregunta, «¿cómo puedo acercarme a Dios en la actividad de mi rutina diaria?» También me contestó otra pregunta que estaba molestándome en ese tiempo pero que yo no había tenido todavía el valor de enfrentar. ¿Era esta faceta de la oración, de la cual nadie me había hablado antes y de la cual escasamente me atrevía a mencionar en los círculos en los cuales me movía, simplemente un viaje emocional y egocéntrico? ¿O era este un sendero de oración muy trillado y del cual yo era totalmente ignorante?

El nombre del libro era *Pustinia* que en ruso significa «desierto» o «ermita». La autora, Catherine de Hueck Doherty, nació en Rusia, pero desertó hacia el oeste después de la revolución de octubre de 1917. Se radicó en Canadá donde le comenzó a enseñar, a personas espiritualmente hambrientas, un acercamiento a Dios que recibió como un legado en su tierra natal. Su tesis era que el hombre moderno necesita el silencio tanto como lo necesitaron sus antepasados.

Si vamos a testificar de Cristo en los comercios de hoy, donde hay demandas constantes de toda nuestra persona, necesitamos silencio. Si vamos a estar siempre disponibles, no solo físicamente sino por empatía, simpatía, amistad, comprensión y *caridad* ilimitada, necesitamos silencio. Para ser capaces de dar hospitalidad gozosa, incansable, no solo de casa y alimentos sino de mente, corazón, cuerpo y alma, necesitamos silencio.[1]

Este párrafo tocó una cuerda inmediata en mi corazón. Y la siguió rápidamente otra observación la cual parecía haber sido escrita precisamente para mí: «Este silencio no es la prerrogativa exclusiva de los monasterios y conventos. Este silencio simple, cargado de oración, es el silencio de cada cual, y si no lo es, debiera serlo».[2] La autora desarrolla su tesis al explicar que una *pustinia* significa un lugar quieto, solitario, donde las personas se retiran porque desean encontrarse con Dios y porque tratan de escucharlo. Ella afirma que Dios se revela en una rara plenitud a la persona que sale de la vorágine de la vida en este camino. Es un lugar donde podemos estar tranquilos y conocer que Dios es Dios, es donde Dios puede cumplir su promesa: «Por eso ahora voy a seducirla, la llevaré al desierto y le hablaré con ternura» (Oseas 2:14).

Cuando leí este libro estaba acostada en la cama. Al llegar a sus sugerencias prácticas acerca del lugar de retiro, me encontré inesperadamente sentada derecha y rebosando de entusiasmo. Ella recalca que una pustinia no tiene que estar completamente lejos de los lugares predilectos de los hombres. Algunas personas reservan en sus hogares un cuarto pequeño al cual van a orar y a meditar, y a este lugar le llaman una pustinia.

A los cuatro meses de leer este libro, nos habíamos mudado a una casa laberíntica de cuatro pisos con siete dormitorios. Antes de mudarnos, el dormitorio tipo ático en la parte más alta de la casa estaba destinado al silencio. Yo lo convertiría en un cuarto de oración donde pudiera aventurarme al silencio sin tener que ausentarme de la familia con tanta frecuencia.

Más profundamente

En este tiempo mi amistad con la capellana en la Universidad de

Nottingham cobró un significado nuevo. Esta amiga era una monja, una hermana del convento en Whitby prestada a la universidad. Ella solía visitarme cuando me estaba recuperando de la mononucleosis y hablábamos acerca de la oración, particularmente de la oración silenciosa. Con orgullo le mostré mi cuarto de oración en la parte más alta de la nueva casa.

Cuando se acercaron los días feriados del verano, la hermana Stella Mary se preparó para pasar las vacaciones en la comunidad. Antes de dejar Nottingham, me extendió una invitación: «¿Por qué no vienes a Whitby durante unos cuantos días mientras estoy allí y pruebas nuestro silencio? La tranquilidad del convento y el aire del mar te harán bien y apresurarán tu recuperación».

La idea me atrajo por varias razones. Primero, me gustaba la idea de ver por mí misma este «hogar» de mi amiga. Segundo, dado que era una comunidad anglicana, sabía que sería capaz de tomar la comunión allí, algo que no podía hacer en la Abadía del Monte San Bernardo pues yo no soy católica romana. Tercero, después de meses de aburrimiento y enfermedad me atrajo el pensamiento de cuatro días de soledad en un ambiente agradable.

A mi familia también le gustó la idea, así que en agosto ellos me llevaron hasta el imponente castillo de piedra gris convertido ahora en convento y escuela.

Dios y las hermanas me consintieron. Durante los cuatro días que pasé allí, el sol bañó el edificio y el jardín con luz y calor. En el jardín encontré un nicho empapado de sol y allí me sentaba entre las malvas, con mi espalda contra la pared de ladrillos rojos y mi rostro mirando hacia el sol. Descansaba durante horas, leía, bebía la paz, oraba y meditaba en la Palabra de Dios. De vez en cuando también me expansionaba dando zancadas junto a la orilla del mar, observando las gaviotas y envidiando su fortaleza, pero de repente sintiéndome tan libre como ellas parecían serlo. Y yo aceptaba con entusiasmo la bondad que me mostraban: como el día cuando estaba observando un silencio total y una hermana me trajo mi café al jardín, incluso con galleticas hechas en la casa y un chocolate envuelto en un papel dorado.

Pero lo que me impactó más profundamente fue la profundidad del silencio. Yo comía en silencio en el refectorio. Todas las mañanas oraba en silencio en la capilla con las hermanas. Como ellas, pasaba en silencio la mayor parte del día.

Nunca antes yo había comido en silencio. Y nunca antes había orado con un grupo de personas sin usar palabras. El poder que este silencio generaba me dejaba pasmada.

Sí, había absorbido silencio en la Abadía del Monte San Bernardo, como he dicho, y esto había llegado a serme precioso. Pero la Abadía del Monte San Bernardo abre ampliamente sus puertas a personas como yo: los que están comenzando a explorar las profundidades de la oración, personas necesitadas de instrucción, personas necesitadas de ayuda de diferentes clases. Tales personas no pueden estar en silencio durante períodos largos y entonces interrumpir la paz del lugar por la conversación en la casa de huéspedes. De vez en cuando el ruido contamina el ala de los huéspedes y probablemente es apropiado que esto sea así.

Pero aquí, en Witby, los huéspedes no interrumpen el ritmo del estilo de vida monástico. Ellos son menos y los absorbe la comunidad, sus costumbres y su quietud.

Esta quietud sostenida ablandaba mi espíritu, haciéndolo receptivo a la nueva semilla de pensamientos que estaban por sembrarse.

La hermana Stella Mary estaba lista. Mientras hablábamos acerca de Dios y de mis anhelos por él, ella detectó que yo había sido llamada a la contemplación. En la primera noche de mi visita ella me prestó un libro que nunca antes yo había visto, *Prayer and Contemplation* [La oración y la contemplación] por Robert Llewellyn. Era otro de esos libros que parecían haber sido escritos especialmente para mí.

De él aprendí que hay una correlación estrecha entre la experiencia carismática la cual me había tomado por sorpresa y el ansia de soledad que yo estaba experimentando corrientemente. Robert Llewellyn explica que solo el Espíritu Santo puede enseñarnos a orar. En verdad, la oración es su trabajo dentro de nosotros. No solo es él nuestro maestro sino nuestro asistente. Él es quien viene para ayudarnos en nuestra debilidad. Cuando estamos perdidos sin saber cómo orar «el Espíritu mismo intercede por nosotros con gemidos que no pueden expresarse con palabras» (Romanos 8:26). «Gemidos que no pueden expresarse con palabras» o como lo dice la Biblia RVR «suspiros demasiado profundos para expresarlos con palabras», o como lo parafrasea un comentario «anhelos inexpresables los cuales solo Dios comprende». Esta es una definición de la oración contemplativa. Tal contemplación es un don del Espíritu de Dios. Algunas veces él nos enseña a sondear las profundidades del silencio. Otras veces nos enseña a vocalizar oraciones espontáneas. Y otras veces nos estimula a orar en lenguas.

Mientras consideraba revelaciones como estas, dos pensamientos me golpearon con la fuerza de un relámpago. El primero fue que la clase de oración que me arrastraba una y otra vez a la Abadía del Monte San Bernardo tenía un nombre: contemplación. El segundo fue que esta cosa llamada contemplación era un don que Dios da a su pueblo a través de su Espíritu Santo, un don que lo capacita a exponerse a la presencia de Dios.

Con el conocimiento intuitivo, que en sí mismo es un don del Espíritu de Dios, supe que Dios me estaba invitando no solo a recibir este don sino a desempacarlo; que él me había traído a Witby con este propósito principal en mente.

Este presentimiento se confirmó mientras más leía el libro de Robert Llewellyn y en particular su descripción del llamamiento a la contemplación.

Él sugiere que algunas veces ocurre que un cristiano se inicia en la vida de oración aprendiendo a tomar un pasaje de la Biblia, leerlo, examinarlo, meditar en él y considerar cómo este afecta su estilo de vida y su relación con otros. Al final de este período de estudio bíblico, la persona interesada orará alguna clase de oración libre y vocal. Me vi reflejada en esta descripción. Este era el modelo que había practicado durante años.

Él continúa sugiriendo que puede venir un tiempo cuando estas ocupaciones, aunque valiosas por sí mismas, no hacen más que tocar el borde de nuestro anhelo en la oración. Nos dejan con un sentimiento de vacío más bien que de plenitud. En verdad, llega a ser casi imposible continuar usando estos métodos tan trillados. Lo que leí después me persuadió de que Dios estaba tratando de poner mis pies en un sendero de oración bien recorrido para el cual todavía yo no tenía un mapa, ni una brújula, ni una guía. Robert Llewellyn afirma que si tales cambios van acompañados de un anhelo profundo de Dios, si nos encontramos queriéndolo a él y solo a él, entonces podemos tomar esto como una indicación de que el Espíritu Santo está guiándonos a la oración contemplativa. Entonces queda una sola opción: rendirnos a la impresión del Espíritu de Dios.

Dios usó declaraciones como estas para mostrarme su dedo señalador. Aún sin saber lo que estaba sometiendo, dado que nunca antes conscientemente había oído de la oración contemplativa, dije a Dios mi «Sí». Quería estar abierta por completo a cualquier cosa que su Espíritu me diera.

Lugares secos dentro de mí pedían más del agua vivificadora del Espíritu la cual según Robert Llewellyn estaba disponible. A la luz de esto supe que yo ya no podría contentarme más con pensamientos acerca de Dios, ya fueran míos o de otras personas. Tenía que encontrarlos por mí misma, reunirme con él y ser hallada de él, no podía contentarme con algo menos. Si era necesario, me sacrificaría por seguir este sendero de oración. Yo estaba lista a responder al siguiente reto de Dios.

Cualquiera que encuentra dentro de su corazón una respuesta a las grandes palabras de San Agustín, «Tú, oh Dios nos hiciste para ti y el corazón del hombre estará sin descanso hasta que descanse en ti», y quien esté listo en la gracia de Dios para encarar las experiencias del camino que nos prueban, debe ir adelante, sin dudar nada, por el sendero al cual el Espíritu está llamando ahora.[3]

4

Llamados a contemplar

REFRESCADA, Y EN EL flujo total de un entusiasmo gozoso, regresé al hogar. La oración contemplativa se convirtió en una pasión. Mi respuesta a este llamamiento a la contemplación fue incondicional.

«¿Hay una técnica para esta clase de oración, una clase de guía para hacer la contemplación por ti misma?», me preguntaba. Si la había, estaba determinada a desenterrarla.

El libro de Robert Llewellyn, que tuve que dejar en el convento, ofrecía varios indicios para los principiantes. Recogí varios de estos en un libro de ejercicios, grande, carmelita y estropeado que llevé a Witby y el cual cuidaba ahora con mi vida. La hermana Stella Mary, que también sintió la metamorfosis espiritual que me estaba ocurriendo, era un almacén andante de sugerencias prácticas que compartió conmigo de la manera más generosa. Pero ella estaba en Witby y yo estaba en Nottingham. Yo necesitaba un mentor y guía más permanente.

Dios tiene una manera maravillosa de traer a nuestras vidas a las personas, los sucesos y los libros cuando los necesitamos. Mientras estaba en esta encrucijada de mi peregrinaje de oración y en mi búsqueda de directrices al máximo, un día otra amiga me dijo: «pienso que sería interesante que le dieras un vistazo a esto». «Esto» era un folleto que un amigo le había prestado. Su título, *A Method of Contemplative Prayer* [Un método de oración contemplativa] me atrajo de la misma manera en que según imagino la madreselva atrae a las abejas en una tarde de verano.

El autor, James Borst, es un maestro de oración que vive en la India. De inmediato me entusiasmé con él al enterarme por el prefacio del folleto que, como yo, él era un maestro y consejero cuyo horario estaba tan lleno que tuvo que crear el tiempo para orar. Y más adelante me sentí empujada hacia él cuando leí su prefacio al folleto. Allí él recalca los dos pasos espirituales que pusieron el fundamento para su vida de oración: primero el paso de aceptar a Jesús como su Señor y Salvador; segundo, el paso de abrirse a sí mismo a la plenitud del Espíritu Santo de Dios. Él explica que este segundo paso —que para muchas personas es el sésamo ábrete para la oración contemplativa— es el principio de una nueva vida en el Espíritu en el cual el amor de Dios se convierte en una realidad experimentada antes que solo un conocimiento de hecho.

Como ya he dicho, yo estaba ansiosa por esta nueva vida en el Espíritu, así que hojeé todo el folleto de sesenta páginas. Para mi gozo y asombro, James Borst está aplicándose las mismas preguntas que daban vueltas a mi cerebro: «¿Qué es la contemplación?» «¿Cómo se lleva a la práctica?» «¿Qué se logra con esta clase de oración?» «¿Cómo nos ayuda a escuchar a Dios?» Una mirada rápida a las respuestas sensatas que el autor ofrecía en respuesta a estas preguntas me persuadió que este libro era exactamente lo que necesitaba en esta etapa de la aventura de la oración.

Imagínense mi consternación cuando mi amiga me explicó que ella había prometido devolver el libro esa noche y que no le sería posible comprar una copia porque estaba agotado. Allí y entonces me senté en su apartamento y copié a mano páginas enteras del libro. Sabía que no podía permitir que tales gemas espirituales se me deslizaran de los dedos.

El tiempo no se malgastó, se profundizó mi comprensión de la naturaleza de la oración contemplativa. Vi que la oración contemplativa es esencialmente la oración que escucha. Pero no necesariamente tenía que haber palabras que se pudieran oír. Más bien habría una consciencia de la presencia del Cristo que habita en mí. Podía comenzar la oración usando palabras como «Padre nuestro que estás en el cielo». Pero estas palabras no serían la oración completa. Estas serían como el sonido de un gong despertando mi apetito y alertándome de que era posible encontrar, oír y amar al Padre. Esta amplia definición de la oración contemplativa era tentadora a mi paladar espiritual como el olor del café recién molido es al gusto natural de las yemas. Volvió a despertar el deseo que había surgido en mí, primero en la Abadía del Monte San Bernardo y luego en Witby.

Ansiosamente anoté las sugerencias prácticas que el autor hace para aquellos que responden a Dios.

Un lugar y un tiempo

Él afirma que el primer requisito es un lugar, preferiblemente la privacidad de nuestro cuarto. Recuerda a sus lectores el ejemplo de Jesús en esto. El mismo Jesús a menudo se iba a lugares solitarios y oraba (Lucas 5:16). Y él recuerda la exhortación de Jesús: «Pero tú, cuando te pongas a orar, entra en tu cuarto, cierra la puerta y ora a tu Padre, que está en lo secreto» (Mateo 6:6).

Yo era privilegiada. Mi lugar estaba preparado. Seguí leyendo. Quería saber cómo sacar el mejor partido de ello.

Él subrayó la necesidad de examinar nuestros compromisos, familia, profesión, iglesia, recreación y dentro de ese marco de trabajo determinar una cita diaria con Dios la cual nosotros debíamos esforzarnos en mantener lo más fielmente posible. Él afirmaba que no habría progreso en este patrón de oración a menos que se fijara y se cumpliera un tiempo definido. Donde fuera posible debía apartarse una hora al día para este propósito.

¡Una hora completa al día! Cuando miré mi diario me preguntaba de dónde podría yo sacar un tiempo de oración de una hora. Pero Dios me retó por medio de la observación de James Borst: «Una hora completa al día representa solo cerca de un cuatro por ciento de todo el tiempo que vivimos».[1] ¿Realmente estaba yo diciendo que no podía consagrar el cuatro por ciento de mi vida como una consideración a Dios y a él solamente? Hasta yo había anotado en mi libro de ejercicios:

> Si somos llamados a la oración contemplativa y respondemos
> al llamado del Espíritu, debemos encarar el hecho de que esto
> llamará al sacrificio del tiempo y al valor para perseverar…
> Ese es un lado del trabajo, el lado que le es costoso al dador, y
> tal vez podríamos preguntar, ¿y quién es suficiente para estas
> cosas?[2]

Lo menos que podía hacer era intentarlo. En ese tiempo, mis hijos eran lo suficientemente grandes para ir solos a la escuela y por otra parte la oficina de mi esposo no estaba en nuestro hogar como antes. Así que a las 8.30 a.m., después del correteo para la escuela y el trabajo, nuestro hogar quedaba en completo silencio. Sabía que el mejor tiempo para orar sería desde las 8.30 a.m. hasta las 9.30 a.m. Si yo destinaba ese tiempo para la quietud ante Dios, podía estar razonablemente segura de que nadie me iba a estorbar. Más adelante, para garantizar esta quietud, comencé a hacer saber en la parroquia que, excepto para una emergencia, agradecía que las llamadas telefónicas se demoraran hasta después de las 9.30 a.m.

Para mi sorpresa, la gente no se ofendió y respondieron. Esto me enseñó dos lecciones importantes. Si realmente quiero escuchar a Dios, debo fijar mi tiempo de oración primero y arreglar las demás cosas alrededor de esto. Si soy lo suficientemente audaz para hacer público mi plan, otros me apoyarán y estimularán a cumplir con mi compromiso.

Postura corporal

De la misma manera que un tiempo y un lugar son básicos para la vida de oración, así también es la atención a la postura corporal. Me sonreí cuando leí esta afirmación en el folleto de James Borst. Aprendí a orar con mi padre, como he dicho. Así que para imitarlo a él y a otros a quienes respetaba, por lo general me doblaba en dos para orar, como si tuviera retorcijones de estómago, y sostenía la cabeza entre mis manos, un gesto piadoso que para el que no lo hubiera visto antes le parecería que yo tenía dolor de cabeza o que trataba de cubrir mis ojos del ardor del champú. Para Dios, mi postura muy bien pudo haberle parecido que yo trataba de esconderme de él antes que abrirme a su amor y a su Palabra. Nunca se me ocurrió pensar que el cuerpo puede hacer una contribución positiva a la oración; que diferentes posturas corporales corresponden a diferentes estados de ánimo y emociones.

Mi mente regresó a Witby. Allí observé a una mujer estirada boca abajo en el piso que yacía postrada con sus brazos hacia afuera y formando una cruz con su cuerpo. Al principio me sentí abochornada. ¿Estaría ella bien? ¿Le importaría que alguien la viera en esa posición? Cuanto más pensaba en esta mujer en oración y la armonía que se expresaba entre su cuerpo y su espíritu, más profundo era el impacto que esto hacía en mí.

Con el reto de James Borst vino el deseo de experimentar. Algunas veces yacía postrada en el piso de mi cuarto de oración. Encontré que esta postura expresaba penitencia, indignidad o mi anhelo interior por Dios con más elocuencia que cualquier palabra mía. Así que la adopté como un idioma en sí. Y cuando venía a orar exhausta, algunas veces yacía en esta posición y expresaba con palabras una sencilla oración: «Señor, no hay palabras para expresar lo que anhelo decirte. Por favor, interpreta el lenguaje de mi cuerpo postrado ante ti». En tiempos como esos sentía una calidez extraña la cual tomé como el apoyo, el fortalecimiento y la limpieza de Dios.

Me agrada, al recordarlo, que nadie hiciera un video grabando mis experimentos con la postura corporal. Para el observador, ciertas posturas debían lucir muy cómicas. Pero encontré que cuando mi cuerpo, mente y espíritu estaban coordinados, un aire de expectación impregnaba mi oración y un estado de alerta hacia Dios caracterizaba mi atención a su voz.

Algunas veces estaba en pie como si viniera a la presencia de Dios de la misma forma en que muchos profetas del Antiguo Testamento lo hacían.[3] Al mismo tiempo unía mis manos, un gesto que usaba para mostrarle a Dios que estaba lista a recibir lo que él quisiera decirme o darme. A veces temblaba con anticipación mientras mi cuerpo y mi espíritu esperaban atentamente por una fresca visitación de Dios.

Usualmente me movía de la posición en pie a la de rodillas. La hermana Stella Mary me había introducido al valor del taburete de oración, un banquillo oblongo de diecinueve centímetros de alto y dieciocho centímetros de ancho, que cuando se coloca en medio de las pantorrillas, soporta el cuerpo, evita que el peso del cuerpo corte el fluir de la sangre a las piernas y capacita así a una persona para arrodillarse durante largos períodos en una posición comparativamente cómoda. Un miembro de nuestra congregación me hizo un banquillo de oración portátil, un regalo que aún valoro.

Y mis manos jugaban un papel cada vez más importante en la oración. Algunas veces las mantenía en mi regazo, con las palmas hacia arriba, un gesto de receptividad indicando que estaba lista a recibir cualquier cosa que Dios quisiera darme. Otras veces, cuando me arrodillaba, ponía mis brazos paralelos a mi cuerpo, extendiéndolos e inclinando las palmas ligeramente mientras las volvía hacia el frente. Al usar esta postura, mi cuerpo dice a Dios: «soy tu sierva que escucha. Soy tuya. ¿Cuál es tu voluntad?»

Cuando un sentimiento de indignidad se extendía sobre mí, con frecuencia doblaba los brazos sobre el pecho. Y como Job y el salmista, comenzaba a experimentar expresando alabanza y adoración a Dios, no solo con palabras, sino al levantar mis manos y brazos.[4] Ocasionalmente, danzaba al son de algunos de los coros que estaba apreciando cada vez más.

Gradualmente descubrí que en mi cuerpo poseía un aliado; una parte de mí que respondía a la palabra del Espíritu de Dios con mucha más facilidad que mi mente, un aliado que parecía capaz de ayudar al Espíritu Santo en su trabajo de revelar la verdad de Dios a mi ser interior. Hubo tiempos, que aumentaron al pasar los años, en que me quedaba quieta ante Dios, estaba en pie o arrodillada y extendía mis manos para recibir lo que él quisiera darme; y con el cuerpo receptivo me inundaba el conocimiento de la presencia del Dios viviente. En la quietud yo *sabía* con mi mente, cuerpo y espíritu que él *es* Dios. Esto me convenció temprano de que no debía ignorar mi cuerpo ni descuidarlo, sino más bien debía verlo como una parte esencial de la oración que escucha, una parte de mí que Dios creó para su gloria.[5]

Distracciones

Aunque mi lugar de oración estaba preparado y yo le había quitado al día un pedazo para escuchar a Dios, y aunque estaba entrenando mi cuerpo para que cooperara antes de que me distrajera en esta forma del arte de la oración, ocurría con frecuencia que tan pronto como cerraba la puerta del cuarto de oración y me ponía a orar en mi banquillo de oración, mi mente zumbaba con ruido. Lo que día tras día me pasaba es que recordaba que no había pan en la panera o que no había huevos en el refrigerador, o acaso se convertiría la quietud en el momento de recordar ciertas cartas que realmente debía escribir o las llamadas telefónicas que debía haber hecho.

También se amontonaban sobre mí distracciones de otras clases. Estaba el herrerillo azul que se sentaba en el alféizar de la ventana de mi cuarto de oración mientras yo oraba y golpeaba con su pico en la ventana. Y había palomas que se situaban sobre el alero del techo y se arrullaban gentilmente pero con persistencia mientras yo trataba de enfocarme en Dios. Al principio me irritaban estas distracciones internas y externas. También me sentía culpable, temiendo que mi progreso para escuchar a Dios sería penosamente lento si no podía desentenderme de tales trivialidades.

Pero parecía que James Borst daba por sentado tales interrupciones. Robert Llewellyn, también entendía que el cristiano llamado a contemplar encontraría esas dificultades. Ambos daban sugerencias prácticas que ayudan a saltar este obstáculo. Robert Llewellyn sugiere que cuando oremos nos imaginemos que somos como las lanchas de motor al iniciar su trabajo. Corriente abajo viene toda clase de basuras y desperdicios. Tenemos que mantener nuestros ojos en la meta, Jesús, y simplemente dejar que todos estos escombros nos pasen por al lado. Mientras tanto nos abrimos camino a través de ellas y con resolución nos encaminamos a nuestro destino: Dios y nuestra atención a él.

Disfrutaba ejercer autoridad sobre los ruidos de la manera siguiente: Mantenía junto a mí un pedazo de papel y una pluma. Si recordaba alguna compra que necesitaba hacer con urgencia anotaba todos los artículos y regresaba a mi labor de oyente. Cuando otros pensamientos me llamaban la atención, seguía mi camino a través de ellos como sugería Robert Llewellyn. En cuanto al herrerillo y las palomas y el ocasional ruido de las motocicletas que pasaban por la casa, aprendí a *usar* estos sonidos; aprendí a traducirlos en oración antes que pelear con ellos como si fueran enemigos de Dios. Oía el golpecito del pico del herrerillo contra la ventana y decía simplemente: «Gracias, Señor, por estar más cerca de mí que ese herrerillo, porque tu amor es más persistente que el sonido de este martilleo». Regresaba a la oración y el ruido desaparecía, no porque hubiera parado, sino porque había tratado con él, dejándome libre para escuchar.

Mientras que entraba y salía de la oración de esta manera, el nombre de Jesús a menudo estaba en mis labios. No estaba usando el nombre del Señor como una fórmula sagrada. Antes lo usé como un recordatorio de mi meta en la oración: encontrar al Dios viviente, reunirme con él, sentir que él me sostenía, comunicarme con él y escucharle. De algún modo me parecía natural llamarlo por su nombre. Cuando vengo a orar hoy, todavía repito ese nombre a menudo y si por alguna razón se rompe mi concentración, regreso a la quietud al repetir ese nombre lenta y silenciosamente. Mientras hago esto encuentro que mi respiración se profundiza automáticamente. James Borst sugiere que estos dos métodos —usar una palabra de amor, como el nombre de Jesús y respirar más profundamente— nos hacen regresar de las desviaciones a las cuales las distracciones nos habían llevado al camino principal de la oración. Encuentro que este es un concepto útil, el cual uso todavía.

Cómo entrar en la quietud

John Donne usó una frase memorable para describir el preludio de la oración: «Afina el instrumento en la puerta». Tanto James Borst como Robert Llewellyn recalcan la necesidad de un período de entrada: un breve momento para reenfocarnos dejando las preocupaciones del día nos aflojan y nos abren para atender al Espíritu de Dios lo cual es contemplación.

Encontré en los primeros días de exploración en la quietud que necesitaba esta fase de reorientación. Todavía la necesito. Algunas veces dilataba deliberadamente el momento de cerrar la puerta del cuarto de oración. En su lugar arreglaba la casa mientras me tranquilizaba y oraba una oración mental: «Señor, aquieta mi mente y mi corazón mientras me preparo para este tiempo contigo». Algunas veces, cuando se acercaba mi hora de oración, iba al cuarto de oración inmediatamente. Allí tenía una vela roja, alta y gruesa que la usaba para alumbrar la habitación cada vez que venía a orar. Para mí esto no tenía ningún significado teológico, solo práctico. Si mi mente daba vueltas como un trompo, como sucedía a menudo, miraba al parpadeo de la llama, oía el chisporroteo de la mecha, tomaba una nota cuidadosa del cuerpo tranquilo del atizador y le pedía a Dios que *me* trajera a esta clase de viva quietud.

El punto focal de mi cuarto de oración era una cruz. Durante este preludio a la oración, me arrodillaba algunas veces al pie de esa cruz y la contemplaba. La cruz de Jesús, ese símbolo irresistible del amor sacrificial, me reta a centrar mis pensamientos no en *mis* necesidades, *mis* preocupaciones, *mis* temores y *mis* deseos, sino en Jesús. Y mientras miraba la cruz, encontraba que en la maravilla del silencio sin palabras surgía Jesús del trasfondo de mi mente y llegaba a ser el carácter principal en este drama de la oración que escucha.

En ocasiones, cuando entraba en la tranquilidad, recurría a un método de oración hecho famoso por uno de los místicos. En mi cuarto de oración, además de la vela y la cruz, tenía una silla de mimbre vieja y pintada de blanco. Particularmente si llegaba exhausta a orar o herida por alguna razón, me imaginaba a Jesús sentado en la silla y ponía mi cabeza en el cojín, como si este fuera su regazo y lloraba o suspiraba o «solo estaba» en su presencia. Esta clase de preparación para la oración era una terapia que en muchas ocasiones infundía a todo mi ser un sentimiento de la sanidad y la paz de Dios; esta era una forma de escuchar que no se puede definir con palabras.

Prepararse para escuchar

La música meditativa me ayudaba más y más a sumergirme en la quietud interior la cual, para mí, llegó a ser el prerequisito para escuchar a Dios con atención y exactitud. Casi siempre yo me refería a las notas que había tomado del folleto de James Borst y respondía a ellas a mi propio modo.

> Siéntese y aflójese. Lenta y deliberadamente deje ir toda la tensión y con gentileza trate de estar consciente de la presencia inmediata y personal de Dios… Puede relajarse y dejar ir todo, precisamente *porque* Dios está presente. En su presencia realmente nada importa, todas las cosas están en sus manos. La tensión, la ansiedad, la preocupación y la frustración se derriten ante él como la nieve ante el sol.
>
> Buque la paz y el silencio interior. Deje que su mente, corazón, voluntad y sentimientos se tranquilicen y se serenen. Deje que se retiren las tormentas: los pensamientos obsesionantes, los deseos apasionados de la voluntad y las emociones. «Que busque la paz y la siga» (Salmo 34:14).[6]

Si todavía estaba consciente de la tensión, apretaba cada músculo de mi cuerpo deliberadamente. Luego, comenzando con los músculos faciales, los aflojaba. Al mismo tiempo le pedía a Dios que extendiera su vida y su energía a través de mí. Y casi siempre llegaba a estar consciente de que la paz de Dios estaba impregnándome.

De esta manera comencé mi aprendizaje en el arte de escuchar a Dios. Llegué a valorar cada vez más las técnicas sencillas que he mencionado: un lugar quieto, privado, un tiempo fijo, el lenguaje de mi cuerpo, cómo tratar con las distracciones y el aflojamiento que capacita a la personalidad a desplegarse en los rayos cálidos del amor de Dios que se siente. Todavía los valoro y los encuentro esenciales. Aunque, con los años, ha cambiado el énfasis que hago en ellos.

Para mí, aprender a escuchar a Dios de esta manera ha sido más bien como aprender a manejar un auto. Cuando estaba aprendiendo a conducir, entre las lecciones solía ensayar mentalmente el proceso de los cambios y pensar con cuidado acerca de las técnicas de los tres puntos. A veces, con la experiencia, estos procedimientos llegaron a ser casi automáticos y requerían pensar poco en ellos.

Del mismo modo las técnicas de oración que he descrito llegaron a ser parte de mi rutina regular. Esto, sin embargo, no resultó en complacencia. Siempre codiciaba más. Digo esto sin sentimiento de orgullo. Con la certidumbre de que la oración es un don de Dios, vino la consciencia de que el mismo Dios implantó el deseo de orar. Nadie puede trabajar por sí mismo para querer encontrar a Dios con la sed de su presencia que en ese tiempo yo sentía. Ese era un don puro y precioso. ¿Por qué estaba Dios enriqueciendo mi vida de esta manera? ¿Por qué la oración había llegado a ser una experiencia de tal profundidad? Yo no era una super santa, solo una cristiana ordinaria, tratando de ser una buena esposa, una buena madre y una testigo efectiva de Dios en mi vecindario.

Pasaron los meses sin una respuesta efectiva a esa pregunta, así que yo avancé aumentando siempre mi aprecio del silencio, la soledad y la quietud ante Dios. Con el arte de la quietud vino una habilidad mayor para oír a Dios. Phillip Keller describió bien esta situación:

> Es dentro de esta quietud interior, dentro de esta suprema tranquilidad, dentro de esta dulce soledad, que el Espíritu del Dios viviente habla con más claridad a nuestro espíritu. Es allí solo con él, que él se hace real a nosotros. Es allí que «lo vemos» más exactamente con los ojos interiores de nuestra consciencia despierta. Es allí que se comunica con nosotros calmadamente por medio de una consciencia interior de su presencia, hablándonos con una convicción que siempre se profundiza por su propia palabra maravillosa.[7]

Esta estaba llegando a ser mi experiencia. Me llenaba de asombro. Durante un tiempo no tuve muchas personas en las cuales confiar acerca de este peregrinaje en el Espíritu. Eso parecía sin importancia. Lo más importante era que yo continuaba esta oración resuelta. Quizá el tiempo de hablar vendría más adelante.

5

Preparación para contemplar

La oración contemplativa iba a ser un recurso rico para escuchar a Dios. Día por día me sentaba, me paraba o me arrodillaba en mi salón de oración, me aflojaba y dejaba que las tensiones se deslizaran, me enfocaba en Dios y sucedía un milagro. Cuando cerraba los ojos para impedir los estímulos visuales y cuando cerraba los oídos al tratar con autoridad con las distracciones que amenazaban mi habilidad de sintonizar a Dios, era como si por un lado yo cerrara una serie de contraventanas en el nivel superficial de mi vida, manteniendo así alejados los impedimentos para escuchar la quieta, pequeña voz de Dios y por el otro lado yo disparara un gatillo que diera permiso a las partes más profundas, interiores, escondidas de mi ser para que despertaran a la vida. Cuando intentaba enfocarme deliberadamente y sin sentir vergüenza en la presencia de Cristo, algunas veces detectaba un estremecimiento interior como si unas antenas secretas se hubieran levantado y estuvieran alertas para recoger cualquier y cada señal que el huésped real permanente escogiera darme.

Esta atención y estado de alerta y sentido de anticipación no eran diferentes a la sintonía que experimentaba cuando mis hijos eran bebés. Podía estar cocinando, o atendiendo al jardín, leyendo o aún durmiendo, pero al mismo tiempo estaba alerta a sus sentimientos: sus placeres, su alegría, su incomodidad, su dolor. De la misma manera que yo había querido, cuando era una madre joven, responder a mis retoños, así ahora yo anhelaba responder a Dios en este modo intuitivo.

Pero había mucho más que aprender. Amaba el proceso de aprendizaje. Mi código de carretera, el cual casi siempre estaba conmigo en los primeros días, era el folleto de James Borst *A Method of Contemplative Prayer* [Un método de la oración contemplativa]. Al principio nunca me apartaba de esta guía, paso por paso, para la quietud atenta. En su oportunidad, a medida que crecía en confianza y experiencia, inevitablemente desarrollaba métodos propios en mi búsqueda de refinar la forma del arte de escuchar a Dios. Cada persona que busca mantenerse delante del Dios viviente descubrirá su propia manera de hacerlo. Esto debe suceder. El secreto de la oración verdadera es colocarse uno mismo completa y absolutamente a la disposición del Espíritu de Dios. Algunas veces el Espíritu puede ser la causa de que dancemos o saltemos de gozo; otras veces el mismo Espíritu puede llevarnos a las profundidades del silencio donde todo es demasiado misterioso para decirlo con palabras. Incluso así, mientras se permanece flexible y receptivo al viento del Espíritu, hay valor en estar conscientes de las fórmulas que otros han usado y que uno puede entonces adaptar a su propio tiempo y forma. La fórmula de James Borst fue la plataforma de lanzamiento que me puso en órbita.

James Borst sugiere que hay ciertas fases que la persona que ansía alcanzar la presencia de Dios pasa por ellas o permanece en ellas durante el curso de cualquier período de oración. Él sugiere que en la oración contemplativa hay nueve de tales fases. Algunas de estas son fases preparatorias, una es la fase contemplativa misma, luego hay la sensación de bienestar. La persona en oración puede moverse de una fase a la próxima durante su hora de oración. Alternativamente, dependiendo de las circunstancias o de las necesidades personales, el que ora puede permanecer en una sola fase en una ocasión en particular si le parece más útil. La fase contemplativa no se alcanzará necesariamente durante cada tiempo de oración.

Fase de relajamiento y de silencio.

Encuentro que la primera fase es indispensable. Esta es la que ya describí donde con deliberación me relajo y dejo ir todo: tensión, preocupación, ansiedad, frustración. Es durante el período de oración donde intento obedecer los mandamientos de Dios dados por medio del salmista: «Quédense quietos, reconozcan que yo soy Dios» (Salmo 46:10).

James Borst sugiere que, si es necesario, el total del tiempo de oración de uno se debe dedicar a esta actividad. Pronto vi la razón para esta sugerencia. Automáticamente dejamos de sintonizar la pequeña y tranquila voz de Dios, a no ser que nuestros cuerpos, mentes y espíritus dejan ir el montón de cosas que tenemos en nuestro cuarto de oración. A menos que nos aquietemos ante Dios, no detectaremos ni la plenitud de su presencia ni el encanto de su voz.

Esta fase de la oración tiene un valor en sí misma. Cuando dejamos de batallar ante Dios, hacemos posible que él nos impregne con su Espíritu. Durante este preludio a la oración me imaginaba algunas veces como si fuera una pradera saturada y refrescada con la suave caída del rocío. Otras veces me imaginaba ser un árbol, sentía que la sabia surgía desde mis raíces y que el sol iluminaba mis hojas, y entonces yo sabía que Dios me estaba alimentando. Algunas veces, durante esta fase inicial de la oración, me representaba como una roca a la orilla del mar y disfrutaba del agua de su Espíritu chapoleteando sobre mí. En tales ocasiones sentía que Dios me mimaba.

Fase de estar consciente de su presencia

Encontré que a menos que yo intentara calmar mis nervios en la presencia de Dios, fallaba en apreciar la fase siguiente de la oración: Los pocos minutos en que me abría a un conocimiento de la presencia, atención y cuidado de Dios, y era esta parte de la oración la que estaba revolucionando mi vida, así que era valioso emplear tiempo para prepararse.

No estoy consciente de que alguien, alguna vez, me haya sugerido que, habiéndome relajado en la presencia de Dios, yo·debía emplear tiempo en recordar que él habita en el corazón de mi ser; que como mi Padre él está atento a mi llanto como una madre lo está al más ligero quejido de su bebé recién nacido; que su mirada está puesta en mí tan ansiosa y devotamente como un padre fija su amor en su hijo recién nacido. Pero cuando comencé a emplear tiempo en reconocer que Dios se deleita en mí de esta forma, que él desea la intimidad conmigo más de lo que yo anhelo la unidad con él, me llené de un sentido profundo de seguridad.

Pienso, por ejemplo, en una ocasión cuando estaba sufriendo de un agudo sentido de soledad. Cuando entraba en mi cuarto de oración, me quitaba los zapatos, me relajaba y me concentraba no en mi creciente vacío interior, sino en la presencia de Dios, me parecía verme tan frágil, desamparada y vulnerable como un bebé recién nacido. Pero yo no estaba sola, sin que me amaran. No. Los brazos de Dios estaban acunándome, su dedo estaba acariciando mis mejillas, sus ojos estaban titilándome. Me sentí amada.

Pude haber leído aquellas consoladoras palabras: «El Dios sempiterno es tu refugio; por siempre te sostiene entre sus brazos» (Deuteronomio 33:27), y yo meditaba en la promesa de Dios. «Con amor eterno te ha amado» (Jeremías 31:3), pero ver esos brazos y experimentar ese amor hicieron que la seguridad en mi cabeza fuera cayendo poco a poco en mi corazón y se alojara allí. Este es uno de los ricos dividendos de la oración contemplativa, encuentro que en la tranquilidad las verdades familiares hacen un impacto en mi experiencia de una manera que es salutífera, consoladora o desafiante.

Fase del sometimiento

Cuanto más práctica llegaba a ser en encontrar el punto quieto ante Dios donde podía gustar de su amor y sentir su calor, cuanto más anhelaba someter cada parte de mi ser a él. Quería ser capaz de hacer la afirmación que una vez Pablo hizo: «Ya no vivo yo sino que Cristo vive en mí» (Gálatas 2:20). Quería moverme de mi cuarto de oración en mi esquina del mundo «llena con Cristo», para copiar la frase de Catherine de Hueck Doherty. Y así, la mayoría de los días hacía un intento consciente de devolverle a Dios todo lo que soy, todo lo que poseo, todo lo que hago y todo lo que siento: mi consejería, mi enseñanza, mi escritura; mi personalidad, mi sexualidad, mi amor, mis amistades; mi hogar, mi dolor, si estoy herida, mis éxitos y fracasos. Hacía eco de la oración que James Borst usa: «Tómame a mí y a todo lo que tengo, y haz conmigo lo que sea tu voluntad. Envíame donde quieras. Úsame como te plazca. Rindo mi propio ser y todo lo que poseo absoluta y enteramente, incondicionalmente y para siempre, a tu control».[1]

Cada vez que me detenía a pensar seriamente acerca de esta oración de largo alcance y podía orarla con integridad, notaba que el nivel de gozo y de amor por Dios aumentaba mensurablemente. Mi corazón ardía con amor a Dios. Aumentaba mi habilidad y deseo de hacer sacrificios por él. Esto no es sorprendente. Como una vez lo expresó Thomas Merton, «La oración más profunda en su parte esencial es un sometimiento perpetuo a Dios».[2]

De vez en cuando, al orar con otros, noto que parece haber una ley

que une la consciencia de la presencia de Dios con el sometimiento a
él. Pienso en una ocasión en que estaba orando con un amigo íntimo.
Me había pedido que orara por él para que los lugares secos de su vida
se pudieran revitalizar con las aguas vivas del Espíritu de Dios. Esa
noche Dios lo encontró del modo más emocionante. En una ocasión
siguiente, sintiendo que el Espíritu Santo lo estaba guiando a lo largo
de la ruta que yo había transitado, el sendero de la oración contemplativa, de nuevo nos abrimos para recibir lo que Dios quisiera darnos.
Luego mantuvimos un silencio total durante varios minutos.

Fue mi amigo el que temporalmente rompió el silencio: «Siento
mareos» admitió, «y el corazón me está golpeando». La sensación
de la presencia de Dios llenó mi estudio donde estábamos orando.
«Creo que estas sensaciones son la obra del Espíritu», sugerí. Solo
permanezcamos en silencio y abiertos a él». Después de varios minutos más de completo silencio, mi amigo, un joven no dado a sen-
timentalismos o emocionalismos, se dejó caer en su silla y suspiró:
«Lo amo. Realmente lo amo. Pudiera cantar el coro "Te amo, Señor"
ahora mismo y realmente sentirlo así».

No dijo más. No había necesidad. Podía ver en su rostro la imagen
del amor expectante que sintió por Jesús en ese momento mientras
lo contemplaba. No me sorprendió que de vez en cuando, después
de esta impresión irresistible, este joven hablara conmigo acerca de
ofrecerse para servir a Dios a tiempo completo.

Conocer la presencia de Dios y someter todas nuestras faculta-
des, vienen juntos. Si no lo están, la oración degenera en una simple
autoindulgencia.

Fase de aceptación

La cuarta fase de la oración que recomienda James Borst siempre me
causa malestar en la misma medida que las primeras fases traen el sobrecogimiento de la presencia del Espíritu. Este es el tiempo cuando
invitamos a Dios a poner su dedo en situaciones específicas, pecados
o actitudes que bloquean nuestra habilidad para escuchar a Dios.

Jesús nos recuerda que parte de la misión del Espíritu Santo en
la vida es convencernos de pecado, interrogarnos severamente hasta
que admitamos nuestro fallo. Mientras más progresaba en este camino de la oración que escucha, parecía que Dios se convertía en más
implacable al señalar las inconsistencias de mi vida, mostrándome

dónde era necesario cambiar. A veces me rebelaba, otras veces chillaba. Las demandas de Dios son absolutas, intransigentes. Cuando él exponía el pecado, yo sabía que no tendría paz en la oración hasta que cumpliera mi parte y obedeciera su mandamiento de renunciar a él.

Pienso, por ejemplo, en una ocasión cuando mi esposo y yo habíamos peleado. No hice intento alguno de esconder de Dios mi ira y amargura. Y él no hizo ningún intento de esconder lo que exigía de mí.

> «Perdona a David», me dijo. «Ve y discúlpate».
> «Pero, Señor, la falta fue *de él* y no mía», protesté.
> «No te preocupes, haz las paces», vino la respuesta intransigente.

En otra ocasión, cuando le di a Dios la oportunidad de señalar aspectos de mi vida que él necesitaba cambiar, la antipatía por una miembro de la congregación afloró a mi mente. Me chocaba el grado de irritación que sentía. Esto me llevó a orar: «Señor, dame *tu* amor por ella» como respuesta a esa oración llegué a saber los sufrimientos de esta muchacha. Parecía como si Dios derramara dentro de mi corazón receptivo una gran compasión por ella, la compasión que se identifica con el dolor de otro, y el deseo, cuando sea posible, de aliviar la soledad de esa persona.

Todavía encuentro que esta es la fase de la oración más desconcertante. Es la parte de la oración que omito con más frecuencia. Y mi vida se empobrece por esta causa. Reconozco por qué evito escuchar. Una razón es que temo: temo los sacrificios que se me puedan pedir. Otra razón es que, muy a menudo en mi oración de escuchar, me preocupa más recibir el consuelo de Dios que al Dios de consolación, aquel que se dispone a mostrarme la verdad acerca de él y de mí misma, aquel cuya misión es cambiarme a su semejanza.

Fase de arrepentimiento y perdón

Thomas Morton afirma que «orar significa cambiar». Él añade: «La oración si es real es un reconocimiento de …nuestra disposición para cambiar».[3] Cada vez que le daba a Dios la oportunidad de que me mostrara mi propio ser y los aspectos de la vida que él quería podar o purgar, yo pasaba con gratitud a la quinta fase de la oración. Aquí es donde James Borst urge al que quiere ser contemplativo para que sea implacablemente honesto: «Enfrentemos a Dios como somos: pecadores, discapacitados espiritualmente e incapaces en muchas maneras, pacientes crónicos. Y aceptamos estas incapacidades porque él nos acepta como somos y nos ama así como somos».[4] James Borst no está sugiriendo que lleguemos a ser complacientes con nuestro pecado el cual mancha nuestras vidas. Por el contrario, su reto de echarlos al pie de la cruz es convincente. Pero para mí, la parte asombrosa de esta fase de oración es su insistencia en que no solo confesemos sino que *recibamos* el perdón.

El introvertido, particularmente si esa persona viene de un trasfondo evangélico, es bueno en confesar y malo en recibir el perdón. Yo soy introvertida y evangélica. Las siguientes palabras no cesan nunca de asombrarme aunque las he estado leyendo durante nueve años.

> No se nos permite fomentar un sentido de culpa: debemos aceptar total y completamente y abrazar su perdón y amor. El sentimiento de culpa e inferioridad ante Dios son expresiones de egoísmo o egocentrismo: le damos una importancia mayor a nuestro ser pequeño y pecador que a su inmenso amor que no termina nunca. Debemos someter nuestra culpa y nuestra inferioridad a él; *su bondad es más grande que nuestra maldad. Debemos aceptar su gozo en amarnos y perdonarnos.* Es una gracia sanadora someter nuestra pecaminosidad a su misericordia.[5]

«Su bondad es más grande que nuestra maldad». «Debemos aceptar su gozo en … perdonarnos».

Yo escribí en mi diario de oración una ocasión cuando Dios arrastró estas palabras dentro de mí para que me diera cuenta. En ese tiempo mis emociones estaban confusas. El problema es que yo estaba trabajando con un colega masculino cuya calidez y gentileza, ternura y espiritualidad yo estaba apreciando cada vez más. Él estaba provocando de mi parte una respuesta igualmente cálida y esto dio como resultado una intimidad especial que parecía como un don de Dios.

Cada vez que Dios nos dota con algo de valor y belleza, el mismo Satanás se da a la tarea de destruirlo o distorsionarlo. En este ejemplo él trató de ensuciar esta amistad bombardeando mi mente con sueños despiertos, sugerencias, pensamientos y fantasías que, traducidas a la práctica, se convertirían en un amor *filial* cálido, compasivo y tierno, en un *eros*, amor romántico que amenazaba mi matrimonio y mi integridad como persona.

Al principio, sabiendo que hay una correlación estrecha entre la intimidad espiritual y el despertamiento sexual, resistí con firmeza cada tentación. Dentro de mí estalló una guerra civil pero la peleé hasta ganarla. Pero gradualmente mis esfuerzos se debilitaron y cedí en mi imaginación a los cuadros impuros que destellaban con frecuencia en la pantalla de mi mente. Mientras representaba ser una persona que agrada a Dios, este veneno estaba contaminándome. Como consecuencia, el embalse de oración quedó reducido a un mero charco. Decayó el ansia de escuchar a Dios. Y se evaporó la paz.

Dios disciplina a aquellos que ama y él me disciplinó. Ocurrió estando sentada en la iglesia un domingo por la mañana cuando su voz me alcanzó a través de la maraña de mis emociones. «Haz perdido el filo», fue todo lo que dijo. Y supe que él tenía razón.

Mientras reflexionaba en esta verdad, me invadió una profunda y oscura tristeza. «¿Qué tengo que hacer, Señor?», susurré. Mi respuesta llegó por medio del sermón». Si has perdido tu efectividad para Dios, admítelo, reconoce tu fallo y aplica la sangre de Jesús a la mancha de modo que puedas ser perdonado».

Mas tarde, ese día, me senté en el jardín con mi diario de oración e hice eso precisamente. En una carta a Dios vertí mi arrepentimiento. Cuando terminé de escribir, me detuve para escuchar. Dentro de mi mente apareció un cuadro de un par de manos sosteniendo una pieza de tela blanca que estaba sucia y manchada. Tuve la impresión de que las manos eran las de Dios y que la pieza de tela representaba mi vida manchada por el pecado. Mientras observaba, las manos mantenían la tela dentro de una tinaja que contenía líquido. Después de varios minutos, ellas levantaron la tela y la sacaron del detergente. La mancha había desaparecido. El material estaba más blanco de lo que jamás había estado. Y la voz de Dios parecía susurrar: «Mi sangre vertida por ti es el mejor detergente del mundo». Me conmoví tan profundamente que lloré lágrimas de gratitud. Estaba tan asombrada de esta bondad tan completa e inmerecida que me sentí entumecida durante varias horas. Estaba tan contenta que tomé nota del asombro en mi diario de oración. Estaba respondiendo al versículo que afirma que cuando Dios perdona, «no hay ninguna condenación» y escribí:

«Señor, escasamente puedo tomar estas buenas noticias. ¿Realmente tú has limpiado *todo* el pecado de los pasados meses? ¡Sí! Con mi mente lo sé. Que esa palabra NADA halle eco a través de los laberintos de todo mi ser. NINGUNA COSA. Ni siquiera un simple pensamiento. Ninguna fantasía. Ninguna lascivia. ¡NADA! ¡Cero! La cuenta en mi contra desde la perspectiva divina es nada. ¡Qué descanso! ¡Qué gozo! Soy libre, libre de la culpa, libre de la mancha, libre del poder del Maligno, libre para decir no a todas sus sugerencias diabólicas. «Por este milagro mi Señor y Maestro, mi Salvador, yo te alabo. Que pueda ser una mayordoma fiel del misterio de esta gracia de perdón. Que también pueda ser una administradora fiel, de *tu* don de amor».

El perdón y el amor de Dios no se pueden ganar. Siempre es inmerecido. Sin embargo, ha de recibirse con humildad y quebrantamiento de espíritu. Es para disfrutarlo. Es para aceptarlo con acción de gracias. Refleja la victoria que Jesús ganó en el Calvario. Él vuelve nuestra desgracia en trofeos de su gracia.

Yo estaba descubriendo que la oración que escucha opera cuando estamos en el foso, necesitados del rescate de Dios, y es operativa también cuando nos remontamos a los picos espirituales inesperados. Y, por supuesto, Dios prosigue hablando en los días ordinarios que están en el medio cuando la vida parece mundana, hasta monótona. Él no solo habla, nos solicita, llamándonos para que le recibamos en nuestras vidas, persuadiéndonos a fijar nuestra mirada en él.

6

Continúa la contemplación

PREDIQUÉ EN LA BODA de una amiga precisamente antes de comenzar a escribir este capítulo. Después de la ceremonia la novia y el novio invitaron a los participantes en el servicio a congregarse en los peldaños de la iglesia para fotografiase. El grupo se formó con la novia, el novio, el vicario de la iglesia, un amigo que ofició en el servicio, las dos personas que leyeron pasajes de la Biblia, un joven que cantó un solo y yo. Sonreímos y temblamos porque era un día frío y gris. Se tomó una fotografía y comenzamos a irnos, pero el fotógrafo gritó: «¡Esperen! Quiero tomar otra igual a esa».

¡Esperen! Quizá esa sea la definición más simple y exacta de la oración contemplativa: el método más profundo y más misterioso que conozco de escuchar a Dios.

En el último capítulo describí el camino que recorrí preparándome para contemplar. Las fases de la oración son algo así como las piezas de un rompecabeza. Cuando las unes te das cuenta que Dios te estaba preparando para el momento que tú «esperas»; cuando tu corazón, mente y voluntad están relajadas, enfocadas en él, sometidas a él, limpias y renovadas de modo que estás listo para contemplarle en amor, lleno de adoración y saber que eres el objeto de todo su afecto y atención.

El arzobispo Anthony Bloom captura los matices de esta dimensión de la oración que escucha con la simple historia de un campesino que había formado el hábito de deslizarse dentro de cierta iglesia a cierta hora del día con regularidad cronométrica. Allí, día tras día, se sentaba y aparentemente no hacía nada. El sacerdote de la parroquia observaba a este visitante regular y silencioso. Un día, incapaz de contener su curiosidad durante más tiempo, preguntó al anciano por qué venía a la iglesia solo, día tras día. ¿Por qué emplear su tiempo de esta manera?

El anciano miró al sacerdote y con un amable tintineo de su ojo dio esta explicación: «Yo lo miro. Él me mira. ¡Y nosotros nos decimos uno al otro cuánto nos amamos!»

Esto, dicho brevemente, es contemplación. Esta es la esencia de la oración que escucha. Aunque yo era una mera principiante y aún no me consideraba ser más que una novicia, este era un don que Dios me estaba dando. Esta fue la razón por la cual yo saqué una hora completa al día para abandonarme a una quietud en la que pudiera sentir el amor de Cristo. Esta era la razón por la cual me esmeraba en usar las fases que he descrito para salir de la actividad loca e incesante en la que entraba rápidamente y alcanzar las aguas más calmadas de la oración en silencio. Phillip Keller captura bien los beneficios de esta tranquilidad:

> Para el hombre o la mujer que ha llegado a conocer y a amar al Señor Dios en las profundidades de tal intimidad, las horas de soledad son las más preciosas en toda la vida.

> Son una cita con el Amado. Se anticipan con ansiedad. Se esperan con expectativa… Para la persona que ha encontrado en Dios a un Padre celestial verdaderamente amante, los interludios gentiles con él solo son los puntos culminantes de su vida. Para aquel que ha encontrado a Cristo, el más querido amigo entre todos los hijos de la tierra, los tiempos quietos en su compañía son los oasis de la vida. Para el individuo consciente de la camaradería con el Espíritu de Dios lleno de gracia en la quietud de la soledad, estos intervalos son el elíxir de la vida.[1]

Tal fue mi experiencia. En verdad, tal *es* mi experiencia. Ninguna de mis palabras pueden esperar hacer justicia al encuentro con Dios que tiene lugar en un silencio tal. Volver a capturar esto con una pluma es tan difícil como describir la escena fuera de la ventana de la casita que he estado contemplando durante los últimos cinco minutos. Puedo decirles que las gotas de lluvia brillan mientras cuelgan como perlas del rosal que casi toca el cristal de mi ventana; que las frondas del sauce llorón están saludando a los carros que pasan junto al valle; que el mirlo está inspeccionando los brezales cuando se sienta en los alambres telefónicos a cantar; que el sol está tratando de brillar en las colinas empapadas de lluvia. Puedo describir los colores: La aubrietia púrpura cayendo en cascadas sobre las paredes de piedra gris de mi vecino, los pensamientos amarillos en su jardín, el rosado coral de los arbustos de los rododendros, la escarlata de sus tulipanes y los jaspeados verdes vírgenes que cubren el campo en primavera. Pero esto es solo un fragmento de la escena que me deleita. Tú no puedes oír al zorzal emocionante ni puedes oír los pinzones chachareando ni ver los brotes explotando con vida, ni sentir la energía creadora del campo en mayo. Si quisieras apreciar toda la extensión de la belleza que tengo ante mí, tendrías que venir para ver la gloria de este lugar con tus propios ojos.

Del mismo modo, solo los que contemplan pueden apreciar las maravillas de la contemplación como dice correctamente Stephen Verney, el obispo de Repton, «la contemplación es una apertura de los ojos…».[2] Es perderse uno mismo en lo que ve y oye al igual que uno se pierde en una salida de sol espectacular o en una vista magnífica desde un avión.

Stephen Verney sugiere que hay tres etapas de contemplación: primero «yo y él». Vengo a orar consciente de mí misma, de mi necesidad y mis deseos. Los vierto a Dios. Segundo, la oración se convierte en «él y yo». Gradualmente llego a estar más consciente de la presencia de Dios que de mí misma». Después es solo él».[3] La presencia de Dios me arresta, me cautiva, me advierte, obra en mí. Esto es misterio, realidad, certidumbre, asombro. Como lo expresó un autor desconocido del siglo trece: «Mientras estás quieto y existe una calma y consciencia de su presencia, tu corazón lo busca y se abre para recibir su amor. Esta es una oración sin palabras que alimenta un ardor tranquilo».[4] O como otro contemplativo ha luchado por expresar lo inexpresable:

> Te vuelves completamente a su presencia. Lo miras continuamente. Su presencia se te hace cada vez más real. Él mantiene tu vista interior. Tu mirada descansa en él simple y amorosamente. Tu oración no es nada sino una amorosa consciencia de él: Miro porque amo, miro para amar y mi amor se alimenta y se influencia por la mirada…[5]

¿Qué ve un contemplativo cuando mira de esta manera? No puedo hablar por ningún otro. Hablo por mí misma. Para mí, lo que veo cambia de día en día.

En los primeros días con frecuencia permanecía en la visión de Cristo contenida en el libro de Apocalipsis. Mientras contemplaba contenía la respiración cuando un indicio del herido, maravilloso y muy adorado Cordero de Dios se imprimía en mí:

Luego miré, y oí la voz de muchos ángeles … El número de ellos era millares de millares y millones de millones. Cantaban con todas sus fuerzas:

> «¡Digno es el Cordero
> que ha sido sacrificado,
> de recibir el poder,
> la riqueza y la sabiduría,
> la fortaleza y la honra,
> la gloria y la alabanza!»

Y oí a cuanta criatura hay en el cielo, y en la tierra y debajo de la tierra y en el mar, a todos en la creación, que cantaban:

> «¡Al que está sentado en el trono y al Cordero, sean la alabanza y la honra, la gloria y el poder, por los siglos de los siglos!»

Los cuatro seres vivientes exclamaron: «¡Amén!», y los ancianos se postraron y adoraron (Apocalipsis 5:11-14).

También en los primeros días, cuando la cruz era el foco visual en mi cuarto de oración, los sufrimientos de Cristo, físicos, emocionales y sicológicos, a menudo llenaban mi horizonte cuando fijaba mi atención en el amor crucificado.

Desde mi visita a Israel —donde la presencia viva de Jesús me golpeó con fuerza fresca y donde una estatua del Señor, de bronce, saltando con el gozo de la resurrección hizo una fuerte impresión en mí— a menudo, cuando me arrodillo o estoy en pie o me siento en una actitud de oración que escucha, la fortaleza, la vitalidad, el poder, la autoridad y aun el sentido de diversión me sobrecogen y se mezclan con el dolor y la gloria que ya he mencionado.

Esta mañana, por ejemplo, Dios me deleitó con el recuerdo del *joie de vivre* [el gozo de vivir] que es una expresión de la vida abundante que Jesús disfrutó y que también prometió a otros. Cuando pongo mi atención en Dios, viene a mi mente el vigoroso relato de la resurrección de C.S. Lewis. En su fantasía infantil, *El león, la bruja y el ropero*, Aslan, el león, que representa a Jesús, fue sacrificado y luego, misteriosamente, regresa a la vida:

> «Oh, niños», dijo el León, «Siento que mi fortaleza está regresando. ¡Oh, niños, agárrenme si pueden!» Él se detuvo durante un segundo, sus ojos muy brillantes, sus extremidades se estremecían, azotándose con la cola. Luego dio un salto sobre las cabezas y aterrizó al otro lado de la mesa. Riéndose, aunque ella no sabía por qué, Lucy se subió sobre la mesa y lo alcanzó. Aslan saltó otra vez. Comenzó una persecución loca, él los guió hasta la cima de la colina, ahora sin esperanza de que lo alcanzaran, ahora tirándolos en el aire y agarrándolos de nuevo con sus enormes zarpas bellamente aterciopeladas, y ahora parándose inesperadamente de manera que los tres rodaron juntos en medio de una feliz confusión de piel, brazos y piernas.[6]

Nunca hubiera podido predecir con anticipación cuál sería el resultado de escuchar. Ni podía anticipar hasta cuándo duraría el sentido de consciencia de la presencia de Dios. Normalmente considero que los momentos agudos de estar en contacto con Dios son efímeros, pero son reales. Pronto descubrí que debía contentarme con lo que Dios me daba, disfrutarlo y beneficiarme de ello sin tratar de adherirme o ansiar más. Es posible que él quiera revelarse momentáneamente o es posible que quiera detenerse. Esa es su responsabilidad. La mía es simplemente estar lista.

Fase de recibir

Y yo siempre quería estar lista. Al igual que en la primavera los bulbos estiran hacia arriba sus dedos verdes en respuesta a los cálidos rayos del sol, así también yo estaba respondiendo a la sentida y experimentada presencia de Dios. Y descubrí que la fase de la contemplación no es la fase final de la oración. Hay una sensación de bienestar que se debe disfrutar. La primera fase después de ese momento de contemplación es la fase de recibir. Como James Borst lo expresa: «Busca y siempre hallarás» se convierte en «Busca y tú serás siempre hallado».[7]

Después de pasar años en oración pidiéndole cosas a Dios, esta fase del bienestar era absolutamente deliciosa. Al principio escasamente me atrevía a creer lo que afirma James Borst:

Él responde: Se vuelve a mí. Me busca. Está ansioso de invadir mi espíritu. Él quiere que su Espíritu me posea. Siento sobre mí su mirada. Jesús, mi Señor, está ansioso de poseer mi corazón con el cual amar a su Padre, y con el cual irradiar su amor… Su presencia trae una profunda paz espiritual, una porción de su descanso «sabático», una mayor serenidad, la habilidad de aceptar y de sufrir, el levantamiento de la desesperación, un brote de gozo y amor, un foco de luz, y un deseo fuerte de alabarle y agradecerle.[8]

Pero en mi experiencia estas afirmaciones llegaron a ser ciertas.

Dieciocho meses después de mi iniciación en esta vida de oración que escucha, comencé a escribir un diario de oración donde anotaba algunas de las cosas que quería expresarle a Dios, tanto como algunas de sus respuestas. En el otoño de 1978 yo escribí:

Encuentro emocionante la oración porque nunca sé por adelantado cómo Dios se va a presentar. Algunas veces el Amante Divino viene como Padre, aquel que está reservando la mejor túnica para el peor hijo, el Padre que dio a su propio Hijo, tal es la generosidad de su amor. Algunas veces mi Señor viene como el Pastor amoroso que busca, algunas veces viene como la vida, algunas veces como energía.

Anoté el sentido de asombro que me sobrecogía cada vez que me daba cuenta de que *Dios* es el que toma la iniciativa en esta clase de oración.

Mi conocimiento de Dios está profundizándose. Es menos un conocimiento intelectual y progresa hacia el conocimiento íntimo que experimentan un esposo y la esposa: la unión. Algunas veces él viene a mí como el Novio a su novia y en ese conocimiento hay un amor asombroso. Ahora, mientras escribo esto, me parece demasiado maravilloso que el Dios Todopoderoso —el generoso— *me* encuentre de esa manera y que, sin embargo, esto sea parte de su generosidad, que sea él quien tome la iniciativa.

Toda mi vida recibí una enseñanza sobre la oración que colocaba firmemente sobre mis hombros la responsabilidad de mi relación con Dios. Se me había enseñado a buscar a Dios: en su Palabra, en la iglesia y en el compañerismo. Aunque yo tuve una experiencia de conversión a la edad de diecisiete años, el énfasis parecía enfocarse en *mí* compromiso: era *yo* dando *mi* vida a Dios. Pero ahora cambió el énfasis. Dios parecía subrayar la verdadera situación: que la iniciativa en la oración que escucha no es mía sino suya. De igual manera la iniciativa de amor no es mía, sino suya. Como lo expresa Thomas Merton: «La verdadera contemplación no es un truco sicológico sino una gracia teológica. Puede llegarnos *solo* como un don».[9] Y como el autor de *The Cloud of Nonknowing* [La nube de no saber] nos recuerda, «*Él* incendió tu deseo por él, y te ató a él con la cadena de tal anhelo».[10]

Estos hechos que tan agudamente escribe Stephen Verney me anonadaron en adoración y maravilla silenciosa.

> Esta es la naturaleza del encuentro, no que yo esté tropezando hacia el Abba Padre, sino que el Abba Padre está corriendo hacia mí. No es que yo ame a Dios sino que Dios cree en mí. El descubrimiento en el corazón de la contemplación no es que yo esté contemplando al amor divino, sino que el amor divino está contemplándome. Él me ve y me comprende y me acepta, él tiene compasión de mí, él me crea de nuevo, de momento a momento, y él me protege y está conmigo a través de la muerte y hasta más allá de la vida.[11]

Saber que constantemente Dios nos ama, nos cree, comprende, acepta, confía y renueva es una experiencia humillante. Por lo menos yo la considero así. Y me llevó mucho tiempo darme cuenta de estas verdades que gotean desde mi cabeza hasta mi corazón. Cuando gradualmente se alojaron allí, la fase de recibir no solo comenzó a tener sentido para mí, sino que llegó a ser una prioridad.

Ahora Jesús actuó en el diálogo de la oración en una forma nueva: no solo por susurrar a mi oído sino actuando a mi favor.

Pienso en el tiempo cuando me preguntaba si alguna vez el microbio de la mononucleosis iba a dejar mi cuerpo, cuando este estaba débil y yo estaba aislada. Un día, cuando oraba, vertí a Dios toda mi frustración. Durante la fase de recibir en oración, me encontré representando la parábola del Buen Samaritano. Pero en el video que se proyectaba en mi imaginación, me parecía ser la persona herida yaciendo indefensa en el camino desértico. Cuando me abrí para recibir a Jesús, él vino a mí desplegando toda la ternura y la habilidad atribuidas al Buen Samaritano. El encuentro fue tan poderoso que pude sentir cómo él ungía mis heridas emocionales, entraba en mi soledad, me levantaba y vertía en mí el valor que necesitaba para seguir adelante.

Un cuadro recurrente que nunca cesa de asombrarme y confortarme también encontró sus raíces en una de las parábolas de Jesús. Me representaba como la oveja extraviada que había perdido su camino y perdido a sus compañeras. Mientras tanto, yo me ocupaba balando o asustándome o corriendo en pequeños círculos redondos, veía a Jesús encaminándose hacia mí con pasos largos. Algunas veces veía su sonrisa. Sentía su inmensa fortaleza. Algunas veces lo sentía poniéndome en sus hombros y llevándome de vuelta al camino apropiado. Otras veces simplemente se detenía y me acariciaba o me castigaba.

Recibir el amor de Dios de manera tan vívida, reforzó en mí la realidad del Dios que está siempre allí, del Dios que se interesa. Me estimula a abrirme a la oleada del amor de Dios y no a dictarle a él como puede o no puede expresar este amor.

Fase de alabanza y acción de gracias

Esto también me llevó a través del umbral a otra fase de la oración: la fase de alabanza y acción de gracias. De vez en cuando Dios me retaba a aprender a recibir la vida como un don de él mismo, en lugar de vivir la vida a «velocidad rompe cuello» que no dejaba tiempo para pensar con gratitud.

Mientras respondía a este reto, aprendí a saborear las buenas dádivas que Dios envía: una rosa perfecta, el olor de la madreselva, el abrazo de un amigo, el olor del tocino. A medida que este saboreo llegó a ser parte de la vida, cada vez que usaba la olla de presión daba gracias a Dios por el don de la electricidad en lugar de dar por sentado la tecnología moderna. Y por la noche, cuando iba a dormir, miraba en mi mente una repetición de las últimas veinticuatro horas y seleccionaba a personas y sucesos particulares por los cuales quería alabar a Dios. En tales ocasiones la vida se convertía en una sinfonía de alabanza.

Según pasaba el tiempo, esta gratitud de corazón hacia Dios

comenzó a expresarse en una variedad de formas. Unos pocos meses después de comenzar en serio este viaje de la oración contemplativa y luego de contemplar los rasgos del Señor, aprendí a confiar más profunda y ricamente que nunca antes. Así que una mañana tomé mi guitarra y acompañándome por esta comencé a cantar un canto de alabanza. Después de algunos minutos estaba tocando una secuencia de acordes que yo no había aprendido y cantaba una tonada que nunca antes había escuchado. El idioma que usé no era inglés, sino lenguas, un método de alabar a Dios que antes había considerado raro y superfluo, pero que ahora lo valoraba inmensamente.

Pero las ocasiones en que me preguntaba si mi corazón ardería de alabanza casi siempre sucedían en el convento, que con el tiempo llegó a ser mi hogar espiritual. Todas las mañanas, a las 9 a.m., las hermanas celebraban la Santa Comunión y yo me unía a ellas para este punto culminante de la adoración del día. Usualmente era un servicio sencillo y breve que no duraba más de media hora. No había música, solo la liturgia, lecturas de la Biblia, oración y el sacramento, el pan y el vino. Al final del servicio, cada una se arrodillaba en adoración silenciosa a Jesús, el que nos había alimentado con estos símbolos de su cuerpo y de su sangre. Era entonces, luego de estar en silencio y haber estado cara a cara con el misterio de Dios y ser alimentadas por él, que la alabanza surgía de algún lugar profundo dentro de mí y rogaba que la expresara: ya en asombro silente, o en suspiros y gemidos, o en una explosión de cántico. Algunas veces la urgencia de cantar era tan fuerte que después de la comunión me iba al fondo del jardín donde nadie podía oírme y cantaba bajo los pinos, o llevaba mi guitarra al jardín, le quitaba el forro y la rasgueaba y cantaba a Dios allí. Que tal alabanza lo controlara a uno era intoxicante, y me di cuenta que muy a menudo yo me acercaba a la oración, a la alabanza y a la acción de gracias desde un ángulo equivocado. Yo corría a la presencia de Dios, decía de sopetón algunas expresiones de gratitud, pero nunca me detenía para encontrarlo. Cuando el encuentro viene primero me doy cuenta que el nivel de alabanza se profundiza y la experiencia es más real.

Fase de intercesión

Y aprendí que habiéndome dejado caer dentro del silencio de Dios, habiéndolo contemplado, recibido y dado gracias por lo que él es y por lo que ha hecho, estaba lista para interceder por otros. Pero cambió la naturaleza de la intercesión. El foco de la oración no era la persona por la cual estaba orando, como lo había sido en el pasado. No. El foco de mi oración intercesora era el mismo Jesús. Este reenfoque revolucionó mi práctica de intercesión por otros. La consciencia aguda de la presencia de Jesús me persuadió de que yo no necesitaba rebuscar palabras buenas para presentar a Jesús las necesidades de los demás. Todo lo que necesitaba hacer era pasar a la persona o situación a las manos de Cristo que todo lo saben, que son totalmente capaces y cuidadosas.

La consciencia de la presencia de Cristo también cambió mi oración por otra razón. En lugar de dictar a Dios lo que debía hacer para aliviar el sufrimiento de cierta persona o resolver alguna crisis compleja, aprendí, mientras colocaba ante él la situación, a escuchar la respuesta a la pregunta: «Señor, ¿hay algo que tú quisieras que yo hiciera por esa persona para demostrarle que tú estás en control o que tú te interesas?» Encontré que Dios es fiel en responder a esa clase de pregunta y que muy a menudo requería de mí que formara parte de la respuesta a mis propias oraciones.

Nunca parecía haber suficiente tiempo para completar tal intercesión en mi tiempo de oración.

La mayor parte de la intercesión la distribuía en el día, así elevaba a Dios personas y circunstancias mientras limpiaba la casa, caminaba o guiaba el carro o descansaba después del almuerzo. Dios oye. Él actúa. En esta oración simplemente me pongo en silencio junto al gran intercesor, el mismo Jesús, y disfruto el privilegio de llegar a ser su compañera de oración.

Nunca podía estar segura, de un día a otro, cuál de estas fases de oración debía ocupar la mayor parte de mi tiempo. Pero sí estaba segura de que mi experiencia de Dios me dejaba jadeando por más. San Bernardo dijo de la oración contemplativa: «es una búsqueda nunca satisfecha pero sin ninguna inquietud». Y Gregorio de Nysa observó: «Aquel que mira a Dios nunca cesa en ese deseo». En un modo pequeño yo estaba comenzando a testificar acerca de estos sentimientos gemelos y quería seguir adelante porque orantes más experimentados me persuadieron que una de las recompensas de esta búsqueda particular era seguir buscando.

7

Volvamos a la Biblia

Tenía problemas. La gente en mi iglesia sospechaba acerca de mi peregrinación de oración. Una muchacha expresó con palabras la ansiedad de muchos otros: «Pienso que se ha tirado por la borda. Está permitiendo que esos místicos ejerzan demasiada influencia sobre usted. Está en peligro de traicionar su herencia evangélica». Otros se abstuvieron de expresar su ambivalencia en ese tiempo, pero más tarde me confesaron: «Pensábamos que te habíamos perdido para siempre en el silencio».

Comprendí este temor. Sin embargo, dolía. Dolía porque parecía que no confiaban en mí. Y dolía oír a cristianos maduros expresar tanta crítica y sospecha de aquellos cuya experiencia de Dios era de algún modo diferente. Por ejemplo, me ardían las lágrimas en los ojos y lloraba por dentro cada vez que se hacían comentarios injustos acerca de la espiritualidad católica.

Yo no estoy diciendo que fuera inapropiado que mis amigos dudaran de lo que yo estaba haciendo. Ni estoy diciendo que no pudiera ver por qué lo hacían. Hasta esta fase de mi vida, yo también había estado amargamente prejuiciada contra las prácticas de la «iglesia de tanta liturgia» y particularmente contra el catolicismo. Mi padre, un bautista acérrimo los rehusó hasta el punto de no comprar tarjetas de Navidad que tuvieran una vela impresa porque para él eso olía a católico. Desde mi niñez se arraigó en mí la creencia que de Roma no venía nada bueno. Pero ahora estaba comenzando a tener un rayo de comprensión de cuán equivocado estaba ese prejuicio. No estoy diciendo que yo aceptara todo lo que la espiritualidad católica afirmaba. Ni estoy diciendo que alguna vez se me ocurriera convertirme en católica romana o en anglicana litúrgica. Lo que estoy diciendo es que los monjes que conocí en la Abadía del Monte San Bernardo fueron un reto a la dura costra de desprecio que me cubría, no por cualquier cosa que dijeran, sino por la vida que llevaban; particularmente por la calidad de su oración. Yo misma pude ver que esos hombres habían sondeado profundidades de oración que nadie de mi tradición espiritual me había mostrado jamás. Y yo quería lo que ellos experimentaban. Es más, creía que Dios quería eso para mí, que él había provisto estos recursos fundamentales de oración para mí. Y reconocí temprano en mi búsqueda que no tenía que comprar todo el paquete católico para beneficiarme de su experiencia de oración. Ni que Dios está atado por los límites de nuestras denominaciones.

Aun así yo estaba partida en dos. Yo sabía que mi esposo estaba preocupado por mí. Ocasionalmente intentábamos conversar acerca de mi interés creciente en el silencio, la meditación y la oración contemplativa. Pero nuestras mentes no lograban ponerse de acuerdo. Él temía que yo estuviera viajando en un callejón sin salida que resultaría en desilusión. Yo temía que él estuviera tratando de apretarme en un molde espiritual del cual me había liberado. «¿Qué voy a hacer?» Por un lado parece que estoy situada en el umbral de una dimensión dinámica de oración la cual está revolucionando mi vida y por otro lado parece que estoy alarmando a una cantidad de personas, incluyendo a mi esposo. En varias ocasiones me hice esta clase de pregunta y la ausencia de una respuesta me dejó todavía más confundida. En una ocasión anoté esta confusión en mi diario de oración. Dije, escribiéndole a Dios:

> Quiero confesarte la confusión que siento sobre todo el aspecto de la oración. Anhelo tanto seguir tu dirección en esto, dentro del silencio. Pero veo que está creando un abismo cada vez mayor entre David y yo... Padre, siento resentimiento. ¿Por qué me llevaste a este camino? ¿Por qué él no comprende? Siento profundo enojo y tristeza porque a través de los años he escuchado y asentido a falsedades acerca de muchos de tus hijos (quiero decir católico romanos). Sí, yo quiero participar en tu obra de reconciliación. Pero duele y algunas veces me siento muy sola...

Pero yo también tenía problemas por otra razón. Aunque sentía que Dios estaba dándome una perla inapreciable en este don de la oración, lo que me habían enseñado era que yo debía ser una «guardiana del evangelio» y asegurar que mi filosofía de la vida y mi conducta siempre estuvieran alineadas con la clara enseñanza de las Escrituras. Hasta ahora, aunque me fascinaba y me ayudaba el ritmo de oración que yo recibí en la Abadía del Monte San Bernardo, en Whitby y ahora en el hogar, y aunque estaba estremecida por las enseñanzas sobre la oración que estaba recibiendo de los libros que he mencionado, las referencias a la enseñanza de la Biblia sobre escuchar a Dios eran solamente indirectas. No podía decir con certeza que la creencia de que Dios todavía habla hoy estuviera enraizada firmemente en las Escrituras.

¿Cómo podía estar seguro John Powell que Dios está disponible para hablarnos hoy como le habló a Abraham, Isaac, Jacob y Jeremías? ¿Cómo puede James Borst estar seguro que es *Dios* el que se manifiesta en la quietud? ¿Cómo puedo yo decidir si las sobrecogedoras experiencias espirituales se originan en Dios?

Me molestaban estas y otras preguntas similares, no solo porque yo amaba la Biblia y estaba firmemente comprometida a vivir bíblicamente, sino porque también sabía que muchos eruditos que creían en la Biblia vertían su desprecio por las voces y las experiencias. En los círculos en los cuales había vivido y trabajado prevalecía la afirmación contraria: que Dios ha hablado a través de su Hijo y a través de su Palabra revelada, la Biblia. Dado que esta revelación contiene todo lo que necesitamos para «enseñar, para reprender, para corregir, para instruir en la justicia» (2 Timoteo 3:16), Dios no tiene más necesidad de hablar.

Jim Parker describe este punto de vista en términos más poderosos y generosos que muchos:

> Aunque no es de nosotros prohibirle a Dios revelar cosas aparte de las Escrituras o hacer cualquier otra cosa (él, después de todo, es Dios), sí podemos insistir adecuadamente en que el Nuevo Testamento desanima a los cristianos a esperar recibir palabras de Dios mediante algún otro canal aparte de la aplicación atenta de sí mismos a lo que se nos ha dado a nosotros los cristianos del siglo actual en las Sagradas Escrituras.[1]

Atrapada entre esta enseñanza, la ansiedad de mis amigos y una sed irresistible de saber más acerca de escuchar a Dios, solo parecía quedar un camino por delante. Tendría que investigar la Biblia por mí misma para ver si ella describe la clase de oír a Dios que ha hecho vibrar una cuerda dentro de mi corazón.

Haré mi propia investigación. Peinaré las Escrituras y les aplicaré tres preguntas: ¿Trata la Biblia el asunto de escuchar a Dios? Si es así, ¿qué es lo que dice exactamente? ¿Cómo les habló Dios a los hombres y a las mujeres en los días en que se escribió la Biblia?

Determiné, habiendo hecho esta resolución, ser tan minuciosa como me fuera posible. Hice una incursión en el estudio de mi esposo y coleccioné todas las versiones de la Biblia que pude encontrar, reuní un montón de comentarios de la Biblia, desenterré el gordo y rojo *New Bible Commentary* [Nuevo Comentario de la Biblia] que había usado en mis días de estudiante, traté una concordancia nueva y reorganicé mi propio estudio para acomodar los folletos, artículos y libros sobre la oración que de alguna manera me habían ayudado. Así, rodeada de estudios sobre la oración escritos por maestros de oración y gente de oración de una variedad de tradiciones cristianas, comencé mi propia búsqueda dentro de las enseñanzas de la Biblia sobre el asunto de escuchar a Dios.

Las promesas de Dios

Me intrigó uno de los primeros pasajes de la Biblia que leí. Era el pasaje familiar del cuarto Evangelio: «Yo soy el buen pastor, conozco a mis ovejas, y ellas me conocen a mí… Tengo otras ovejas que no son de este redil, y también a ellas debo traerlas… *Así ellas escucharán mi voz* y habrá un solo rebaño y un solo pastor». Dos oraciones del pasaje absorbieron mi atención. Primera, la afirmación de Jesús de que él es «el Buen Pastor» y segunda, su promesa «ellas también oirán mi voz».

Comencé a imaginarme qué podría haber estado en la mente de Jesús cuando él se describe como el Buen Pastor, un cuadro de aprisco que un lector occidental no necesariamente comprende con exactitud. Mientras meditaba en estas palabras: «Buen Pastor» mi mente voló en primer lugar a Grecia a donde viajamos en una ocasión. Recordé los comentarios que le hice a mi esposo mientras conducíamos a través de milla tras milla de terreno árido: «¿Has notado que aquí nunca ves una oveja sin un pastor acompañante? En casa es todo lo opuesto. Raramente se ve a un pastor, solo campos llenos de ovejas sin compañía».

Mi mente vagó de Grecia a Israel. Cansados del calor y de las calles estrechas llenas de turistas, mi esposo y yo salimos de Nazaret para merendar en una cuesta cubierta de hierba que podíamos ver a la distancia. Allí nos encontramos con un joven pastorcillo que llevaba a una oveja recién nacida.

Nos enseñó su oveja con un orgullo visible. «Es mía. No tiene ni veinticuatro horas de nacida».

También señaló a las otras ovejas que pastaban tranquilamente en las largas hierbas. Este muchacho estaba encargado de diecisiete ovejas, incluyendo la recién nacida. Cada oveja tenía un nombre. Cada una respondía a ese nombre. Cuando el pastor las llamaba, ellas lo seguían. Su relación con estas ovejas, las cuales pertenecían a su padre, era íntima. Él las trataba no como posesiones, sino como personas. Así que él susurraba en la oreja lanuda de la oveja igual que una madre arrulla a su bebé. Mientras caminaban de pasto en pasto, él le contaba las noticias a su pequeño rebaño. Las reprendía cuando se alejaban de él o cuando se iban cerca a un precipicio peligroso. Y cuando regresaban a casa en las noches, él les explicaba lo que había sucedido y les contaba sus planes para el día siguiente. Este encuentro con los pastores orientales me brindó una perspectiva nueva de la imagen familiar que Jesús usó.

Para profundizar mi comprensión de la afirmación de Jesús, volví al Antiguo Testamento y a las descripciones que él mismo contiene de los pastores fieles.

[El Soberano Señor] como un pastor que cuida de su rebaño, recoge los corderos en sus brazos; los lleva junto a su pecho, y guía con cuidado a las recién paridas (Isaías 40:11).

Así dice el Señor Omnipotente: Yo mismo me encargaré de buscar y de cuidar a mi rebaño. Como un pastor que cuida de sus ovejas cuando están dispersas… Buscaré a las ovejas perdidas, recogeré a las extraviadas, vendaré a las que estén heridas y fortaleceré a las débiles (Ezequiel 34:11; 16).

El Señor es mi pastor, nada me falta;
en verdes pastos me hace descansar.
    Junto a tranquilas aguas me conduce;
    me infunde nuevas fuerzas.
Me guía por sendas de justicia

Por amor a su nombre.
Aun si voy por valles tenebrosos,
No temo peligro alguno
     porque tú estás a mi lado;
Tu vara de pastor
     me reconforta (Salmo 23:1-4).

Medité en estos pasajes durante varios días. El cuadro del Buen Pastor que se levantó ante mí era el de un hombre que expresaba su fidelidad por medio de su disponibilidad, «me guía, me conforta, está conmigo». El buen pastor es aquel que se mezcla en la vida de su rebaño: reúne las ovejas, las lleva, dirige a las ovejas con gentileza. El Buen Pastor es una persona dedicada: busca a las perdidas, sana a la enferma, venda a la herida. La comunicación entre la oveja y el pastor es un asunto de doble vía: la oveja indefensa busca al pastor para que la guíe, le dé sabiduría y dirección. Estos recursos se le dan continuamente. La relación entre la oveja y el pastor es íntima.

No solo Jesús *da a entender* que, como Buen Pastor él se comunica con su rebaño. Aquí él *promete* que el Espíritu Santo va a ser un agente activo de Dios, hablando, enseñando, cuya misión será la de mostrarnos la verdad transmitiendo los mensajes de Dios y más adelante guiarnos a la verdad al revelarnos lo que «está por venir».

Pedro usó este tema el día de Pentecostés. Cuando él cita al profeta Joel da el indicio de que el Espíritu Santo tiene a su disposición una completa variedad de formas para asegurar que a los hombres se les haga conocer la voluntad y la Palabra de Dios:

Sucederá que en los últimos días —dice Dios—,
derramaré mi Espíritu sobre todo el género humano.
Los hijos y las hijas de ustedes profetizarán,
     Tendrán visiones los jóvenes
     y sueños los ancianos

                              (Hechos 2:17 citando a Joel 2:28).

Pablo repite el estribillo en su carta a los Corintios. Los dones del Espíritu son principalmente dones de comunicación: profecía, lenguas, discernimiento y conocimiento (1 Corintios 12). Es como si Pablo nos recordara que el Dios que anhela comunicarse encontrará una variedad de formas para llevar su mensaje y aplicar la palabra revelada de Dios a su pueblo. ¿Puede esto ocurrir *solo* por medio del texto de las Escrituras?

El escritor de Hebreos, citando el Salmo 95, da por sentado que Dios continuará hablando a su pueblo. Tres veces cita al Espíritu Santo diciendo: «*Si hoy oyen su voz*, no endurezcan el corazón» (Hebreos 3:7-8, 15, énfasis de la autora).

Y Juan, contemplando al Señor glorificado, edifica en los fundamentos ya puestos tanto en el Antiguo como en el Nuevo Testamento. Por medio de él Jesús invita a los creyentes y no creyentes a oír su voz: «Mira que estoy a la puerta y llamo. *Si alguno oye mi voz* y abre la puerta, entraré» (Apocalipsis 3:20, énfasis de la autora).

Me volví al Antiguo Testamento. Allí noté que Dios hablaba con Adán, Abraham y Moisés «como quien habla con un amigo» (Éxodo 33:11). De igual manera, David y Salomón, Elías y Natán, para nombrar solo a algunos dignatarios, oyeron la voz de Dios.

Y mi investigación de los libros de la Biblia destacó otra verdad. Una y otra vez, cuando Dios se comunicó con aquellos que amaba, fue él quien tomó la iniciativa, yendo ante la persona y proveyéndole con una consciencia de su presencia y hablándole de manera clara e inequívoca. Así el salmista clamó maravillado: «Tú, Dios me ves». Jacob reconoció: «En realidad el SEÑOR está en este lugar, y yo no me había dado cuenta» (Génesis 28:16). María Magdalena oyó en la tumba esa palabra bienvenida y económica ¡María! Y los discípulos en el camino a Emaús disfrutaron de la compañía del extranjero cuya conversación hizo que sus corazones ardieran dentro de ellos.

Varias de las parábolas de Jesús nos animan a esperar que Dios tome la iniciativa en esta relación de amor. El padre espera y vigila el regreso del pródigo y se ciñe sus vestidos para correr a saludar, sin impedimento, al errabundo que regresa. La mujer busca hasta que encuentra la moneda perdida. El buen pastor busca incesantemente la oveja extraviada.

Mientras más yo ahondaba en las páginas de la Biblia, más me convencía que el hilo que corre derecho desde el Antiguo hasta el Nuevo Testamento es el de un Dios que habló a su pueblo incisiva e íntimamente en los tiempos pasados, un Dios que es el mismo ayer, hoy y por los siglos, un Dios cuya constancia y consistencia no le permiten moverse como «las sombras» (Santiago 1:17), un Dios que por lo tanto está comprometido a comunicarse de formas creativas a través de toda la historia: por medio de la palabra escrita, por medio de su Hijo (Hebreos 1:2) por medio de sueños, de visiones, de ángeles, por medio de los dictados del Espíritu, por medio de la naturaleza, en verdad por medio de cualquier método que él escoja. Como lo expresó David Watson: «Dios no terminó de hablarnos cuando se completaron las Escrituras... Dios es el Dios viviente, el Dios de hoy; y cada día él quiere que disfrutemos una relación viva con él, incluyendo una conversación de doble vía»[2].

Convencida y emocionada por estas primeras investigaciones dentro del punto de vista de la Biblia en cuanto a escuchar a Dios, seguí leyendo. El resultado fue un capítulo completo de sorpresas.

8

Se nos ordena escuchar

EL DIOS QUE HABLÓ en los tiempos pasados hablará y continuará hablando a través de la historia. La Palabra de Dios es poderosa, llena de majestad (Salmo 29:4), exacta y activa (Hebreos 4:12). Estas solemnes verdades cambiaron mi manera de pensar cuando continué examinando las enseñanzas de la Biblia en cuanto a escuchar a Dios. Michael Mitton lo expresa de esta manera:

> La vida del hombre se empobrece si no se comunica con su Creador … El hombre ha sido creado como un ser que responde, él debe responder a su Hacedor. Al hacerlo así, él llega a ser «Yo» cuando se comunica con «Tú», para emplear el idioma de Martin Buber. Si Dios no se comunica con nosotros, solamente es un «ello»; si él nos habla y nosotros le hablamos, él llega a ser «Tú».[1]

No tengo dudas de que Dios es un «Tú», una persona opuesta a un objeto. Tampoco tengo dudas de que Dios anhela comunicarse. Sin embargo, me sorprendió lo que aprendí después acerca del Dios de la Biblia.

Había vuelto de la meditación sobre el pastoreo de Jesús a contemplar la Transfiguración. Metido en el relato de Mateo de esta única revelación de la gloria de Jesús, yace un mandamiento con el cual nunca antes había tropezado: «Allí se transfiguró en presencia de ellos; su rostro resplandeció como el sol y su ropa se volvió blanca como la luz… y he aquí, una voz desde la nube que decía: Este es mi Hijo amado, en quien tengo complacencia, *a él oíd*» (Mateo 17:2, 5, énfasis de la autora).

Miré detenidamente este versículo y encontré difícil creer que no dijera: «Este es mi amado Hijo, háblenle a él. Ni tampoco dice: «Este es mi amado Hijo, pídanle cosas». Ni nos estimula: «Este es mi amado Hijo, díganle su diagnóstico cuando alguien está enfermo. No, dice: «Este es mi amado Hijo, a él oíd».

¿Por qué no había notado este versículo antes? ¿Por qué no había oído predicar un sermón acerca de dicho versículo. ¿Por qué cuando oramos el énfasis estaba siempre en pedir cosas a Dios antes que escucharlo? ¿Este versículo simplemente dice que el pueblo de Dios ha de obedecer sus palabras registradas en la Biblia o implica algo más que eso?

Con este claro mandamiento de escuchar a Dios mirándome a la cara, estas preguntas me molestaron y me dejaron perpleja. Cuando desenterré una sarta completa de mandamientos de escuchar a Dios, me quedé aun más perpleja y me pregunté por qué algunas personas afirman que es presuntuoso esperar que Dios nos hable cuando el llamamiento de Dios a escucharlo corre a través del Antiguo y del Nuevo Testamento de la misma forma que un tema musical corre a través de una película.

Encontré que el llamado de Dios a escuchar se destacaba con más emoción en la historia del joven Samuel:

Por tercera vez llamó el SEÑOR a Samuel. Él se levantó y fue a donde estaba Elí.

—Aquí estoy —le dijo—; ¿para qué me llamó usted?

Entonces Elí se dio cuenta de que el SEÑOR estaba llamando al muchacho.

—Ve y acuéstate —le dijo Elí—. Si alguien vuelve a llamarte, dile: "Habla, SEÑOR, que tu siervo escucha."

Así que Samuel se fue y se acostó en su cama. Entonces el SEÑOR se le acercó y lo llamó de nuevo: —¡Samuel, Samuel!

—Habla, que tu siervo escucha —respondió Samuel (1 Samuel 3:8-10).

La misma orden de escuchar puntúa el libro de Isaías: «Consúltame» (30:2); «Escucha» (44:1); «Escucha esto (51:21); «Escúchenme» (55:2); «Presten atención y vengan a mí, escúchenme y vivirán» (55:3).

Jeremías recoge el tema: «Esta es la palabra que vino a Jeremías de parte del SEÑOR (Jeremías 7:2).

Y Ezequiel ordena que la naturaleza misma escuche a Dios. «Profetiza sobre estos huesos, y diles: "Huesos secos, escuchen la palabra del Señor!"».

La misma orden de escuchar palpita a través de los primeros capítulos del libro de Apocalipsis como el toque persistente del tambor:

> El que tenga oídos, que oiga lo que el Espíritu dice (2:7)
> El que tenga oídos que oiga lo que el Espíritu dice (2:11)
> El que tiene oído, oiga lo que el Espíritu dice (2:17)
> El que tiene oído, oiga lo que el Espíritu dice (2:29)
> El que tenga oídos, que oiga lo que el Espíritu dice (3:6).

He encontrado que, de acuerdo con Miqueas, los líderes políticos no escapaban de esta orden divina: «Escuchen… autoridades del pueblo de Israel. ¿Acaso no les corresponde a ustedes conocer el derecho? Ustedes odian el bien y aman el mal!» (Miqueas 3:1-2a).

Amós recuerda a los rebeldes que escuchen. «Oigan esta palabra ustedes, vacas de Basán, que viven en el Monte de Samaria, que oprimen a los desvalidos y maltratan a los necesitados, que dicen a sus esposas: "Tráigannos de beber!"» (Amós 4:1).

A los ancianos se les exhorta a escuchar a Dios: «Oigan esto, ancianos del pueblo!» (Joel 1:2). Las mujeres frívolas deben escuchar: «Mujeres indolentes, levantaos, oíd mi voz» (Isaías 32:9). Se requiere que las familias completas escuchen: «¡Escuchen la palabra del Señor… tribus todas del pueblo de Israel! Así dice el Señor» (Jeremías 2:4-5). Estos pueblos no debían escuchar solo la Palabra escrita. Se esperaba que oyeran y obedecieran cada día con regularidad.

Mientras más hurgaba dentro de la Biblia, más claro se hacía que los hombres y mujeres de Dios prestaban atención a esta orden: ellos esperaban que Dios les hablara porque él lo había prometido así y porque él les había ordenado escuchar.

La impresión que obtuve de mi estudio es que los hombres y las mujeres de la Biblia no eran distintos a mi lechero en un respecto. Mi lechero hacía toda su ronda sintonizado a una voz que no era la suya ni la de los joviales comentarios de sus clientes. En el bolsillo de sus pantalones de nilón blanco llevaba un radio personal portátil. En sus oídos él se ponía unos audífonos pequeños, y su rostro y hasta algunas veces su cuerpo entero, respondían a un sonido que no era audible a nadie más sino a él. Los hombres y las mujeres en la Biblia parecían conectarse de la misma manera a un Dios que respondía. Cuando ellos escuchaban y respondían obedientemente a la voluntad de Dios, sus vidas se deslizaban suavemente. Si rehusaban escuchar, quebrantaban el corazón de Dios. La reacción de Dios al fallo del hombre para escuchar me traspasó completamente de dolor y más adelante me convenció de su anhelo de comunicarse.

La decepción de Dios

Jeremías expuso poderosamente la situación: «Puesto que una y otra vez les he hablado y no me han querido escuchar… los echaré de mi presencia, así como eché a todos sus hermanos, a toda la descendencia de Efraín» (Jeremías 7:13, 15).

Zacarías también expone la ira que quema el corazón de Dios cuando su pueblo rehusa escuchar.

> Pero ellos se negaron a hacer caso… endurecieron su corazón como el diamante… Por lo tanto, el Señor todopoderoso se llenó de ira. «Como no me escucharon cuando los llamé, tampoco yo los escucharé cuando ellos me llamen» (Zacarías 7:11-13).

Y encontré que Dios también expresó su disgusto por medio de los labios de Isaías.

> Pero los que sacrifican toros son como los que matan hombres… Ellos han escogido sus propios caminos… Pues yo también escogeré aflicciones para ellos y enviaré sobre ellos lo que tanto temen. Porque nadie respondió cuando llamé; cuando hablé, nadie escuchó. Mas bien hicieron lo malo ante mis ojos y optaron por lo que no me agrada (Isaías 66:3-4).

Contra este telón de foro, coloqué las historias de éxito: ocasiones cuando se obedeció la voz de Dios. En Hechos me emocionaron dos incidentes de esa clase:

> El Espíritu dijo a Felipe: «Acércate y júntate a ese carro». Felipe se acercó de prisa al carro (Hechos 8:29-30).

> El Señor le dijo a Ananías:
> «Anda, ve a la casa de Judas, en la calle llamada Derecha, y pregunta por un tal Saulo de Tarso. Está orando, y ha visto

en una visión a un hombre llamado Ananías que entra y pone las manos sobre él para que recobre la vista».

Ananías se fue y, cuando llegó a la casa, le impuso las manos a Saulo y le dijo: «Hermano Saulo, el Señor Jesús ... me ha enviado para que recobres la vista y seas lleno del Espíritu Santo.» Al instante cayó de los ojos de Saulo algo como escamas, y recobró la vista (Hechos 9:11-12, 17-18).

El resultado de que Felipe escuchara obedientemente es bien conocido: el etíope se volvió a Cristo. De igual modo, la esencia de la historia de Saulo y Ananías es familiar: la vista de Pablo se restauró y la dirección de su vida cambió.

Encontré que en los Evangelios se relatan milagros similares. Una historia bien conocida exaltó mi imaginación:

Ese día al anochecer, les dijo a sus discípulos:
—Crucemos al otro lado.
Dejaron la multitud y se fueron con él en la barca donde estaba.
... Se desató entonces una fuerte tormenta, y las olas azotaban la barca, tanto que ya comenzaba a inundarse. Jesús, mientras tanto, estaba en la popa, durmiendo sobre un cabezal, así que los discípulos lo despertaron.
—¡Maestro! —gritaron—, ¿no te importa que nos ahoguemos?
Él se levantó, reprendió al viento y ordenó al mar:
—¡Silencio! ¡Cálmate!
El viento se calmó y todo quedó completamente tranquilo (Marcos 4:35-39).

Y los discípulos aterrorizados se preguntaron unos a otros «¿Quién es éste, que hasta el viento y el mar le obedecen!»

Nuevamente mi mente regresó a Israel, cuando en una ocasión a mi esposo y a mí nos sorprendió una tormenta inesperada en el Mar de Galilea.

Habíamos estado descansando en una playita en la costa del lago. Después de tomar el sol, coleccionar conchas diminutas, imaginar a Jesús en pie en un bote pesquero enseñando a las multitudes en el auditorio al aire libre y vagabundear en medio de algunos campos de trigo, decidimos regresar a Tiberias.

El tiempo cambió mientras viajábamos. Una nube gris tapó el sol y se extendió a través del cielo. Desde las colinas circundantes comenzó a aullar el viento. Y aquel bote de placer comenzó a balancearse mientras que la tormenta batía las olas con furia. A diferencia de los otros pasajeros, David y yo desafiamos el viento y la lluvia que nos salpicaba, la que nos empapaba cuando las grandes olas chocaban contra los lados del bote. ¿Sobreviviríamos a este turbión repentino? Esto nos ayudó a identificarnos con el pánico de los discípulos. También despertó en nuestros corazones un sentimiento de asombro al darnos cuenta que Jesús solo tuvo que hablar a olas gigantescas como estas. Ellas oyeron. Ellas se calmaron.

Ese día no hubo una voz que silenciara la tormenta, pero yo recordé que todavía Jesús es el que sostiene al universo. Todavía mantiene en su mano al mundo entero. El cosmos todavía depende de su existencia con «toda palabra que sale de la boca de Dios» (Mateo 4:4).

Los hechos ante mí parecían inescapables. La misma Biblia trata el asunto de escuchar a Dios. Realmente se representa al Dios de la Biblia como a un Dios que quiere comunicarse con todo su ser: él promete hablar, él ordena escuchar al mundo entero. Si rehusamos, lo herimos y lo airamos, pero si obedecemos, él nos colma, a nosotros y a otros, con dádivas inmerecidas e inesperadas. Pero ¿qué de esta contra afirmación de que el único método que Dios usa ahora para hablar es a través de su Palabra revelada, la Biblia?

Un día, mientras hacía una excursión por las colinas de Derbyshire, pensé mucho y profundamente acerca de esto. «¿Es posible mantener en tensión dos puntos de vista aparentemente antagónicos y opuestos?» Me pregunté. A medida que caminaba y me preguntaba, ciertos hechos se hicieron claros en mi mente:

- Dios ha hablado.
- El cristianismo es una religión revelada.
- En la Biblia, su Palabra escrita, y en Jesús, su Palabra encarnada, Dios ha expresado completamente los fundamentos y las bases de nuestra fe.
- Por lo tanto, como cristianos, no esperamos recibir cualquier otra revelación posterior de *doctrina*.
- La Biblia contiene toda la palabra de Dios y todo se debe probar por este criterio.

¿Pero esta revelación plena y completa condena al Dios creador al silencio? Miré a las colinas que amaba. Contemplé el cielo que estaba cambiando de color desde el perla hasta el morado, luego el rosado. Y me sorprendió la fuerza del «¡Claro que no!» que ardía en mi cerebro.

Sugerir que esta revelación plena y completa que tenemos en las Escrituras condena a un Dios creador al silencio sería como negar al mismo Dios la creatividad de las estaciones, o decir que cada tarde, al ponerse el sol, se debe pintar el cielo del mismo color.

Miré otra vez a las colinas familiares y a los bosques cercanos y recordé que cada vez que voy a Derbyshire, un lugar al cual me retiro con frecuencia para escribir, «mis» colinas y bosques son siempre los mismos, son todos fascinantemente diferentes. Estas colinas que Dios creó en el principio, todavía están sujetas a su talento artístico. En invierno, algunas veces se siente el silencio de la nieve, en otoño resplandecen con sus colores rojizos y rojos y en primavera los verdes vírgenes que visten la campiña nos dejan maravillados.

Dios creó y todavía sigue creando. De igual modo, Dios habló y todavía sigue hablando. Esta fue la conclusión a la que llegué. Cuando escuchamos a Dios, no esperamos que Dios diga algo nuevo *doctrinalmente*. Por supuesto que no, Dios expresó la doctrina de nuestra fe de una vez y por todas. Lo que esperamos es que cuando escuchemos a Dios, el Espíritu Santo que mora en nosotros hable de la situación en la cual nos encontramos, pero lo que proceda de él estará de acuerdo con las enseñanzas de la Biblia.

En una ocasión verifiqué estas conclusiones con mi esposo. Siempre he respetado su fidelidad inquebrantable a la Palabra de Dios. Sabía que él también estaba aprendiendo a valorizar algunas de las ideas sobre la oración que yo había recogido y las que él podía decir que estaban aumentando el valor de mi vida espiritual. Mientras hablábamos, me pareció que ponía su dedo en la parte esencial del asunto con una observación memorable: «Escuchar a Dios no tiene que ver con *novedad* sino con *actualidad*. Es recibir la Palabra aplicada en cualquier forma en que Dios escoja hacerla conocer».

Para mí eso resumía bien la situación. Se desvanecieron el dolor y la ansiedad con la cual había comenzado mi estudio sobre el asunto de escuchar a Dios. Estaba convencida de que afirmaciones tales como las de Richard Foster eran correctas: «Jesucristo está vivo y aquí para enseñar a su pueblo por sí mismo. Su voz no es difícil de oír, su vocabulario no es difícil de comprender. Pero debemos aprender cómo oír su voz y obedecerla».[2]

A la luz de esta convicción, me di a la tarea gozosa de aprender el vocabulario de Dios. La oración que Elí le enseñó a Samuel encontró eco en mi propio corazón: «Habla, Señor, que tu siervo escucha» (1 Samuel 3:9).

9

Cómo habla Dios: Visiones y sueños

«EL HOMBRE NECESITA TODA palabra que Dios habla». Observa David Watson al comentar sobre esta afirmación: «La palabra "habla"(ekporeuomeno) significa "está saliendo continuamente de" la boca de Dios. Dado que Dios es el Dios viviente, continuamente está tratando de hablarnos y nosotros a su vez necesitamos escucharlo ... Si vamos a mantenernos espiritualmente vivos y alertas, necesitamos cada palabra que Dios está hablando continuamente».[1]

Ansiosa como yo estaba de «mantenerme viva y alerta», de crecer de veras en madurez cristiana, declaraciones como esta hacían cosquillas a mis papilas gustativas. Y ahora que había establecido que la Biblia anima positivamente a los cristianos no solo a escuchar la palabra de Dios escrita, la Biblia, sino también a sintonizar la Palabra viviente, el Espíritu de Jesús, estaba ansiosa de progresar en la disciplina de escuchar.

Varias personas clave en la Biblia representaban la clase de meditación en Dios que el don de la contemplación había abierto para mí. Después de la circuncisión, María y José «se maravillaron» (Lucas 2:33). Después de la primera visita de Jesús a Jerusalén como muchacho, leemos que su madre conservaba todas estas cosas en el corazón (Lucas 2:51). Maravillarse y conservar los misterios de la fe es contemplación. De igual manera el apóstol Juan contempló los misterios de la fe en la lobreguez de la tumba vacía en la mañana de la Resurrección: «vió y creyó» (Juan 20:8) implica que él contempló las vendas de hilo que se usaron para embalsamar el cuerpo de Jesús y lentamente amaneció en su mente el hecho de que realmente sucedió lo que Jesús había predicho. Así mismo encontramos a Simeón contemplando al niño Cristo «Simeón lo tomó en sus brazos y bendijo a Dios… han visto mis ojos tu salvación» (Lucas 2:28, 30). Simeón no se está refiriendo a una mirada superficial. Es la mirada larga, persistente, de adoración del contemplativo en oración. También el Antiguo Testamento abunda con imágenes que destacan el arte de la contemplación: «Señor, tú has sido nuestro refugio generación tras generación» (Salmo 90:1). «El que habita al abrigo del Altísimo se acoge a la sombra del Todopoderoso» (Salmo 91:1); «Pues te cubrirá con sus plumas, y bajo sus alas hallarás refugio» (Salmo 91:4). Daniel, Isaías, Ezequiel y Moisés supieron lo que significaba perderse en el temor reverencial de la oración que adora y escucha.

Pero Dios tiene a su disposición una variedad de métodos de comunicación. Una rápida ojeada a los Testamentos, Antiguo y Nuevo, me convenció de que con frecuencia Dios le comunica al hombre su propósito y plan tanto pictórica como verbalmente. Parece que la visión era un medio de comunicación favorito.

Soy de profesión, maestra de sordos. Reflexioné que cuando solía enseñar a los niños sordos, nunca se me ocurrió tratar de enseñarles algo sin alguna forma de ayuda visual. Los expertos en comunicación nos aseguran que el recuerdo de lo que vemos es mucho más permanente que el de las palabras que oímos. A la luz de esto me fascinó descubrir cómo Dios transmite a su pueblo mensajes ordinarios por medio de un método que nos enorgullecemos de él como «moderno».

Fue mediante una visión que Dios le prometió a una pareja veterana, Abraham y Sara, que darían a luz a un bebé largamente esperado:

Después de esto, la palabra del Señor vino a Abram en una visión:

«No temas, Abram. Yo soy tu escudo, y muy grande será tu recompensa.»

Pero Abram le respondió:

…Como no me has dado ningún hijo, mi herencia la recibirá uno de mis criados.

—¡No! Ese hombre no ha de ser tu heredero —le contestó el Señor—. Tu heredero será tu propio hijo.

Luego el Señor lo llevó afuera y le dijo:

—Mira hacia el cielo y cuenta las estrellas, a ver si puedes. ¡Así de numerosa será tu descendencia! (Génesis 15:1, 3-5).

De igual modo Isaías recibió la vocación que cambiaría su vida por medio de una visión memorable.

El año de la muerte del rey Uzías, vi al Señor excelso y sublime, sentado en un trono; las orlas de su manto llenaban el templo. Por encima de él había serafines, cada uno de los cuales tenía seis alas: con dos de ellas se cubrían el rostro, con dos se cubrían los pies, y con dos volaban. Y se decían el uno al otro:

«Santo, santo, santo es el Señor Todopoderoso;
toda la tierra está llena de su gloria».

Al sonido de sus voces, se estremecieron los umbrales de las puertas y el templo se llenó de humo. Entonces grité: «¡Ay de mí, que estoy perdido! Soy un hombre de labios impuros y vivo en medio de un pueblo de labios blasfemos, ¡y no obstante mis ojos han visto al Rey, al Señor Todopoderoso!»

En ese momento voló hacia mí uno de los serafines. Traía en la mano una brasa que, con unas tenazas, había tomado del altar. Con ella me tocó los labios y me dijo:

«Mira, esto ha tocado tus labios;
tu maldad ha sido borrada,
y tu pecado, perdonado».

Entonces oí la voz del Señor que decía:

—¿A quién enviaré? ¿Quién irá por nosotros?

Y respondí:

—Aquí estoy. ¡Envíame a mí! (Isaías 6:1-8).

En el Nuevo Testamento Dios continúa usando este profundo y colorido método de comunicación. Él lo usó para imprimir en Pedro el hecho de que Dios no es solo un Dios para los judíos, sino un Dios cuya salvación abraza también a los gentiles. El cuadro que Dios le presentó a Pedro para prepararlo para esta revelación es curioso:

Pedro subió a la azotea a orar. Era casi el mediodía. Tuvo hambre y quiso algo de comer. Mientras se lo preparaban, le sobrevino un éxtasis. Vio el cielo abierto y algo parecido a una gran sábana que, suspendida por las cuatro puntas, descendía hacia la tierra. En ella había toda clase de cuadrúpedos, como también reptiles y aves.

—Levántate, Pedro; mata y come —le dijo una voz.

—¡De ninguna manera, Señor! —replicó Pedro—. Jamás he comido nada impuro o inmundo.

Por segunda vez le insistió la voz:

—Lo que Dios ha purificado, tú no lo llames impuro.

(HECHOS 10:9-15).

Lucas cuenta que mientras Pedro todavía estaba pensando acerca de las implicaciones de este cuadro mental asombroso, llegaron tres hombres a la puerta pidiendo la ayuda de Pedro para Cornelio, el gentil. El Espíritu Santo dio a Pedro instrucciones claras: «No dudes de ir con ellos porque yo los he enviado» (Hechos 10:20). Poco a poco surgió el mensaje encubierto en el cuadro de Dios. Cuando Cornelio hizo su solicitud para que lo instruyeran en la fe cristiana, Pedro comprendió por qué ocurrió la visión, en ese momento y en esa forma que sucedió. Él le hizo este comentario a Cornelio: «Ustedes saben muy bien que nuestra ley prohíbe que un judío se junte con un extranjero o lo visite. Pero Dios me ha hecho ver que a nadie debo llamar impuro o inmundo» (Hechos 10:28).

Por medio de este mensaje pictórico, Dios liberó a Pedro de los prejuicios y de las perspectivas de su crianza. La economía y dinámica de estos cuadros con la inmediatez y urgencia de su mensaje hicieron una impresión profunda en mí. Parecía un modo poderoso e inolvidable de parte de Dios hacer conocer a su pueblo su voluntad y camino.

Al parecer, otras visiones caen en una categoría diferente. Estos fueron vistazos de la gloria y del futuro reino de Dios dados a hombres ordinarios mientras ellos estaban «en el Espíritu», solamente contemplando a Dios. Daniel registra la revelación que Dios le dio: «Levanté los ojos y vi ante mí a un hombre vestido de lino, con un cinturón del oro más refinado. Su cuerpo brillaba como el topacio y su rostro resplandecía como el relámpago; sus ojos eran dos antorchas encendidas y sus brazos y piernas parecían de bronce bruñido, su voz resonaba como el eco de una multitud» (Daniel 10:5-6).

Y él nos dice lo que oyó de los labios del hombre: «Ahora he venido a explicar lo que va a suceder con tu pueblo en el futuro, pues la visión tiene que ver con el porvenir» (Daniel 10:14).

Ezequiel, similarmente, se encontró con un hombre en una visión «que parecía hecho de bronce. Estaba de pie junto a la puerta, y en su mano tenía una cuerda de lino y una vara de medir» (Ezequiel 40:3). La visión de Ezequiel, con una descripción detallada del templo que vio, ocupa varias páginas de su libro.

En contraste, algunas visiones parecen ordinarias, casi comunes: «La palabra del Señor vino a mí. Y me dijo: "¿Qué es lo que ves, Jeremías?" "Veo una rama de almendro" respondí» (Jeremías 1:11).

Esa clase de visión me anima porque parece más alcanzable que la extravagancia de la visión de Isaías o la revelación de la gloria de Dios que Juan describe en su último libro de la Biblia, o la profecía de doble filo con la que Daniel continúa en el capítulo 10.

Mientras que esta estimación académica de las visiones iba en progreso, comencé a hablar con las personas acerca de las visiones para descubrir si todavía, en el día de hoy, Dios habla de ese modo. Pronto iba a descubrir que Dios no dejó de usar este lenguaje tecnicolor cuando se añadió la última parada al libro de Apocalipsis. Todavía hoy él está consolando, halagando y estimulando a su pueblo a través de este medio.

Una amiga mía me explicó cómo Dios la encontró, por medio de una visión, en las profundidades de la desesperación. Ella estaba casada con un pastor pero se había dejado enredar en una aventura amorosa con un hombre casado. Oportunamente, se dio cuenta que había llegado a una encrucijada. O dejaba a su esposo y a sus hijos y causaba heridas incontables a muchísimas personas, o dejaba a su amante. Escogió lo último.

Vagaba por los bosques para pensar y orar habiéndose arrepentido de su aventura amorosa ilícita. Mientras que continuaba vertiendo la amargura de su alma ante Dios, ella describió su vida como nada más que fragmentos de su yo anterior. Así estuvo silenciosa y quieta ante Dios cuando a su mente llegó un cuadro de los fragmentos que ella había descrito: sobre el suelo había fragmentos regados como muchos pedazos de arcilla roja. Mientras miraba la vasija rota que representaba su vida, el Señor entró en el cuadro. Ella vio la ternura de su rostro y observó la sensibilidad de sus dedos cuando se inclinó y comenzó a voltearse hacia aquellos fragmentos abandonados. «De repente comenzó a unirlos». «Me aseguró que aunque la vasija era un desastre, cada piececita de esa maceta era preciosa. Yo observaba la habilidad con la que él unía los pedazos nuevamente. Él recreó esa vasija. Me mostró que la misma podía ser todavía más hermosa que antes y mucho más útil. Luego él la lustró y la levantó para que yo la viera. No pude ver ni una sola marca de las junturas donde las partes rotas habían sido unidas».

Para esa mujer, esta visión le vino como una promesa de Dios que le garantizaba su futuro con él. También le comunicó el mensaje de sanidad y perdón que tanto necesitaba y que la motivó a salir del pecado del pasado y trabajar de nuevo en su matrimonio.

Dios ya le había hablado a esta mujer por medio de su Palabra escrita. Cuando primero le confesó su pecado y se arrepintió de él, ella fue a 1 Juan 1:9: «Si confesamos nuestros pecados a Dios, que es fiel y justo, nos los perdonará y nos limpiará de toda maldad». Ella creyó esta Palabra revelada. En su cabeza ella sabía que Dios la había perdonado. Pero el pecado sexual afecta no solo nuestras cabezas, sino nuestro ser entero: cuerpo, mente, personalidad, emociones, imaginación, espíritu. Dios sabe esto. La serie de imágenes que él plantó en la mente de esta mujer entristecida por el pecado la tocó en una forma que las palabras nunca hubieran podido. La vividez de la visión grabó la verdad revelada de Dios en su corazón y la libertó para llegar a ser la persona dotada que siempre él había intentado que ella fuera.

No pasó mucho antes de que Dios comenzara a darme cuadros mentales como el que había transformado la vida de mi amiga. Algunas veces estos venían mientras estaba quieta ante Dios y en oración. Algunas veces estos edificaban mi fe o profundizaban mi consciencia de la presencia de Dios. En una ocasión, mientras estaba orando, un cuadro de un oasis hermoso se presentó ante mis ojos. El agua en la laguna estaba tranquila y pura; los árboles que la rodeaban eran majestuosos y ofrecían sombra del sol quemante. Al lado de la laguna se detuvo un animal, un ciervo que parecía estar buscando algo. Cuando apareció un cervatillo, el ciervo mostró su deleite. Ellos se empujaban ligeramente con afecto. El cervatillo se apretaba contra el cálido cuerpo del ciervo. Ellos bebieron de la laguna antes de descansar en la hierba caliente. Cuando le pregunté a Dios lo que significaba este cuadro delicioso, pareció que él me aseguraba que esta era una representación de mi oración que escucha. El tiempo que dedico a desarrollar mi relación con él llega a ser un oasis. En este lugar tranquilo él espera un encuentro conmigo con más ansiedad de la que yo tengo por encontrarme con él. Parece demostrarme que en las ocasiones cuando vengo a este lugar de solaz, no debo avergonzarme de deleitarme en él; que él, de la misma forma, me mostrará que se deleita en mí; que yo soy el foco de su amor, el objeto de su afecto y cuidado. Durante esas ocasiones él me nutre. Como la novia en el Cantar de los Cantares, yo me sentaba bajo su sombra y probaba el fruto de su amor.

En otras ocasiones en mi mente se desarrollaba una escena mientras estaba aconsejando. En tales ocasiones, la entrevista de consejería era más incisiva y efectiva que cuando yo confiaba solo en mis habilidades para aconsejar. Comencé a darme cuenta que estas visiones eran ayudas del Espíritu Santo el que con frecuencia me traía al corazón la necesidad de la persona.

En una ocasión recuerdo estar orando por una muchacha que estaba sollozando sin control e incapaz de expresar la angustia que las lágrimas estaban tratando de expresar. Mientras que yo oraba por ella en silencio y ella continuaba llorando, vi con los ojos de mi mente el cuadro de una niñita en el terreno de juego en la escuela. Sus compañeros de juego la estaban molestando sin misericordia.

Cuando la muchacha paró de llorar, le describí la escena de la escuela y le pregunté si tenía sentido. «¡Claro que sí!» exclamó. «¡Esa soy yo!» Lo había olvidado todo, pero a mí me molestaban mucho en la escuela.

Esta escena me demostró ser la clave que había abierto la puerta a la herida emocional que estaba paralizando a esta joven cristiana. Me maravillé. Dios había mostrado en segundo lo que la consejería hubiera tomado semanas para revelar.

Sueños

El límite entre las visiones y los sueños es del grosor de la uña del dedo pulgar. Cuando una persona ve una visión, ve una serie de imágenes mientras que está completamente despierto y atento al Espíritu Santo. Por otra parte, cuando una persona sueña, también ve una serie de imágenes, pero lo hace mientras está dormido.

Al investigar en la Biblia para descubrir con qué frecuencia Dios recurría a estos medios para dar un mensaje, me sorprendí. Encontré que el libro de Números implica que las visiones y los sueños son medios perfectamente válidos de revelación profética: «Cuando un profeta del Señor se levanta entre ustedes yo le hablo en visiones y me revelo a él en sueños» (Números 12:6). Encontré que Jeremías confirma el hecho que un profeta puede recibir un sueño profético: «El profeta que tenga un sueño, que lo cuente» (Jeremías 23:28). De hecho, el mismo Jeremías describe un sueño en el cual Dios describe la paz, armonía y obediencia que él concederá a su pueblo escogido (Jeremías 31:26). Y Joel prevee el día cuando el Espíritu de Dios se derramará sobre toda la humanidad y cuando el vínculo entre la profecía, los sueños y las visiones será tan claro como el cristal.

> Sucederá que en los últimos días —dice Dios—,
>   derramaré mi Espíritu sobre todo el género humano.
> Los hijos y las hijas de ustedes profetizarán,
>   tendrán visiones los jóvenes
>   y sueños los ancianos.
>
> (Joel 2:28, citado en Hechos 2:17).

Los sueños se presentan con frecuencia en el Nuevo Testamento. Mateo, por ejemplo, registra varios sueños en relación con el nacimiento de Jesús. Dios le habló a José en dos ocasiones por medio de un sueño: en el primero lo instruyó a seguir adelante con el matrimonio proyectado con María y en el segundo le avisa que Herodes ha muerto y el camino está allanado para el regreso de la familia a Nazaret. De igual modo es por un sueño que a los magos se les advierte que no regresen por la ruta propuesta, junto al camino al palacio de Herodes, sino que vayan por un camino diferente. Y luego, más adelante en el Evangelio de Mateo, se hace referencia al sueño que turbó a la esposa de Pilato. «No te metas con este justo, pues por causa de él, hoy he sufrido mucho en un sueño» (Mateo 27:19).

Con estos datos frente a mí comencé a reflexionar en un vívido sueño que tuve el último día de unas vacaciones llenas de sol durante una primavera en Grecia.

Con David, Kevin y Cristina, nuestros hijos, me había metido dentro de la cabina del bote de pasajeros que nos transportaba entre la isla de Rodas y Atenas. Nos alejábamos de las delicias de Lindhos con su pequeño puerto, las calles adoquinadas, los bazares coloridos y su famoso transporte a lomo de burro. Después del viaje nocturno recogeríamos nuestro cámper y comenzaríamos el largo viaje por carretera de regreso al hogar.

Esa noche tuve un sueño en el cual vi que se llevaban el cámper en un camión. El vehículo era un desastre total. En el sueño yo observaba cómo desaparecía de la vista el camión de rescate llevándose la mayor parte de nuestras posesiones.

Desperté de ese sueño, me quedé en la oscuridad y con una calma no usual oré: «Señor, si esto nos va a suceder, por favor, dame el valor de soportarlo». Después de orar, con una paz que no venía bien con mi personalidad, me quedé dormida.

Al día siguiente, muy contenta, conduje desde Atenas hasta Skopje en Yugoeslavia donde le entregué el timón a mi esposo, me coloqué en el asiento trasero del cámper para leer el mapa y relajarme. No sé lo que me hizo mirar a mi esposo. Lo que recuerdo es el aspecto grisáceo de su rostro mientras lo observaba maniobrar con el timón que claramente estaba fuera de control. Con incredulidad lo vi volar y chocar de frente con el tronco plateado de un abedul. Oí gritar a mi hija de nueve años ¡No, no! y sentí saltar el cámper fuera del tronco del árbol antes de volcarse en el terraplén más abajo.

Algunos minutos después estaba sobre la yerba, a la orilla de la carretera, consciente de un terrible dolor entre los extremos de mis hombros, viendo la sangre que manaba de una herida en la cabeza y contemplando la maquinaria retorcida ante mí la cual seis meses antes había sido nuestro nuevo cámper azul de Volkswagen. Pero no estaba sorprendida ni temblando. Era como si hubiera vivido este momento la noche anterior en mi sueño. Esto fue simplemente la reproducción de un suceso familiar. A través del trauma de los días caóticos que siguieron, mi corazón permaneció en paz.

Dos días después, mientras yacía en un hospital primitivo al norte de Skopje coronada de vendajes en mi cabeza herida, un camión arrastraba el cámper conteniendo la mayor parte de nuestras posesiones hasta el montón de desechos tal y como mi sueño había previsto.

Mientras que recuperaba las fuerzas en este hospital, se filtró la noticia de que mi padre había muerto trágica y repentinamente de un ataque al corazón. Al tiempo en que llegué a casa ya había pasado el funeral. Nunca pude decirle el último adiós.

En una ocasión, muy pronto después de regresar a Inglaterra, mi esposo se refirió al accidente en el sermón, a las aflicciones y al sueño.

Sucedió que esa mañana estaba un cirujano entre la congregación. Después del servicio le contó a mi esposo algo que en ese tiempo no apreciamos: que si alguien va a sufrir la clase de heridas en la cabeza que yo tuve y va a estar sujeto tan rápidamente al dolor que se le añade, este sueño fue la preparación más bondadosa posible que pude haber tenido. La confianza que el sueño engendró en mí aseguró que al momento de la tragedia, yo estuviera relajada, sabiendo que me sostenía un amor que no me dejaría ir.

Recuerdo que cuando mi esposo me informó de esta información médica, mi corazón dejó de latir. Yo quería creer allí y entonces, que este sueño se había originado en Dios, que por medio de él me había asegurado su amor protector y su cuidado constante. Pero nunca había permitido que esto se enraizase. Se me había enseñado que Dios nos habla solo a través de la Biblia, no por medio de sueños. Pero ahora que ese *sibolet* se había convertido en una noción de mi pasado, y a la luz de los hechos que tenía ante mí —que Dios usa los sueños como un método de comunicación bien tratado y a menudo frecuente— me veía forzada a reevaluar la situación. Como María, me maravillé de la fidelidad de Dios y atesoré este recuerdo con su mensaje oculto de amor, constancia y compasión.

John Sherrill, en su introducción al libro de Herman Riffel acerca de los sueños, hace la afirmación que los sueños son un código secreto y aconseja que aprendamos a descifrar ese código.[2] Herman Riffel cree que los sueños pueden «ser una computadora valiosa en el campo del inconsciente del hombre».[3] Yo no tengo suficientes ideas dentro de los sueños y su interpretación para formar un juicio en cuanto a si estas afirmaciones son o no exactas. Lo que yo sé es que en el pasado Dios usó los sueños para transmitir mensajes a su pueblo. Lo que también sé es que, por lo menos en una ocasión, él me habló de esta manera.

10

Cómo habla Dios: Voces y ángeles

Cuando un hombre percibe la vislumbre de la gloria de Dios por medio de una visión no es sino un fragmento de esa total revelación de Dios que disfrutaremos cuando nos encontremos con él cara a cara. Y cuando un hombre encuentra a Dios en un sueño no es sino una reflexión pálida del esplendor que un día saborearemos. Sin embargo, tales revelaciones han de reconocerse por lo que ellas son a menudo: manifestaciones de la presencia de Dios, su toque suave en la ventana de nuestras almas.

Pero no siempre Dios acude a pintar parábolas cuando desea hacer conocer sus propósitos. Mi investigación de la Biblia me sugirió que un medio favorito de transmitir el mensaje no era nada menos que la voz de Dios clara, inequívoca, sin compromiso, comunicándose claramente con su pueblo.

De hecho, Dios les recuerda a Aaron y a Miriam que él intenta hablar a ciertas personas de esta forma:

> Cuando un profeta del Señor se levanta entre ustedes,
> yo le hablo en visiones y me revelo a él en sueños.
> Pero esto no ocurre así con mi siervo Moisés,
> porque en toda mi casa él es mi hombre de confianza.
> Con él hablo cara a cara, claramente y sin enigmas.
> Él contempla la imagen del Señor.
>   ¿Cómo se atreven a murmurar
>   contra mi siervo Moisés? (Números 12:6-8).

Además, la Biblia está llena de referencias a situaciones en las cuales estos individuos oyeron hablar a Dios, no por medio de cuadros, que siempre requieren una interpretación, sino por medio de una conversación con Dios sin dificultades. Noé oyó la voz de Dios: «le dijo a Noé: "he decidido acabar con toda la gente … Constrúyete un arca de madera resinosa» (Génesis 6:13-14). De igual manera, Abraham oyó la voz de Dios: Y Dios le ordenó: «Toma a tu hijo, el único que tienes y al que tanto amas, Isaac… y ofrécelo como holocausto» (Génesis 22:1-2). Y Adán oyó el llamado de Dios: «Pero Dios el Señor le dijo: ¿Dónde estás tú?» (Génesis 3:9). Dios habló a los profetas en esta manera clara como el cristal: «Esta es la palabra del Señor que vino a Oseas… Ve y toma por esposa a una prostituta y ten con ella hijos» (Oseas 1:1-2). «La palabra del Señor vino a mí: "Antes de formarte en el vientre ya te había elegido"» (Jeremías 1:4). «La palabra del Señor vino a él [Elías] y le dio este mensaje: "Ve ahora a Sarepta de Sidón, y permanece allí"» (1 Reyes 17:8-9).

El mismo conocimiento de la voz de Dios está registrado en el Nuevo Testamento. Como se puede esperar, el mismo Jesús la oyó, como lo testifica Pedro: «Él recibió honor y gloria de parte de Dios el Padre, cuando desde la majestuosa gloria se le dirigió aquella voz que dijo: "Este es mi Hijo amado; estoy muy complacido con él". Nosotros oímos esta voz enviada del cielo cuando estábamos con él en el monte santo» (2 Pedro 1:17-18).

Saulo la oyó cuando viajaba por el camino hacia Damasco:

Al acercarse a Damasco, una luz del cielo relampagueó de repente a su alrededor: Él cayó al suelo y oyó una voz que le decía: —Saulo, Saulo, ¿por qué me persigues?

—¿Quién eres, Señor? —preguntó.

—Yo soy Jesús, a quien tú persigues —le contestó la voz.

Hechos 9:3-5

Juan la oyó después de estar exiliado en la isla de Patmos. «En el día del Señor vino sobre mí el Espíritu, y oí detrás de mí una voz fuerte, como de trompeta, que decía: "Escribe en un libro lo que veas y envíalo a las siete iglesias…"» (Apocalipsis 1:10-11).

Parece que Isaías mantiene una promesa de que las generaciones futuras también oirán esa voz. «Ya sea que te desvíes a la derecha o a la izquierda, tus oídos percibirán a tus espaldas una voz que te dirá: "Este es el camino; síguelo"» (Isaías 30:21). Y Jesús reforzó ese mensaje al dar a entender que sus inspiraciones y despertamientos gentiles continuarían. «Ellas [mis ovejas] oirán mi voz» (Juan 10:16), al garantizar también que la voz de su Espíritu nunca sería silenciada. «Pero cuando venga el Espíritu de la verdad, él los guiará a toda la verdad, porque no hablará por su propia cuenta sino que dirá sólo lo que oiga y les anunciará las cosas por venir» (Juan 16:13).

Dado que esta voz repiqueteaba con tanta persistencia a través de las páginas de la Biblia y dado que Jesús por lo menos insinúa que nunca se perdería, parecía relevante investigar si en la actualidad todavía esa misma voz se oye. Pronto descubrí a varias personas que afirmaban haber oído a Dios hablándoles. Precisamente cuando yo estaba a punto de escribir este capítulo, vino una mujer a contarme una experiencia de esa voz que había cambiado la dirección de su vida.

La mujer incrédula estaba en su cama del hospital sabiendo que padecía de cáncer. Con un dolor intenso anhelaba la inyección que la prepararía para la operación a que la iban a someter esa tarde. Ya que no había señales de la enfermera, ella se recostó sobre su almohada, cerró los ojos y trató de relajarse. De repente, de pie junto a su cama, ella «vio» a un sacerdote y a otra persona a quien ella tomó por Jesús. Jesús alargó su mano y sostuvo la de ella. Por todo su cuerpo se extendió la calma. Jesús la invitó a confiar en él para el futuro. Ella le prometió que si se recuperaba de la anestesia, viviría de acuerdo a su camino. Ella sobrevivió y cumplió su promesa. Luego vino para estimularme con el manjar exquisito de su fe en Dios recién encontrada.

Mientras pasaban los meses la vi cambiar incluso más. Realmente había dado las espaldas al pasado y había vuelto su rostro al Dios viviente.

O pienso en una mujer que conocí en Singapore. Me contó de una vacaciones que ella y su esposo habían planeado en la isla tropical de Penang. Su vuelo estaba reservado. Sus maletas hechas. Pero el día del viaje una voz parecía urgir a esta mujer a no viajar en el vuelo planeado. Telefoneó al esposo y lo persuadió para que cancelara el viaje. Él lo hizo. Ese día, el avión que viajaba de Singapore a Penang se estrelló, y todos los pasajeros resultaron muertos.

Siento que algunas veces oigo esa voz. Un domingo por la noche oré por un joven cuyo espíritu se había hundido hasta lo más bajo. El lunes por la mañana, temprano, me desperté con la necesidad de este joven pesando mucho en mi corazón. Mientras oraba por él decidí llamarlo por teléfono antes de que se fuera al trabajo para asegurarle de mis continuas oraciones. «Llamaré a las ocho», decidí y comencé a trabajar en un libro que estaba escribiendo. A la 7:45 a.m. una voz rompió mi concentración: «¡Llama ahora!» Miré al reloj y decidí que no había apuro. Pero la voz repitió: «Llama ahora». El joven me agradeció que lo llamara cuando le dije el propósito de la llamada. «¡A la hora perfecta también!» él bromeó. «¿Por qué? ¿Cuándo te vas al trabajo?», le pregunté. «Oh, en dos minutos», dijo. Cuando oí esto, oré en silenciosa alabanza a Dios, quien, según creí me había urgido a actuar a tiempo.

También recuerdo un tiempo de la siega cuando de nuevo la voz de Dios ardió en mi consciencia y cambió mis planes para ese día. En nuestra iglesia, el día después del culto de la cosecha, los miembros del personal distribuyeron regalos de flores y frutas a los ancianos. Cuando yo estaba empaquetando estos regalos, la voz me dijo que primero visitara a una dama que había enviudado recientemente y que luego fuera a uno de los pensionados relacionados con la iglesia.

Cuando la viuda abrió la puerta, se colgó de mí. Estaba distribuyendo las posesiones de su esposo y anhelaba compañía o alguien que orara con ella. Una escena similar me recibió en la segunda visita. Esa mañana la pensionada había recibido una carta en la que le decían que su hermana, a la que ella estaba muy unida, había sufrido un colapso nervioso. Cuando llegué, todavía ella estaba leyendo y releyendo esa carta y tratando aun de digerir esta noticia trágica. Ella también había anhelado un oído que la escuchara y algún apoyo de oración. Ese día regresé al hogar maravillada de la fidelidad de Dios, profundamente agradecida de que me hubiera llevado al lugar correcto en el tiempo correcto para ser embudo a través del cual se pudiera verter su consuelo.

Mientras estaba concentrándome en el Dios que toma la iniciativa de comunicarse con su pueblo, por medio de sueños y visiones y voces y una variedad completa de otras maneras, parecía que Dios traía a mi camino ilustración tras ilustración que me sugerían que él nunca, en efecto, ha estado silente. Allí estaba la mística, Juliana de Norwich, cuyas revelaciones del amor divino son un franco intento de transmitir a otros lo que ella creía que Dios le había dicho y mostrado. Allí estaba San Francisco de Asís, cuyo encuentro personal con el Señor viviente revolucionó su vida. Allí estaba San Agustín cuya madre Mónica había perdido las esperanzas, pero cuya experiencia de Dios demostró ser tan sobrecogedora que gritó como respuesta: «Qué tarde te he amado». Y allí está San Simeón, un teólogo del siglo once, que nos dice cómo Cristo se le reveló en una visión de luz:

> Brillaste sobre mí con un resplandor brillante y así lucía, apareciste a mí en tu plenitud mientras que con todo mi ser te contemplaba. Y cuando dije: «Maestro, ¿quién eres?» Entonces te plugó hablar por primera vez conmigo, el pródigo. Con qué gentileza me hablaste, cuando yo estaba en pie, atónito y temblando, mientras reflexionaba un poquito en mi interior y dije: «¿Qué significa esta gloria y esta brillantez deslumbrante? ¿Cómo es que yo haya sido escogido para recibir tan grande bendición?» «Yo soy Dios», tú respondiste, «quien se hizo hombre para tu bien; y porque me has buscado con todo tu corazón, mira, desde ahora en lo adelante serás mi hermano, mi coheredero y mi amigo».[1]

Parece que Dios ha hablado a través de todas las edades.

Ángeles

Hasta ahora las verdades que estaba desenterrando de las páginas de la Biblia, de la historia y de los testimonios personales, del mío propio y los de otras personas, me conmovían hasta lo más profundo de mi ser y causaban que el nivel de expectación dentro de mí se remontara a nuevas alturas. Pero cuando tropecé con la angeología, una declaración sistemática de verdades bíblicas acerca de los ángeles, mi reacción fue diferente. Yo no quería creer en los ángeles.

¿Brotaría mi resistencia del hecho que yo había sido ángel con frecuencia en las representaciones de Navidad en la escuela y por ello había relegado a estos seres celestiales con sus apariencias brillantes y alas translúcidas al mundo del ensueño o de la fantasía? ¿Sería que nunca yo había conocido, según mi entender, a un simple cristiano que creyera en la existencia de los ángeles? ¿O era que yo temía que un ángel fuera una clase de fuego fatuo espiritual para copiar la frase de Billy Graham, un producto de la imaginación del hombre?

Yo no sé por qué mi resistencia a los ángeles era tan fuerte. Lo que yo sé es que mi investigación de las Escrituras me persuadió de que si iba a ser una cristiana creyente en la Biblia, era imperativo que tomara en serio a los ángeles. La Biblia lo hace. Es más, la Biblia no nos deja duda alguna acerca de la naturaleza y propósito de la existencia de esos seres celestiales.

Los ángeles, de acuerdo con el autor de la carta a los Hebreos son «espíritus ministradores enviados para servir a favor de los que serán herederos de la salvación» (Hebreos 1:14). Miríadas de esos seres exóticos, gloriosos, no materiales, viajan a través de las páginas de la Biblia, cumpliendo con su vocación de embajadores; ofrecen guía y dan instrucciones específicas a los hombres:

> Date cuenta, Israel, que yo envío mi ángel delante de ti, para que te proteja en el camino y te lleve al lugar que te he preparado. Préstale atención y obedécelo. No te rebeles contra él, porque va en representación mía y no perdonará tu rebelión» (Éxodo 23:20-21).

> Un ángel del Señor se le apareció en sueños a José y le dijo: «Levántate, toma al niño y a su madre, y huye a Egipto» (Mateo 2:13).

Con anticipación ellos dan advertencias de ciertos hechos:

> Pero el ángel del Señor se le apareció a ella y le dijo: «Eres estéril y no tienes hijos pero vas a concebir y tendrás un hijo» (Jueces 13:3).

> No tengas miedo, María; Dios te ha concedido su favor —le dijo el ángel—. Quedarás encinta y darás a luz un hijo, y le pondrás por nombre Jesús (Lucas 1:30).

Ellos protegen y libran al pueblo de Dios.

> El ángel del Señor acampa en torno a los que le temen; a su lado está para librarlos (Salmo 34:7)

Ellos son mensajeros de la misericordia y promesas de Dios, los agentes secretos de Dios.

> Mientras yo seguía orando, el ángel Gabriel… vino en raudo vuelo… y me hizo la siguiente aclaración:
> «Daniel, he venido en este momento para que entiendas todo con claridad» (Daniel 9:21-22).

Estos seres maravillosos, nombrados por Dios para ser extensiones de su mano derecha, usualmente aparecen en forma humana, como los tres extranjeros que descendieron, sin aviso, sobre Abraham y Sara (Génesis 18). Parece que algunas veces su voz se oye aunque ellos mismos permanezcan invisibles (Génesis 21:17).

Estos portavoces que Dios envió me asombraron por su gloria y silenciaron mi incredulidad. Me vi forzada a admitir que, en los días en que la Biblia se escribió, existían los ángeles, los ángeles hablaban y los ángeles actuaban.

Pero, ¿todavía Dios envía ángeles? Esta pregunta me rompía la cabeza mientras proseguía en mi investigación acerca de los métodos que Dios escoge para hablar hoy.

Yo nunca he visto a un ángel ni sé de alguien que haya visto a uno. Pero comencé a leer el emocionante libro de Billy Graham *Los ángeles: agentes secretos de Dios* y me di cuenta que él, al menos, no tiene dudas de que Dios aún se comunica por medio de estos seres celestiales, que todavía aparecen en forma humana en el día de hoy. Para probarlo, él relata uno de los milagros modernos de Dios:

El Reverendo John G. Paton, un misionero en las islas Nuevas Hébridas, cuenta una historia emocionante que tiene que ver con el cuidado protector de los ángeles. Los nativos hostiles rodearon su estación misionera una noche, intentando sacar a los Paton por fuego y matarlos. John Paton y su esposa oraron durante toda esa noche aterrorizante para que Dios los librara. Cuando rompió el día se asombraron de ver que sus atacantes se habían ido. Ellos le dieron gracias a Dios por haberlos librado.

Un año más tarde, el jefe de la tribu se convirtió a Jesucristo, y el Sr. Paton, recordando lo que había sucedido, le preguntó qué les había impedido quemar la casa y matarlos. El jefe replicó sorprendido, «¿quiénes eran todos esos hombres que tenías allí?» El misionero le contestó: «No había hombres allí, solo mi esposa y yo». El jefe arguyó que había visto a muchos hombres parados en atención, cientos de hombres grandes con ropas brillantes y con espadas en sus manos. Parecían rodear la estación misionera, así que los nativos tuvieron temor de atacar. Solo entonces el Sr. Paton se dio cuenta de que Dios había enviado a sus ángeles para protegerlos. El jefe estuvo de acuerdo que no había otra explicación. ¿Podría ser que Dios hubiera enviado una legión de ángeles para proteger a sus siervos, cuyas vidas habían estado en peligro?[2]

Un escalofrío de emoción corrió por mi columna vertebral, mientras leía historia tras historia como esta en el libro de Billy Graham. Parece que todavía Dios envía a sus agentes para protegernos y dirigirnos.

Cuando visité las tropas americanas durante la guerra de Corea, me contaron acerca de un pequeño grupo de marinos americanos de la primera división que fueron atrapados en el norte. Con el termómetro a 20 grados bajo cero, estaban a punto de congelarse y morir. Y durante seis días no tuvieron nada de comer. Rendirse a los chinos parecía ser su única esperanza de sobrevivir. Pero uno de los hombres que era cristiano señaló ciertos versículos de las Escrituras y enseñó a sus compañeros a cantar un canto de alabanza a Dios. Después de esto oyeron un ruido crujiente y se volvieron para ver un jabalí salvaje corriendo hacia ellos. Este se paró de repente cuando trataban de apartarse de su camino. Uno de los soldados levantó su rifle para dispararle, pero antes de que pudiera hacerlo, inexplicablemente el jabalí cayó tambaleándose. Corrieron a matarlo solo para encontrar que ya estaba muerto. Esa noche tuvieron un banquete de carne y comenzaron a recuperar las fuerzas.

A la mañana siguiente cuando el sol estaba saliendo, ellos oyeron otro ruido. Su temor de que la patrulla china los hubiera descubierto se desvaneció con rapidez cuando se encontraron cara a cara con un coreano del sur que podía hablar inglés. Él les dijo: «yo les mostraré la salida». Los condujo a través de bosques y montañas hasta estar seguros detrás de sus líneas. Cuando miraron para darle las gracias, él había desaparecido.[3]

Testimonios como estos, colocados contra el telón de foro de la enseñanza bíblica que ya me había convencido de la existencia de los ángeles, transformaron mi vida de oración. Al principio esto equivalía nada más que a una inclusión de la mención de ellos en la oración vocal: «Señor, envía a tus ángeles para que nos protejan mientras viajamos». No fue hasta que escribí el primer borrador de este capítulo que yo vi en oración a un ángel.

Yo estaba sufriendo de un severo e inesperado ataque de depresión que me dejó curiosamente insegura. La situación me angustiaba tanto que pedí a dos amigas que oraran conmigo. La noche antes de la fijada para reunirnos, le pedí a Dios que me mostrara si había algo de mi pasado que estaba oscureciendo mi perspectiva del presente. A las 4 a.m. me desperté reviviendo un recuerdo vívido de mis años de adolescente. Yo estaba en un lugar hermoso en Devonshire donde vivía en ese tiempo. Podía ver el sol brillando a través de las hojas de haya, oír el gorgoteo del arrollo en su descenso hacía el barranco, sentir la firmeza de la pasadera en la que me había parado para contemplar esta belleza. Pero una nube de horror pasó sobre toda esa escena cuando sentí que se me acercaba un hombre cuyo aspecto era siniestro y cuyas intenciones estaban muy lejos de ser puras y puso su brazo alrededor de mis hombros y trató de besarme. En esta parte de la reproducción de la acción, me helé y apagué el recuerdo. Había sido demasiado penoso para mirarlo sola.

Esa tarde le conté a mis amigas acerca de este recuerdo. Reconocimos que las semillas de la desconfianza se sembraron cuando este hombre, llamado amigo, planeó molestarme. Ellas le pidieron a Dios que tocara mi memoria y que removiera de ella cualquier cosa que pudiera torcer mi opinión de la gente en el presente y que me dejara con sentimientos de inseguridad.

La sensación del mal permaneció conmigo durante varios días. A veces me parecía que me ensombrecía y aplastaba: La misma sensación del mal que echó a perder la belleza de aquel día encantador en Devon. Una mañana, en la quietud de mi rincón de oración, reviví nuevamente el recuerdo. Parecía importarte que lo hiciera así. Esta vez no solo me vi yo de pie en la pasadera y a mi asaltante viniendo hacia mí; esta vez también vi a un ángel en pie en la misma pasadera que yo. Sus alas extendidas formaban un refugio dentro del cual yo pude deslizarme. Supe que bajo sus alas podía encontrar seguridad. La voz de Dios parecía venir a mí con claridad. Registré sus palabras en mi diario de oración:

> ¡Joyce! No pienses tanto en los poderes del mal
> los poderes de destrucción,
> sino en mi poder para proteger.
> Yo te vigilo
> te escudo contra el mal
> te sostengo en mis brazos

los brazos de puro amor.
En esto relájate y regocíjate
porque yo soy tu Dios
y tú eres la niña de mis ojos.
Yo soy tu Dios
tus mejores intereses están metidos
dentro de las hendeduras de mi corazón paternal.
Yo soy tu Padre

Y las palabras del Salmo 91 sonaron en mis oídos como un repique de alegres campanas:

Pues te cubrirá con sus plumas
Y bajo sus alas hallarás refugio.
¡Su verdad será tu escudo y tu baluarte!
No temerás el terror de la noche,
ni la flecha que vuela de día,
ni la peste que acecha en las sombras…
Porque él ordenará que sus ángeles
te cuiden en todos tus caminos.
Con sus propias manos te levantarán
para que no tropieces con piedra alguna…
«Yo lo libraré, porque él se acoge a mí;
lo protegeré, porque reconoce mi nombre».

El sentido de maravilla que me llenó fue tan profundo como el dolor que había sentido. Aunque el recuerdo me lastimó emocionalmente, situarme en la estela de la brillantez del mensajero de Dios, el ángel, y ampararme bajo la protección de sus alas, me trajo sanidad y paz. Algunas semanas después pasé por casualidad conduciendo por ese particular paraje hermoso en Devonshire. Al hacerlo, noté que el temor y el pavor se habían desvanecido. Pude ver la grandeza de la creación de Dios y alabarlo por ello y recordar el pasado con paz.

Parece que todavía Dios usa a los ángeles para todavía hablarle a alguien tan incrédula como yo lo había sido. Y cuando Dios habla, no importa el método que use, se demuestra que el encuentro es poderoso. Anthony Bloom lo expresó bien: «Es posible dar oído al Dios viviente que nos habla y luego todos los demás pensamientos mueren, todas las demás emociones finalizan porque él, quien es vida, él, quien es la Palabra, habla».[4]

11

Cómo habla Dios: Por medio de la naturaleza y de la imaginación

«Dios habla a los que guardan silencio».[1] Dios habla por medio de visiones y sueños, por medio de ángeles y con una voz tan penetrante como el sonido de una trompeta y Dios también habla por medio de la naturaleza.

Cuando me di cuenta del hecho de que el mundo creado existe no solo para nuestro disfrute, sino como un lenguaje, mi corazón dio un brinco y saltó regocijado. Yo amo la naturaleza: los primeros acónitos anunciando la primavera, las lilas maduras, las amapolas escarlatas, un cielo aborregado. Si estos pudieran hablarme de Dios de una manera más profunda de la que he experimentado hasta ahora, de una manera que realmente me trajera al Creador, habría un dialecto completo e inexplorado a mi puerta que yo estaba ansiosa de aprender.

Recuerdo a hombres y mujeres que a través de las edades han oído a Dios hablar por medio de la elocuencia de la naturaleza. Dios habló a David de un modo tan poderoso que el salmista se sintió inspirado a escribir el Salmo 8.

> Cuando contemplo tus cielos,
>   obra de tus dedos,
> la luna y las estrellas que allí fijaste,
>   me pregunto:

«¿Qué es el hombre, para que en él pienses?» (Salmo 8:3-4).

Por medio de Isaías, Dios animó a su pueblo a contemplar la creación:

¿Quién ha medido las aguas con la palma de su mano, y abarcado entre sus dedos la extensión de los cielos? ¿Quién metió en una medida el polvo de la tierra? ¿Quién pesó en una balanza las montañas y los cerros?

A los ojos de Dios, las naciones son como una gota de agua en un balde, como una brizna de polvo en una balanza.

Todas las naciones no son nada en su presencia (Isaías 40: 12, 15, 17).

Dios, de igual manera, invitó a Job a mirar más allá, desde las sombras, dentro de su propia alma, al orden y belleza objetivas del mundo creado.

¿Quién encerró el mar tras sus compuertas
    cuando éste brotó del vientre de la tierra?
¿O cuando lo arropé con las nubes
    y lo envolví en densas tinieblas?
¿O cuando establecí sus límites
    Y en sus compuertas coloqué cerrojos?
¿O cuando le dije:
    «Sólo hasta aquí puedes llegar;
de aquí no pasarán tus orgullosas olas»?

¿Acaso puedes atar los lazos de las Pléyades,
    o desatar las cuerdas que sujetan al Orión?
¿Puedes hacer que las constelaciones
    salgan a tiempo?
¿Puedes guiar a la Osa Mayor y a la Menor?
    ¿Conoces las leyes que rigen los cielos?
¿Puedes establecer mi dominio
    sobre la tierra?

(Job 38:8-11; 31-33).

Cuando Jesús vino a pasos largos a través de las páginas de la historia, él reiteró el reto: fíjense en las aves del cielo, observen cómo crecen los lirios del campo (Mateo 6:26, 28); una invitación extraordinaria para un montón de pescadores incultos. Pero Pablo explica por qué Dios persiste en este camino. Porque desde la creación del mundo las cualidades invisibles de Dios, es decir, su eterno poder y su naturaleza divina, se perciben claramente a través de lo que él creó (Romanos 1:20).

Los místicos aprendieron a leer este lenguaje visible. Por ejemplo, toma a San Antonio. A su ermita en el desierto vino uno de los sabios de su tiempo y le dijo «¿Cómo puedes soportar vivir aquí, privado como estás de todo el consuelo de los libros?» Antonio le respondió: «Mi libro, filósofo, es la naturaleza de las cosas creadas y cada vez que lo deseo, puedo leerlo en las obras de Dios».[2]

El hermano Lorenzo se gloría en las estaciones cambiantes que le hablan de la constancia de Dios.[3] Y el Príncipe Vladimir Monomakh de Kiev escribe con rasgos similares: «Ved el cielo, el sol y la luna y las estrellas, la oscuridad y la luz y la tierra que yace sobre las aguas, están ordenadas, ¡oh, Señor, por tu providencia! Ved cómo los diferentes animales y los pájaros y peces, están adornados por tu amoroso cuidado, ¡oh, Señor!»[4]

Cuando leí un día la invitación de Carlo Carretto «Contempla lo que está ante ti. Es la manera que tiene Dios de hacerse presente», me di cuenta de una inquietud dentro de mí. Esto era exactamente lo que quería hacer aunque no estaba segura de cómo hacerlo. Sí, podía mirar a las anémonas moradas, asombrarme de sus pétalos aterciopelados, sentir la textura, tocar su tallo fuerte y esa pequeña flor en mis manos me traería hasta el umbral del misterio del Dios que pudo hacer tales complejidades, pero sentí que había algo más para contemplar la creatividad de Dios.

Por este tiempo un pequeño grupo en mi iglesia se había unido a mí en mi búsqueda para escuchar a Dios con más efectividad. Ellos estaban tan ansiosos como yo por sondear las profundidades de las parábolas de la naturaleza, para usar el lenguaje de Carlo Carretto, así que decidimos usar un sábado para aprender este arte. Stephen Verney, entonces obispo de Repton, estuvo de acuerdo en introducirnos a una forma de meditación que muchas personas de oración usan en un intento de escuchar a Dios hablando a través de objetos muy ordinarios: una flor, un árbol, un poste de teléfono.

Yo recuerdo bien ese sábado. El sol brillaba en las colinas de Derbyshire las que rodeaban la casa del obispo. Los setos y las praderas estaban sembrados de flores silvestres: campánulas, ranúnculos, reina de los prados, primaveras. Estuvimos en la terraza de la casa del obispo, bebimos café y también bebimos la magnificencia del campo en verano. Luego entramos.

Cuando nos sentamos en un círculo en la sala, el obispo nos invitó a enfocar nuestra atención en un búcaro de flores silvestres sobre una mesita en el centro del círculo. «Solo pierdan el tiempo mirándolas» nos invitó y leyó el mandamiento de Jesús: «considerad los lirios»… «Esta palabra "considerad" significa realmente "contemplad"», sugirió el obispo. «Cuando contemplamos algo, lo miramos desde diferentes ángulos, lo tocamos, lo sentimos, lo olemos y aprendemos de él. Eso es lo que propongo que hagamos esta mañana».

Él pasó el búcaro con flores alrededor del salón e invitó a cada persona a escoger una. Luego nos dijo: «Ahora permítasenos primero emplear tiempo contemplando la flor que hemos escogido».

Yo escogí una margarita, la clase de margarita silvestre que me encanta observar moviéndose con la brisa de un día de verano. Pero nunca antes la había mirado tan de cerca. Contemplé su ojo dorado y sentí sus pétalos ligeros y suaves como la piel. Apreté su tallo firme y la puse al revés para examinar el rosáceo de la parte de abajo.

La voz del obispo me interrumpió en mi contemplación: «¿Qué *te* está Dios diciendo por medio de esta flor?» preguntó. Inmediatamente me llegaron las palabras francas y sencillas: «Yo la hice», parecía que Dios dijera. Durante varios minutos pensé en esta afirmación. Cuando mis hijos o amigos hacen algo con sus propias manos, yo lo atesoro. Esta clase de margarita común que yo trataba sin miramientos en los campos cada vez que iba a caminar en el verano, era una porción de la creatividad de Dios. Un tesoro. Una expresión de su personalidad.

La voz del obispo se filtró otra vez en mi conciencia: «¿Qué *te* está diciendo Dios por medio de esta flor?», preguntó él.

Yo acaricié la flor amorosamente, respetándola ahora por causa de quien la había hecho. Y un versículo de los Salmos se me grabó en la mente:

> ¡Te alabo porque soy una
> creación admirable!
> ¡Tus obras son maravillosas,
> y esto lo sé muy bien! (Salmo 139:14).

Podía ver que el Maestro artífice del mundo diseñó la flor cuidadosa y maravillosamente. Me maravillé ante su habilidad.

«Ahora me gustaría invitarlos a imaginarse cómo sería *convertirse en esa flor*». Una vez más la voz del obispo interrumpió el curso de mi pensamiento. Al principio pensé que eso sonaba como una idea tonta, tratar de *convertirse* en una flor. Pero yo respetaba a Stephen Verney y sabía que él era un hombre que se había aventurado a ir más lejos que yo en el sendero de la oración, y al hacerlo así había obtenido la experiencia que yo codiciaba, así que decidí dejar a un lado mi orgullo y tratar de «convertirme» en margarita.

Para mi sorpresa eso fue fácil. Me identifiqué enseguida con los sentimientos que una margarita pudiera tener si fuera un ser sensible: la vulnerabilidad de ser hollada, arrancada de sus amarres, la tristeza ante la violencia del hombre cuya avaricia demanda que él posea la belleza que ve, la vacuidad al ser removida tan repentinamente del sustento que la naturaleza le provee normalmente.

«¿Qué te está diciendo Dios ahora?»

El versículo del Salmo 139 que ya se había grabado en mi corazón, regresó con fuerza fresca. Por medio de él parecía que Dios me mostraba que a través de los tiempos yo soy tan vulnerable, frágil, indefensa y maltratada como la margarita, aún soy una parte de su creación, diseñada especialmente. El objeto de su cuidado y protección. Esta seguridad aquel día trajo una rica medida de sanidad. Asegurada de que Dios me protegía, me extendí hacia él y me abrí a la energía que él anhela que lata a través de nuestros cuerpos, mentes y espíritus.

«Ahora quiero que ustedes se imaginen rodeados de sus familiares, colegas y amigos», nos dijo el obispo. «Imagínense que ellos están parados alrededor de ustedes en un semicírculo. Visualísenlos. Nómbrenlos. Pídanle a Dios que les muestre cómo pueden transmitirles las riquezas que se les han dado esta mañana».

Pensé en mi esposo, mis dos hijos, ciertos miembros de la iglesia y mis vecinos. Le pedí a Dios que me mostrara las formas prácticas en que yo les podía ofrecer su amor. Me asombré al descubrir cuán prácticas parecían ser las sugerencias: «Has estado fuera durante todo el día; exprésales tu gratitud cocinándoles una comida favorita». Pensé en una persona a quien estaba aconsejando en ese tiempo. Ella necesitaba saber lo que yo había oído de parte de Dios; que Dios la considera valiosa y la sustentaría. Oré que yo pudiera comunicarle este mensaje en una forma en que ella pudiera empaparse de él.

Antes de despedirnos, el obispo nos invitó a volvernos a la persona más cercana a nosotros en un intento de explicarles lo que habíamos aprendido de Dios por medio de la flor. Expresar lo que yo había experimentado subrayó las verdades que Dios estaba impartiendo. Mientras compartía estas verdades creció mi gratitud.

Al principio mantuve esta clase de meditación para mi tiempo programado de quietud con Dios. Pero algunos meses después de este grupo Día Quieto, un poema me inspiró a buscar de esta manera a Dios dondequiera y por todas partes.

> Te oigo
> > en el grito de la gaviota
> > en el viento persiguiendo las últimas hojas del otoño
> > en el susurro de un niño.
>
> Te veo
> > en los cúmulos de nubes en forma de animales
> > en los árboles diez veces más viejos que yo
> > en el rostro arrugado de una mujer de más de noventa…
>
> Te toco
> > en el tronco suave de un abedul blanco
> > en la roca debajo de la cima rasgando mi mano
> > en la textura de la arena húmeda y seca.[5]

Este poema me empujó a caminar con los ojos y los oídos abiertos. Podía estar caminando por las colinas de Derbyshire contemplando la puesta del sol. Dios me hablaba de su majestad cuando él salpicaba el cielo de oros y rojos. Nuevamente Dios me hablaba cuando miraba a los botones de clemátide volver sus corolas al sol de primavera. Llegué a estar agudamente consciente de que todo lo que Dios hizo late con su energía increada, él sostiene todas las cosas y, en un sentido, son todas una teofanía. Ya sea que esté caminando o sentada en la playa o en el jardín o viajando en el ómnibus, meditaba en el mundo de Dios, preguntándome:

+ ¿Qué está Dios diciendo por medio de esta escena u objeto?
+ ¿Qué *me* está diciendo?
+ ¿Qué pasa cuando yo me convierto en ese objeto?
+ ¿Cómo puedo tomar lo que he aprendido dentro de mi mundo?

Precisamente antes de comenzar a escribir este capítulo, yo paseaba por los senderos del bosque en los jardines de rododendros cerca de mi casa. En ese tiempo estaban en un derroche de colores: rosados, bermejos, los colores amarillos de los sorbetes de limón, morados, cremas, blancos. Mientras contemplaba tal extravagancia era como si Dios me abrazara.

Cuando caminaba en los jardines parecía como si Dios me saludara, como si me hubiera estado buscando y yo me sentía feliz de haber venido. Cuando alargaba mi mano para tocar su belleza, reconocía que había tocado una belleza que era parte de él. Él había compuesto la música. La música de esta armonía visual. La abundancia siempre novedosa de esta extravagancia me dejaba embelesada. Pero mientras contemplaba su creatividad, también vislumbraba un poco de su gloria.

Mientras aprendía más y más a darle la bienvenida, a oírlo hablar por medio del lenguaje de su mundo, me presentaron el misterio de Dios de una manera nueva. El misterio es que Dios no es tanto el objeto de nuestro conocimiento como la causa de nuestro asombro. El misterio es que nunca conoceremos a Dios exhaustivamente, sin embargo, puedo conocer lo suficiente para sentirme impulsada a caer a sus pies con maravilla, amor y alabanza. El misterio es que él está al mismo tiempo escondido y revelado. El misterio es que él revela su grandeza por medio de objetos cotidianos: en la enseñanza de Jesús por medio de la moneda que la mujer había perdido, por la levadura que leuda el pan, por los niños que juegan en la plaza y en los anales de Jeremías por medio del alfarero que forma y reforma la arcilla.

En más de una ocasión Dios dejaba caer las gotas sanadoras de su amor dentro de mis emociones desolladas por medio de la contemplación de tales objetos ordinarios. Era septiembre y, según mi costumbre, yo había preparado una maceta con abono vegetal, enterrado un bulbo de jacinto en ella y la había encerrado dentro de un aparador profundo y oscuro. Ese día, mientras intenté orar más tarde pareció como si Dios me diera un atisbo de la actividad que muy pronto haría cambiar a ese bulbo: las raíces blancas que se harían camino saliendo del bulbo arrugado y entrando en el suelo nutritivo; el vástago verde que se abriría camino hasta la superficie de la tierra; las flores diminutas que se abrirían y al abrirse llenarían mi estudio de fragancia.

En ese tiempo sufría de un ataque de depresión prolongado y doloroso. Cuando la voz que estaba aprendiendo a reconocer como la de

Dios, susurró: «Esto es lo que la oscuridad de la depresión hará por ti; oportunamente te dará por resultado entereza y un crecimiento prolífico». Me sentí extrañamente confortada. Cuando la depresión se ponía peor, yo me agarraba a esta promesa visual.

Nunca me ha preocupado que esta clase de meditación se apoye en el uso de la imaginación. Me encontré con una frase que C.S. Lewis usa «la imaginación bautizada» y esto me estimuló a creer que cuando nuestra imaginación se empapa con las aguas vivas del Espíritu Santo, Dios la puede usar. De igual modo, John Powell afirma: «Dios tiene acceso a nosotros por medio del poder de la imaginación». Él cita un extracto corto del drama *St Joan* [Santa Juana] de George Bernard Shaw.

Roberto:	¿Qué quieres decir? ¿Voces?
Joan:	Yo puedo oír voces que me dicen lo que debo hacer. Y vienen de Dios.
Roberto:	Vienen de tu imaginación.
Joan:	Por supuesto. Así es como llegan a nosotros los mensajes de Dios.[6]

Yo también creo firmemente que cuando a Dios se le entrega la imaginación, esta es una herramienta poderosa en la mano de un Dios que quiere comunicar su mensaje de amor sanador por medio de una variedad de formas.

A mí tampoco me molesta el temor del panteísmo que hace que muchos cristianos eviten oír a Dios hablando por medio de la naturaleza. Estoy clara en mi mente que cuando afirmo oír a Dios hablar a través de los labios de un tulipán, él habla no porque *sea* el tulipán sino como el creador del tulipán. Él expresa facetas de él mismo por medio de su diseño, su textura, su forma, su tamaño y las venas de rojo que pinta sobre los pétalos amarillos con un golpe de su pincel.

Cuando aumentaba mi experiencia de escuchar a Dios por medio de la naturaleza, me hice eco de la seguridad de San Simeón

Sé que el Inmóvil baja
Sé que el Invisible se me aparece;
Sé que Aquel que está más allá de toda la creación,
Me lleva a Sí y me esconde en sus brazos...[7]

12

Cómo habla Dios: Lenguas, profecía, palabras de sabiduría y conocimiento

Yo ERA CODICIOSA, SEDIENTA siempre de «algo más» que Dios se deleita dar a sus hijos. Tomé de todo corazón el consejo de San Isaac el Sirio, el cual había leído: «Ten sed de Jesús y él te satisfará con su amor».[1]

Cuando leí la enseñanza que Pablo dio a los cristianos corintios acerca de escuchar a Dios, reconocí que todavía allí había más lecciones que aprender:

> A cada uno se le da una manifestación especial del Espíritu para el bien de los demás. A unos Dios les da por el Espíritu palabra de sabiduría; a otros, por el mismo Espíritu, palabra de conocimiento; a otros, ... profecía ... a otros, el hablar en diversas lenguas; y a otros, el interpretar lenguas (1 Corintios 12:7-10).

Me sonreí mientras leía estos versículos y recordaba los días en los que temía el don de lenguas. Aunque Dios me había sorprendido y sobrecogido con el gozo y la vida de su Santo Espíritu, yo insistía que nunca hablaría en lenguas.

Ahora que veía la oración como una amistad en desarrollo con Dios, este don del Espíritu dejó de ser algo que yo despreciara y se convirtió en algo que yo valoraba. Lo vi como una lengua de amor con la cual yo podía expresar la adoración que algunas veces ardía en mi corazón cuando adoraba a Dios. Lo vi como un medio de expresar la alabanza espontánea que algunas veces saltaba desde lo más recóndito de mi ser más bien como el surtidor de una fuente gigantesca. Lo vi como un método de comunicarle a Dios la maravilla, el amor y el asombro que sentía, los cuales ni siquiera los Salmos podían ponerlo en palabras adecuadas.

Cuando llegué a sentirme menos incómoda acerca de este lenguaje sobrenatural, lo usé algunas veces al orar con personas que habían venido para que las aconsejara. De vez en cuando esto ocasionaba una interpretación que hablaba incisivamente de la situación que habíamos estado discutiendo o la que traía consuelo y paz profunda e inmediata a la persona angustiada.

Si las lenguas contribuían a mi vida de oración personal y beneficiaban a otros, yo estaba segura que las otras piezas de la gramática y de la sintaxis de Dios, que Pablo menciona aquí, tenían el mismo valor. Pero hasta aquí sabía poco acerca de los dones sobrenaturales de sabiduría, conocimiento y profecía, así que me di a la tarea de descubrir lo que esos términos significaban y si yo podía esperar que Dios me hablara de ese modo.

La palabra de sabiduría

El libro de David Watson, *One in the Spirit* [Uno en el Espíritu] ya había desvanecido muchos de los temores irracionales e infantiles que me habían prejuiciado contra la obra del Espíritu Santo, en particular, el don de lenguas. Así que decidí referirme de nuevo a este libro. En él, David Watson sugiere que la palabra de sabiduría es la habilidad que Dios da para hablar la palabra apropiada en cada ocasión, para hacer las decisiones correctas, para discernir entre lo bueno y lo malo. Él nos recuerda la notable demostración de este don que aparece en 1 Reyes 3:16-28. Dos mujeres se acercaron a Salomón y trajeron con ellas a dos bebés. Uno estaba vivo y el otro, muerto. Cada madre insistía en que el niño vivo era el de *ella*. Salomón, ejerciendo el don de la sabiduría, propuso dividir en dos al niño vivo para que ambas madres pudieran quedarse con una mitad. Esto produjo una protesta de parte de la madre verdadera. Rehusó darle permiso para matar a su hijo, revelando así su verdadera identidad. La madre falsa se alegraría observar cómo se mataba al bebé.

Salomón había orado por este don: «Ahora, SEÑOR mi Dios, me

has hecho rey en lugar de mi padre David. No soy más que un muchacho, y apenas sé cómo comportarme... Yo te ruego que le des a tu siervo discernimiento para gobernar a tu pueblo y para distinguir entre el bien y el mal» (1 Reyes 3:7-9).

La oración de Salomón trajo gozo a Dios. Meditar en esto y en la forma dinámica en la cual Dios le contestó, provocó en mí un hambre de corazón. Yo también anhelaba confiar no solo en la habilidad que había aprendido y adquirido por medio de la experiencia, sino en la sabiduría de *Dios*. Sentía que esto podía transformar mi ministerio de consejería. En su epístola, Santiago nos estimula a pedir a Dios que nos confiera su sabiduría. Así pues, hice mi petición.

Entretanto, en el estimulante libro de Keith Miller, *The Taste of New Wine* [El sabor del vino nuevo], tropecé con una sorprendente ilustración contemporánea acerca de este don.

Uno de los campos de batalla que perturbaron el matrimonio de Keith Miller en los primeros días parece que fue el conflicto que surgió sobre la delimitación de papeles. Cuando ellos se casaron, Mary Allen, su esposa, dio por sentado que diariamente él vaciaría el cubo de basura en la cocina. Él, por otra parte, se sintió insultado por la sugerencia. De acuerdo con su punto de vista este era el trabajo de la mujer. Rehusó capitular ante las demandas de su esposa.

Después de su conversión a Cristo, Keith Miller trató de convencer a su esposa de que él había encontrado algo maravilloso en Dios, que Dios estaba cambiando su personalidad. En un intento de convencerla de la fuerza de esta afirmación, buscó maneras de demostrar esta verdad por medio de su conducta.

Él prosigue explicando cómo la palabra de sabiduría resplandecía en su conciencia: «Cuando busqué por los alrededores alguna manera de convencer a mi esposa de que realmente yo había cambiado, mi mirada cayó en el cesto de basura lleno, situado al lado de la puerta de atrás. "No, Señor", gemí quietamente para mí mismo. "El cesto de basura *no*. Toma mi ganancia, cualquier cosa"».[2]

Después de una lucha, él obedeció. Vació el cesto de basura. «Lo saqué sin decir una palabra y ni siquiera se lo mencioné a ella».

Por supuesto, Mary Allen tomó nota de este cambio en su actitud. Ella continuó rehusando las invitaciones de su esposo a las reuniones cristianas pero comenzó a hacer preguntas penetrantes a una amiga acerca de la fe cristiana. A su tiempo, estos comentarios dieron por resultado que se convirtiera al cristianismo. Cuando ella consideró el camino que Dios usó para atraerla, reconoció que el gesto de su esposo el día en que vació el cesto de la basura fue una de las púas que Dios usó para empujarla en su dirección.

Situaciones como estas me enseñaron que la palabra de sabiduría, la palabra incisiva de Dios dada para una ocasión específica viene con las alas de poder y de autenticidad. A menudo también viene enlazada con humor.

La palabra de conocimiento

Estaba por aprender que cuando Dios le concede a una persona el don de la sabiduría, esta habla poderosa, precisa y económicamente por medio de palabras de conocimiento. Una palabra de conocimiento es una idea penetrante que Dios implanta acerca de una persona o situación en particular con un propósito específico. Alex Buchanam, en una charla dada a nuestra asociación, en una ocasión resumió el don provechosamente:

> La palabra de conocimiento puede ser la revelación de los aconteceres o los hechos de un hombre. La naturaleza de su pensamiento o de la condición de su corazón. Es un don de revelación. Se convierte en vocal cuando se comparte con otros. Es un fragmento del conocimiento divino el cual no se puede obtener por el estudio ni por la consagración. Es una dádiva divina, el destello de la revelación concerniente a las cosas que estaban escondidas sin esperanza, de los sentidos, de la mente o de las facultades de los hombres.

Yo estaba por descubrir que Jesús ejerció este don. Su uso del mismo asombró a la mujer samaritana que habló con él en el pozo. Aunque Jesús, hasta donde sabemos, nunca antes se había encontrado con esta mujer, parecía estar bien informado acerca de su vida sexual. «Es cierto que has tenido cinco, y el que ahora tienes no es tu esposo» (Juan 4:18). Esta palabra de conocimiento no solo dejó atónita a esta mujer, sino que dio como resultado un cambio completo de su estilo de vida.

Nuevamente encontré a Jesús ejerciendo este don después de la resurrección. Los discípulos estaban pescando en el Mar de Galilea. Aunque el lago normalmente tenía abundancia de pescado, en este viaje ellos no cogieron nada. Jesús los llamó desde la costa: «Tiren la red a la derecha de la barca y pescarán algo». Juan registra el resultado de la obediencia a esta palabra de conocimiento: «Así lo hicieron, y era tal la cantidad de pescados que ya no podían sacar la red» (Juan 21:6).

Dios todavía habla, convence y consuela por medio de estos chispazos de inspiración. La primera vez que Dios me habló de esta manera yo me sobrecogí y me divertí.

Mi esposo y yo éramos los padres de la casa en una fiesta casera para estudiantes y durante el curso de la conferencia yo hablé sobre las relaciones de muchachos/muchachas y sobre la oración.

Una tarde, un joven me preguntó si podía hablarme. Me dijo que su vida de oración era árida y seca, que cuando oraba sus palabras parecían tocar el cielo raso y regresaban a él como un bumerang. Lo escuché y durante casi media hora hablamos acerca de su vida de oración pero de algún modo me di cuenta que realmente no nos estábamos comunicando. Sin aviso y por ninguna otra razón que los dictados del Espíritu Santo, la palabra masturbación se alojó en mi cerebro. Al principio traté de alejarla. Pero la voz interior rehusaba ser silenciada. «Su problema de oración es un problema de culpa. Él se está sintiendo culpable por un problema de masturbación», insistió la voz.

Me sentía nerviosa y tonta, conduje la conversación fuera de la oración en sí y la llevé al asunto de la culpa. El joven se ruborizó y entonces comenzó a hablar de «su pecado acosador». Cuando oportunamente mencioné la palabra masturbación, él suspiró aliviado y comenzó la comunicación verdadera.

De haber dependido de mis propias ideas habría fallado completamente al hacer una relación directa entre la oración y la masturbación. En esa ocasión, y en muchas otras que siguieron, le he agradecido a Dios los dictados del don de conocimiento que ahorran tiempo. No reemplaza las habilidades para aconsejar ni la sensibilidad o la necesidad de solidaridad con el dolor de una persona. Pero es una herramienta valiosa con la cual Dios nos equipa cuando tratamos de llevar a la gente a su sanidad.

Este don no es para los super santos. Es para todo el mundo. Si estamos abiertos a Dios, él usa este no solo en la forma que hemos descrito arriba, sino para empujarnos a la oración y a la acción cuándo y dónde la oración se necesita especialmente.

Yo había escrito una tercera parte de este capítulo de este libro cuando decidí descansar y tomar café. Mientras llenaba la cafetera con agua, el nombre de un amigo saltó a mi mente y sentí que esta persona necesitaba mis oraciones. Allí en la cocina lo elevé a las amorosas manos de Dios. Dos minutos después sonó el teléfono. No debí haberme sorprendido al oír la voz de este amigo al otro lado de la línea: «¿Orará por mí, por favor?» me dijo. «Hoy no tengo trabajo y acabo de regresar del médico. Se sospecha que tengo apendicitis».

Esta clase de conexión ocurre ahora tan a menudo que ya no me siento tentada a creer que es pura coincidencia. Tomé tales insinuaciones como provenientes de Dios y procuro actuar con propiedad.

Profecía

Otro descubrimiento que hice es que las palabras de sabiduría, conocimiento y profecía se entrelazan y coinciden unas con las otras. David Watson describe la profecía de esta manera: «La profecía es un mensaje de Dios, que no necesariamente tiene algo que ver con el futuro: es proclamación y no predicción en primer lugar... Es una palabra del Señor por medio de un miembro del cuerpo de Cristo, inspirada por el Espíritu, para edificar al resto del cuerpo» (1 Corintios 14:3-5).[3]

Alex Buchanam me ayudó enormemente cuando yo trataba de comprender este don. Él sugiere que este don como lo tenemos hoy en la iglesia encuentra tres expresiones. Hay una «profecía de bajo nivel», donde Dios puede estimular a una persona o a una congregación con una declaración sencilla: «El Señor dice: "No tengan temor yo estoy con ustedes"». Hay un «nivel más alto» de profecía donde el Señor revela algo acerca de una situación en una iglesia particular en un tiempo particular. Y hay «el más alto nivel» de profecía que hace que la gente se incline y adore a Dios en asombro y maravilla porque ellos saben que «el Señor ha hablado».

Noté que Pablo nos exhorta «Ambicionen los dones espirituales, sobre todo el don de la profecía... el que profetiza habla a los demás para edificarlos, animarlos y consolarlos» (1 Corintios 14:1, 3). Así que yo también codicié este don.

En una ocasión, en una conferencia de estudiantes donde yo estaba hablando, uno de los disertantes dio una palabra de profecía la cual pudiera caer en la tercera categoría de Alex Buchanam: el más alto nivel de profecía. El orador expresó la visión de Dios que podía ver con el ojo de su mente. Eran parecidas a partes del libro de Apocalipsis o de la visión que Isaías tuvo de Dios. Nosotros, los oyentes, estuvimos escasamente conscientes de esas palabras. Jesús llenó todo nuestro horizonte. Cuando terminaron las palabras, se impuso un silencio poderoso sobre el grupo, un silencio cargado de adoración y alabanza sin palabras. Dios había hablado para fortalecernos, animarnos y elevarnos. No tuve duda alguna de que hoy todavía Dios nos habla en esta forma.

También Dios me demostró que su uso de las profecías para advertir a su iglesia es tan exacto, doloroso e incómodo como lo fue en los tiempos del Antiguo Testamento.

En una ocasión me invitaron a hablar a un grupo de líderes de la iglesia, pero había estado fuera del país en una ausencia sabática durante cuatro meses, y conocía poco de lo que había sucedido en la iglesia en las semanas recientes. Cuando me preparaba para la conferencia, me sobrecogió una sensación de pesadez. Cito de las notas que hice cuando escuchaba a Dios para esa ocasión. «Hay aquí algunos líderes que llevan las cicatrices de sus batallas, cansados, faltos de recursos, que ya dieron mucho. Hay otros que no se avergüenzan de ser desobedientes. A menos que cambien su estilo de vida, el Señor mismo los eliminará del liderazgo. Él no usará vasijas sucias».

Me sentí extremadamente vulnerable mientras daba esta charla. ¿Qué si estaba equivocada? ¿Qué si *Dios* no me había revelado estas cosas…?

En el transcurso de un año renunciaron cinco líderes incapaces de hacerle frente a las presiones de la familia, trabajos responsables y el liderazgo en la iglesia. Varias personas clave renunciaron porque estaban cometiendo pecados sexuales graves.

Por este tiempo una miembro de la congregación recibió una palabra de profecía que expresó con dudas y con disposición para que la corrigieran. La profecía decía: «Estoy levantando a los desechos de la sociedad para que se encarguen del liderazgo que ustedes no toman. Aquellos a quienes ustedes consideran ser nada… que conocen su necesidad y reconocen su dependencia de mí, los pasarán adelante y los dejarán como nada».

Actualmente, los líderes anteriores en esa iglesia han caído. Está surgiendo un liderazgo completamente nuevo. Está compuesto de muchas personas improbables. Parece que la profecía se está cumpliendo.

Al mirar más de cerca el don de la profecía, vi que si la palabra profética es de Dios, edificará, exhortará o consolará (ver 1 Corintios 14:31). No necesariamente será sin dolor, en verdad cortará una situación, y causará dolor, aun temor. No es distinta de la incisión que el cirujano hace con su escalpelo. Es el dolor que precede a la limpieza y a la sanidad, el cual, en efecto, es un acto de amor.

La palabra profética no es solo una palabra de amor, es también una palabra oportuna en el sentido de que es necesaria para una persona o ese grupo de personas en ese tiempo particular. Es también una palabra exacta. Su exactitud sobrevive la prueba del tiempo. Si se origina en Dios, se cumplirá en los más mínimos detalles.

En el día de Pentecostés, como ya hemos visto, Pedro citó la profecía de Joel:

> Sucederá que en los últimos días —dice Dios—,
>   derramaré mi Espíritu sobre todo el género humano.
> Los hijos y las hijas de ustedes profetizarán,
>   tendrán visiones los jóvenes
>   y sueños los ancianos.
>
> Hechos 2:17, citando a Joel 2:28-32

Comencé a darme cuenta que vivimos en esos emocionantes «últimos días». Y también comencé a darme cuenta que los cristianos que se abren al Espíritu de Dios, en ocasiones, según se requiera, se les dotará con los dones sobrenaturales de sabiduría y conocimiento, profecía y visiones. Ahora voy más allá. Como David Watson, reconozco que «estos dones son tremendamente importantes para cada edad». «El que la revelación que Dios nos dio en las Escrituras esté completa no la hace en manera alguna redundante».[4] Mas bien Dios los dispone para nosotros por medio de la unción de su Santo Espíritu.

Dios habla por medio de sucesos y objetos cotidianos y ordinarios. Y Dios habla por medio de lo sobrenatural. Que todavía hoy Dios nos hable, me hacía sentir un escalofrío de anticipación a mi columna vertebral cada vez que iba a orar. Yo esperaba que Dios hablara. Y así lo hacía.

13

Muchos errores

ESCUCHAR A DIOS NO siempre es tan sencillo como parece. Por lo menos, esta es mi experiencia. A veces hasta puede parecer casi atemorizante.

Soy una persona que le gusta mantener por lo menos un dedo sobre la tierra cuando nada en el mar. De igual modo, en el sentido espiritual me gusta limitarme a mi profundidad. Pero hubo tiempos cuando la marea parecía arrastrarme con ella y me vi forzada a responder a retos para convertirme en una nadadora más fuerte.

El problema era que aunque yo sabía que Dios habla hoy y que sus mensajes se transmiten en una multitud de formas y aunque yo había experimentado el hecho de que él quiere llamar mi atención, comunicarse conmigo, también estaba consciente cada vez más que los cuadros que veía, los sueños que soñaba y la voz interior no siempre tenían su origen en Dios. Si mi sospecha era correcta, entonces, ¿de dónde surgían estos fenómenos? Y, ¿cómo se suponía que yo discerniera lo real de lo espurio?

Por ejemplo, una noche me alarmó un vívido sueño. En ese tiempo mi esposo y yo estábamos de vacaciones en Austria. David es un fotógrafo entusiasta y, como una cabra de montaña, algunas veces salta a lugares obviamente precarios para «tomar una foto mejor». En mi sueño, David y yo estábamos caminando en las montañas como nos gusta hacerlo. De repente, se abrió ante nosotros una escena espectacular de una montaña con los picos cubiertos de nieve enmarcados por una extensión de cielo azul aciano. Poco a poco David avanzó hacia un saliente inseguro para capturar la escena en el filme cuando, de repente, se cayó. Al principio me paralizó el temor. Pero luego me impulsó a la acción. Corrí y corrí tan rápidamente como pude hasta que llegué al lugar donde él yacía. Pero llegué tarde. Su cuerpo estaba desplomado en un montón. Estaba muerto.

A la mañana siguiente el temor parecía sujetarme en sus garras. Por alguna razón que todavía yo no puedo comprender, no fui capaz de hablarle a David acerca de este temor. ¿Tal vez temía que si describía el accidente este pudiera suceder? Esa tarde tuve un pequeño accidente en el carro. Todo lo que pasó fue que destrocé un poste al lado del camino, pero mis nervios, todavía maltrechos por la intensidad del sueño, se dispararon. Me colgué histérica de David, lloré y solté todos los detalles del sueño que me había hecho tan miserable. El pánico solo pasó después de orar juntos.

En unas vacaciones anteriores, Dios me *habló* por medio de un sueño que describí en un capítulo anterior. De ese hecho estaba ahora convencida. Pero este sueño, con toda claridad, no había venido de la misma fuente amorosa. ¿De dónde *había* venido?

Algunos meses después David y yo asistimos a una entrevista para un nuevo trabajo. Cuando estaba orando ese día de la entrevista, sentí que Dios me estaba diciendo que nos iban a nombrar para este nuevo trabajo. Estaba contenta. Disfrutaría de una serie de nuevos retos.

Tres días después de la entrevista llegó la llamada telefónica, pero la voz al otro lado de la línea no dio el mensaje que esperábamos. Por el contrario, dijo: «Queremos agradecerles a David y a usted por el tiempo que dedicaron para asistir a la entrevista. Lamento decirles que no podemos ofrecerles el trabajo. Alguien más está ahora considerando el puesto. En uno o dos días le confirmaremos esto por medio de una carta».

Coloqué el teléfono en su lugar y me sentí aliviada de que la casa estuviera vacía. La impresión me dejó paralizada. ¿Había Dios incumplido su promesa? Imposible. ¿Habrían cometido un error los entrevistadores? No era probable. Tantas personas habían estado orando por este nombramiento. Entonces debo haberme equivocado en lo que escuché. Escuchar a Dios no era tan simple como me había imaginado.

Otras personas también tenían problemas al separar lo real de lo espurio. Lo sabía porque algunos de ellos fueron lo suficientemente honestos para decírmelo.

Hubo una mujer que dijo: «El Señor me ha dicho que escriba

un libro. Voy a escribir la historia de mi vida». Empleó años escribiendo su libro pero no pudo encontrar quién se lo publicara. ¿Fue exactamente esto lo que escuchó? ¿Le había dicho *Dios* que escribiera el libro?

Hubo un estudiante cristiano que me confesó que durante varios meses él había estado durmiendo con su novia no cristiana. Me dijo que ya que les era imposible casarse antes de varios años, pero dado que estaban comprometidos uno al otro, Dios les dijo que se les permitía tener relaciones sexuales. ¿Qué pensaba yo?

Y hubo una persona que pidió verme porque estaba completamente confundida. «¡Joyce! Ya no sé que más hacer. Mira, continuamente escucho todas estas voces en mi cabeza que me dicen lo que debo hacer. Pienso que es el Espíritu Santo hablándome. Solía leer mi Biblia con regularidad y hacer lo que me decía que hiciera. Pero ahora no sé que creer. Por eso dejé de leer la Biblia para solo hacer lo que el Espíritu Santo dice».

Sin haberse dado cuenta jamás de lo que estaban haciendo, todas estas personas me ayudaron a encarar el hecho que aquellos de nosotros que nos embarcamos en la aventura de escuchar a Dios, vamos a cometer errores. Porque escuchar a Dios puede ser el privilegio más sublime y gozoso en el mundo o puede llegar a ser el ejercicio más absurdo en el cual nos embarquemos jamás.

En cuanto a algo absurdo, nunca he encontrado un ejemplo que sobrepase el que citó Jim Parker:

Una vez hubo una mujer que quería sinceramente escuchar a Dios acerca de los detalles de su vida. Cada mañana, habiéndole consagrado el día al Señor cuando se despertaba, le preguntaba si debía levantarse o no. Ella no se movía hasta que la tranquila vocecita le decía que se vistiera. Mientras se ponía cada pieza de ropa le preguntaba al Señor si debía ponérsela o no. Muy a menudo el Señor le decía que se pusiera el zapato derecho pero que no se pusiera el otro. Algunas veces debía ponerse las dos medias pero no los zapatos y otras veces los zapatos y no las medias. Y así, escuchando a Dios, ella trataba cada pieza de vestir en su turno.[1]

¡Errores! ¡Errores! ¡Errores! Cuando leía historias como estas, aconsejaba a personas como las que he mencionado arriba y me resentía de las situaciones que yo misma manejaba mal, hubo veces en las que estuve tentada a abandonar mi búsqueda. Pero una afirmación que Thomas Merton hace en uno de sus libros se había alojado en mi cerebro y evitó que abandonara todo lo que había aprendido a atesorar. Thomas Merton dice de los errores que lo único que realmente es un error es aquello de lo cual no aprendemos nada. También había oído la máxima de David Watson: «El antídoto para el *abuso* no es el *desuso* sino el *buen uso*». A la luz de estos retos determiné permitir que una sarta completa de errores llegara a ser no mi censuradora, sino mi maestra.

Cómo reconocer la procedencia

Asistí a una charla que Jean Darnall dio en una conferencia en Swanwick y allí él aclaró la niebla de confusión que había estado rondando en mi cerebro y en mis emociones: «prueba a los espíritus», ella retaba. «Asegúrate de que lo que estás oyendo viene de Dios». Ella nos señaló las Escrituras: «Queridos hermanos, no crean a cualquiera que pretenda estar inspirado por el Espíritu, sino sométanlo a prueba para ver si es de Dios, porque han salido por el mundo muchos falsos profetas» (1 Juan 4:1).

Más adelante, cuando seguí este tema por mí misma, noté que esta advertencia solemne había sido entretejida en la tela de la enseñanza del Nuevo Testamento. Jesús nos advirtió que nos cuidáramos de los lobos que vienen a nosotros vestidos de ovejas. Pablo nos ruega que no apaguemos al Espíritu, ni que tratemos con desprecio a las profecías, pero también nos urge: «sométanlo todo a prueba, aférrense a lo bueno» (1 Tesalonicenses 5:19, 20). En Santiago encontré un consejo que aclaró mejor mi propia posición: «la sabiduría que desciende del cielo es ante todo pura, y además pacífica, bondadosa, dócil, llena de compasión y de buenos frutos, imparcial y sincera» (Santiago 3:17).

Cuando apliqué este versículo a mis dos sueños, enseguida vi la diferencia. El que soñé en Grecia que me preparó para enfrentar la tragedia inminente era «pacífico» en el sentido que, horripilante como era, dejó mi corazón y mi mente llenos de la paz de Dios antes que lleno de terror. Por otra parte, el sueño que interrumpió mi descanso en Austria no solo fue aterrorizante en su atención a los detalles, sino que me dejó en pánico. La carencia de paz, de haberlo sabido por este versículo en Santiago al momento del sueño, pudo haber sido mi indicio. Este sueño no vino de Dios.

Tres orígenes posibles

Si no fue Dios quien envió mi sueño, ¿de dónde vino? Nuevamente fue Jean Darnall quien me mostró que los sueños y las visiones, las voces y los pensamientos vienen de tres fuentes posibles:

+ el Espíritu Santo
+ mi propio espíritu
+ el Maligno

Esto enseguida tuvo sentido. De nuevo reflexioné en mi segundo sueño y vi que no había sido profético sino simplemente una expresión de mi temor neurótico de que un día David pudiera resbalar junto a un precipicio mientras tomaba fotografías. Me reí. La risa me trajo una perspectiva nueva: por supuesto, el sueño describió mi neurosis con detalles en tecnicolores. Dios solo se presentaría en él si yo fuera a depositar mi temor en él.

También pensé en «la palabra» que me aseguró que seríamos nombrados para un puesto nuevo. Otra vez me sonreí irónicamente. Qué fácil es escuchar la voz del orgullo y los pensamientos ilusorios y colgarles alrededor del cuello el nombre del Señor. Me di cuenta que todavía estaba usando chapas de aprendiz cuando se trataba de escuchar a Dios. Probablemente siempre lo haré. Como observa Thomas Merton: «No queremos ser principiantes. Pero permítasenos estar convencidos del hecho de que nunca en nuestra vida seremos algo más que principiantes».[2] Por esta razón estoy agradecida a Jean Darnall por el consejo práctico que dio en ese tiempo. Ella aconsejó: «Si crees que Dios te ha dicho que hagas algo, pídele que te lo confirme tres veces: a través de su Palabra, a través de las circunstancias y por medio de otras personas que no sepan nada acerca de la situación».

Durante los próximos doce meses llegué a ser más cautelosa acerca de escuchar a Dios. Probaba el terreno de la manera que Jean sugirió. Y estuve agradecida por el aprendizaje que me capacitó para crecer en confianza.

Ahora reconozco que nunca podremos estar cien por cien seguros de que el cuadro que vemos o la voz que oímos o la profecía que hablamos, nos la ha enviado Dios, porque hablar en nombre de Dios es costoso y nos deja sintiéndonos vulnerables.

Si la voz es de Dios en verdad tendrá una calidad inequívoca. Alguien la oirá y dirá: «¡Ah, sí, ya veo!» Si la voz viene de nuestro propio espíritu herido o de un espíritu sobrecargado de ansiedad o muy amoroso, no se hará ningún daño permanente, por eso no es necesario preocuparse. Pero seremos capaces de discernir la diferencia entre esto y la voz de Dios porque carecerá de autoridad y dinamismo acerca de lo que se comparte. La palabra o cuadro probablemente caerá desinflado como un chiste mal contado.

Pero, ¿qué si es el Maligno quien ha plantado en el corazón de uno la palabra o cuadro, o un sueño o una intuición? Esto me parece muchísimo más serio y, admito, que la posibilidad me preocupa. Yo sé que Satanás ama el falsificar los dones espirituales. Él es hábil en el arte de la falsificación.

Conozca el corazón paternal de Dios

Mientras todavía me estaba preocupando sobre este asunto, Alex Buchanan con quien me había encontrado por primera vez cuando él formaba parte del personal de la iglesia de St. Michael-le-Belfrey, en York, y cuya amistad mi esposo y yo cada día apreciábamos más, hizo uno de esos pronunciamientos cuyo origen divino uno reconoce inmediatamente. En una visita a nuestro hogar él dijo: «Si quieres estar seguro de que en verdad estás escuchando la voz de Dios, debes conocer el corazón paternal de Dios». Me agradó que hubiera otros en el salón cuando él convirtió esta afirmación en una pregunta. «¿*Conoces* el corazón paternal de Dios?»

Supe lo que él quería decir con esta pregunta. Él estaba preguntando si conocíamos la mente de Dios, si comprendíamos la personalidad de Dios, si estábamos bien familiarizados con la voluntad de Dios y con la manera en que él actúa normalmente y reacciona en ciertas situaciones. Él estaba preguntando si estábamos familiarizados con las declaraciones que ha hecho acerca de ciertos temas. Él dejó claro que la manera de distinguir entre la voz de Dios y la voz de Satanás, era saber lo que había en el corazón paternal de Dios.

Para mí esto tenía sentido. Esa misma semana yo recibí una llamada telefónica para David que me demostró el valor de conocer la mente de alguien en esta forma intuitiva.

Una tarde telefoneó un amigo y pidió hablar con mi esposo. David estaba fuera. «Ah, bueno, pues Joyce, tú lo vas a hacer». Dijo la voz: «Yo le iba a preguntar si él estaría interesado en un trabajo nuevo. Me gustaría, si puedo, presentar su nombre».

«Bien», contesté, «estoy noventa y nueve por ciento segura que David diría que en este momento él siente que Dios está pidiéndonos que permanezcamos en Nottingham».

Cuando David llegó a casa, le pregunté: «si alguien te pidiera que presentaras tu nombre para un trabajo, ¿qué le dirías?»

David usó casi las mismas palabras que yo había usado antes: «Diría que siento que por el momento se nos pide que permanezcamos en Nottingham».

Yo vivo con David. Hemos empleado años trabajando en el arte de la comunicación. Conozco su mente. Conozco su personalidad. Conozco sus planes. Hablo con él y lo escucho. ¿Era posible conocer también a Dios en esta forma intuitiva?

En ese tiempo me estaba preparando para predicar un sermón sobre Daniel. Parecía que Daniel estaba bien informado del corazón paternal de Dios. Daniel me ofreció la llave maestra. Esta llegó en la forma de una observación sucinta: «Yo, Daniel, logré entender ese pasaje de las Escrituras» (Daniel 9:2). Aquí entender significa: considerar en detalle, llevar a cabo algo con cuidado, examinar, escudriñar. Daniel conocía el corazón paternal de Dios porque Daniel aplicó su *mente* al duro trabajo de comprender la Palabra de Dios para así poder comprender al mismo Dios.

El salmista fue otro hombre cuyos escritos reflejan un conocimiento íntimo de Dios. Cuando buscaba su secreto, descubrí que él también era un secreto abierto. David se familiarizó con el corazón paternal de Dios al estar familiarizado con las Escrituras. David se deleitaba en la Palabra de Dios, la atesoraba, se empapaba en ella, la respetaba, la memorizaba, se absorbía en ella, la examinaba y determinó no apartarse nunca de ella.[3] Meditaba día y noche en la Palabra revelada y exhortaba a otros a seguir su ejemplo (Salmo 1:2).

Que estos hombres edificaran una estrecha relación con Dios, porque aplicaron sus energías, tiempo y mentes al estudio de la Palabra de Dios, fue como un recordatorio agudo y saludable. Parecía que Dios me estaba advirtiendo nuevamente que escucharle a él no es precisamente un asunto de apertura o la disposición de oír su voz tranquila y pequeña. No es solo un asunto de meditar, internalizar el mensaje o contemplarlo, también es un asunto de trabajo arduo y aplicación. Cuando escuchamos a Dios, la inspiración y el sudor caminan de la mano.

Dios, por medio de Juan Wesley, hizo esta misma advertencia: «No le atribuyan a Dios lo que no es de Dios». No imagines con facilidad, sin tener suficiente evidencia, que los sueños, las impresiones, las visiones, las revelaciones son de Dios. Estas pueden ser puramente naturales, pueden ser diabólicas. Trátalo todo por la Palabra escrita y deja que todo se incline ante ella».

Si mi amigo estudiante hubiera hecho esto, reflexioné, no necesitaría pedir mi consejo acerca de la relación con su novia. La Biblia dice muy claro que unirse en yugo desigual con un incrédulo es aceptar un matrimonio que no es lo mejor que Dios desea. La Biblia también aclara que la relación sexual tiene un contexto y solo un contexto: el matrimonio. Por lo tanto, se debe rechazar cualquier voz que diga a una persona soltera que está absuelta de esta clara enseñanza bíblica. No es la voz de Dios. Dios no se contradice. La verdad de Dios no es negociable.

De igual modo pensé en mi amiga que había abandonado la lectura de la Biblia para escuchar las voces de su cabeza. Ahora comprendí por qué la ira se había encendido dentro de mí cuando me habló de su decisión. Yo no estaba airada contra ella sino contra la serpiente Satanás que aún nos hechiza y usa todos y cada medio para apartarnos del camino estrecho que conduce a la vida.

Por mi parte no podía señalarla con el dedo. Yo también estaba demasiado ocupada cometiendo mis propios errores y aprendiendo de ellos para hacer guerra contra otros. Pero supe que en el futuro debía probar lo que escuchara haciendo cuatro preguntas:

+ ¿Está el resultado de lo yo oí en conformidad con la Biblia?
+ ¿Las circunstancias justifican lo que oí? ¿Se realizó?
+ ¿Está mi actitud como la de Cristo, caracterizada por la humildad, o recuerda a Satanás, el rebelde?
+ ¿Está esta voz pequeña y tranquila impulsándome a mí y a otros a vivir de tal manera que honre a Dios y le obedezca o las sugerencias traen descrédito a su nombre y honor?

Al considerar estos criterios para escuchar con exactitud, reconocí que había una encomienda de Dios. Si debo escuchar a Dios para beneficio de los casados con problemas, como lo hago, debo saber primero lo que la Palabra de Dios dice acerca del matrimonio. Si voy a ayudar a los solteros con los problemas sexuales como lo hago, debo estar segura de lo que hay en el corazón paternal de Dios concerniente a sus problemas y a su persona.

Dios me ha retado. Sin embargo, fascinada como llegué a estar con su presencia, su poder y su habilidad para comunicarse, no debo permitir que se oxide mi conocimiento de las Escrituras. Al mismo tiempo me consolé con la observación alentadora de Francis Schaeffer al hablar de las personas que se impregnan del evangelio, mantienen una alta opinión de las Escrituras y dan un énfasis apropiado al Espíritu de Dios, él mantiene que Dios las usará aunque cometan errores, como sin duda lo harán: «Si predicamos el evangelio con claridad, tenemos una sólida perspectiva de las Escrituras con un énfasis fuerte en el contenido y le damos un lugar adecuado al Espíritu Santo, Dios nos usará aunque cometamos errores y, repito, ninguno de nosotros está libre de errores».[4]

Use la inteligencia

Incluso así, yo quería evitar cometer errores hasta donde fuera posible. No se debe hablar a la ligera en el nombre de Cristo. Se deben tomar en serio los errores. Dado que se estaba haciendo claro que mis errores podían nublar la claridad de Dios, determiné traer a bordo otras dos sugerencias que parecía que Dios las subrayaba. Primero está la necesidad de someter lo que oigo a otros para que así ellos puedan pesar la palabra o el lenguaje del cuadro, pasarlo por un tamiz y determinar su origen. Segundo está la responsabilidad que tengo de no negar mi intelecto sino de agudizar mis poderes de pensamiento. Tomé en serio una advertencia que dio un oyente, nada menos que San Juan de la Cruz, cuando dijo en varias ocasiones que no debíamos exigir la intervención sobrenatural cuando nosotros mismos somos capaces de comprender una situación. Dios nos dio nuestra inteligencia para que la usáramos y para que la usáramos a plenitud. Cuando la luz de mi propia inteligencia humana es suficiente para la tarea que tengo a la mano, él no va a sobreponerle su iluminación espiritual. Pensé en la historia de Jim Parker acerca de la mujer que esperaba que Dios le dijera lo que debía usar, y le pedía que la librara de la holgazanería la cual ella disfrazaba con la super espiritualidad. Y resolví llegar a ser, para usar el lenguaje de Juan Wesley, *unius homo libri*, persona de un libro, la Biblia.

14

La Biblia: La piedra de toque de cómo escuchar a Dios

En todo nuestro escuchar la palabra más penetrante que jamás oiremos es la Palabra escrita de Dios, la Biblia, la espada que penetra dentro de los lugares más recónditos de nuestro ser, retándonos, cambiándonos, renovando nuestras mentes. Como vimos en el capítulo anterior, aquellos que nos urgen a empaparnos en las Escrituras traen un énfasis vital indispensable al arte de la oración que escucha. La Biblia es la piedra de toque de nuestro escuchar. Lo que es más, ella tiene poder por sí misma.

J.B. Phillips testificó del poder de esta Palabra que emana del Espíritu de Dios. Mientras traducía el Nuevo Testamento descubrió que la Palabra de Dios estaba amoldando su pensamiento: «Aunque hice todo lo que pude para preservar una separación emocional, encontré una y otra vez que el material bajo mis manos estaba extrañamente vivo, hablaba a mi condición de una manera muy misteriosa».[1]

Campbell McAlpine afirma que este libro, la Biblia, «es la palabra viva del Dios viviente».[2] Jesús vivió por esta Palabra. Es más, él anticipó que las vidas de los creyentes debían moldearse por ella. Él esperó que todo pensamiento teológico se debía probar a la luz de «las cartas desde el hogar» de su Padre, para tomar prestada la frase de San Agustín. Así que, cuando los fariseos le preguntaron acerca de la relación matrimonial, Jesús los refirió a los primeros principios bíblicos: ¿No han leído… que en el principio el Creador «los hizo hombre y mujer», y dijo: «Por eso dejará el hombre a su padre y a su

madre y se unirá a su esposa y los dos llegarán a ser un solo cuerpo»
(Mateo 19:45, citando a Génesis 2:24).

Jesús dio por sentado que sus seguidores poseerían un conocimiento eficiente de todas las Escrituras. Cuando la carencia de
penetración bíblica cegó sus ojos, Jesús los reprendió. Así que, en el
camino a Emaús, Jesús encontró fallas en sus ignorantes acompañantes. «¡Qué torpes son ustedes —les dijo—, y qué tardos de corazón
para creer todo lo que han dicho los profetas! ¿Acaso no tenía que
sufrir el Cristo estas cosas antes de entrar en su gloria? Entonces,
comenzando por Moisés y por todos los profetas, les explicó lo que
se refería a él en todas las Escrituras» (Lucas 24:25-27).

Desde el punto de vista de Jesús, parece que la Palabra escrita
contenida en las Escrituras *es* la Palabra de Dios. Jesús expresó esto
de forma dramática cuando, en el desierto, él confrontó a Satanás
cara a cara. Con autoridad y compostura, él resistió al Enemigo con
una frase breve: «Está escrito» (Lucas 4:4, 8).

Para Jesús, según Jim Parker nos recuerda: «Está escrito» era el
fin de la discusión. «No podía haber apelación contra el veredicto de
las Escrituras porque eso habría sido apelar contra el juicio del mismo
Dios».[3] Para Jesús, el Antiguo Testamento enseñaba y expresaba la
mente y la voluntad de Dios. Por esta razón debemos atender, oír y
obedecer a las Escrituras. David Watson subraya estos hechos con
poder: «La Biblia es nuestra corte de apelación final para lo que Dios
ha dicho. Aquí está la prueba objetiva que Dios nos da para nuestra
creencia y conducta».[4]

Si yo iba a aprender a escuchar a Dios con exactitud, para evitar la
trampa de sintonizar mis propias emociones y confundir estas o los
pensamientos ilusorios con la voz de Dios, sabía que era obligatorio
para mí tomar en serio estas palabras solemnes. Debo apartar un
tiempo para estudiar la Biblia.

Estudio bíblico

En un sentido esto no era difícil. Como estudiante de teología que
también leía historia y amaba la literatura inglesa, aprendí a disfrutar
el estudio de la Biblia: las epístolas de Pablo, los profetas, los libros
históricos, la poesía y, por supuesto, los Evangelios. Este disfrute
de la disciplina del estudio bíblico se lo debo principalmente a mi
maestra de las Escrituras en la escuela. Una cristiana dedicada que

claramente disfrutaba la Palabra de Dios, me transmitió el deseo de comprenderla tanto como el anhelo de interpretarla con exactitud y de permitir que dirigiera y renovara mi percepción de la vida.

Como una estudiante no graduada, me senté a los pies de los eruditos cuyo amor y respeto por la Palabra de Dios era igualmente profundo. Mientras los escuchaba exponer porciones de las Escrituras, como el salmista, me deleitaba en la Palabra revelada de Dios y me sentía nutrida por ella. En esos días nunca me cansaba de la dieta diaria del estudio de la Biblia.

Cuando las demandas de la maternidad me invadieron, me volví perezosa, hasta descuidada, en mi actitud hacia la Biblia. Aunque la mayoría de los días luchaba por tener una Hora Quieta y aunque esto podía incluir la lectura de una porción de las Escrituras y un vistazo superficial a algunas notas de la lectura bíblica, escasamente podía afirmar que el *estudio* de la Biblia caracterizaba mi vida. Pero ahora, con esa sed insaciable de desenterrar los métodos de escuchar a Dios, volví a hacer del estudio de la Biblia una prioridad. La Palabra de Dios me daría el marco objetivo, científico, revelado, dentro del cual las profecías y las visiones encajarían, si habían nacido de él.

Durante un tiempo estudié la Biblia diariamente. Me la apliqué a mí misma con diligencia. La analicé, me concentré en ella, traté de comprender lo que el autor original intentó comunicar cuando escribió lo que hizo. Luego traté de comprender por qué Dios nos había dejado este mensaje particular para todo tiempo. Traté igualmente de aplicar lo que leía a mis propias circunstancias. Y cavé profundo. Cuando me encontré con los mandamientos, los cuales ahora me parecen obsoletos por causa de que la estructura de la sociedad ha cambiado aquí en el Oeste («Siervos, obedeced a vuestros amos»), usé mis poderes de pensamiento para tratar de determinar cuáles pueden ser los principios permanentes fundamentales de tales mandamientos. Quería ser una cristiana *informada*.

Me regocijé al verme injertada de nuevo a la Palabra de Dios. Recuerdo que un sábado me encerré en mi estudio, cubrí mi escritorio y el piso con Biblias y comentarios y durante todo el día me concentré en el Salmo 119. Por la tarde estaba eufórica. No solo Dios me había dado un amor especial por ese salmo con sus ciento setenta y seis versículos sino que pude repetir gran parte de él.

Viviendo conforme a tus palabras (v. 9).

A toda hora siento un nudo en la garganta por el deseo de
conocer tus juicios (v. 20).
Inclina mi corazón hacia tus estatutos y no hacia las
ganancias desmedidas (v. 36).

Mientras escribo este capítulo el estudio bíblico sigue siendo para
mí un privilegio gozoso. Acabo de regresar de dos semanas fuera del
hogar. Mientras estaba fuera, en un retiro de vacaciones, me sumergí
en el primer libro de Reyes. Han pasado años desde que leí acerca
de la declinación y caída de Israel y la caída espiritual de Salomón y
sus sucesores al trono. Pero mediante esta aplicación de mi mente a
su Palabra revelada, Dios me recordó algunas verdades saludables:
el entusiasmo por él no es suficiente; la sabiduría no es suficiente; la
fama no es suficiente; la obediencia a él es crucial para la persona que
intenta progresar en la vida cristiana.

Lo que me emociona no es solo el estudio. Cada vez que tengo
la oportunidad de asistir a las lecturas de la Biblia que dan aquellos
que Dios dotó para presentar su Palabra revelada de una manera
sistemática y erudita, encuentro que mi amor por Dios se reaviva.
Apetezco las riquezas de esta dieta. Y eso me recuerda la verdad so-
bresaliente que Dios nos habla primero y principalmente por medio
de nuestras mentes. No importa cuán hábiles hallamos llegado a ser
en sintonizar sus múltiples medios de comunicación, «escuchar»
profecías, sueños y visiones e «impresiones», el punto de partida y
punto de control debe ser siempre la Palabra de Dios revelada en las
páginas de la Biblia. A menos que conozcamos lo que contiene esta
Palabra, nunca podremos discernir si lo que oímos corre en dirección
contraria a la Biblia y por lo tanto debe descontarse ya que Dios no
se contradice.

Debido a que el estudio de la Biblia ha llegado a ser de tal importancia en mi oración que escucha ya no figura más en mi tiempo
diario devocionario. Lo considero demasiado crucial para eso. Cuando un proyecto llega a ser tan vital en mi estilo de vida, yo dedico un
tiempo para eso. Así que no importa cuán cargado esté mi horario,
reservo un tiempo de calidad para emplearlo con ciertas personas,
como mi esposo. De igual modo, habiendo reconocido que el estudio de la Biblia es una parte indispensable para escuchar a Dios, yo
dedico oportunidades regulares de ocio cuando puedo entregarme
a los comentarios y a los diccionarios bíblicos y a la investigación

intelectual seria de las palabras que Dios ha hablado y las cuales se han registrado para nosotros para todos los tiempos. Yo no puedo concentrarme de esta manera en la Palabra de Dios *diariamente*, pero puedo comprometerme a tal estudio con regularidad.

Meditación de la Biblia

Yo no estoy diciendo que yo no *lea* la Biblia todos los días. La mayoría de los días yo lo hago. Yo estoy diciendo que no estudio diariamente la Biblia de una manera académica. En su lugar recuerdo las verdades de Dios meditando en una porción de las Escrituras.

Mi primera introducción a este método de lectura bíblica simple pero profundo vino a través de un libro que ostenta el sencillo título: *You* [Tú]. Pienso que lo que me atrajo del libro fue su subtítulo: *Prayer for beginners and those who have forgotten how* [La oración para principiantes y para aquellos que han olvidado cómo hacerla]. El autor describe una técnica de lectura que él llama «lectura super lenta». La lectura super lenta es una lectura reflexiva. Tomas un versículo de las Escrituras o un pasaje familiar y en lugar de estudiarlo analíticamente, lo lees lo más lentamente posible, presentándote a la situación descrita con tanta fuerza que comiences a experimentar con tu imaginación, con la vista, con sonidos, con sentimientos que el autor ha pintado para ti.

La primera vez que experimenté este arte de lectura super lenta el recuento de Marcos acerca de la crucifixión me dejó estupefacta por su solemnidad, luego hirió mis emociones casi con fuerza física:

> Desde el mediodía y hasta la media tarde
> quedó toda la tierra en oscuridad.
> A las tres de la tarde
> Jesús gritó a voz en cuello:
> —*Eloi, Eloi, ¿lama sabactani?*
> (que significa: «Dios mío, Dios mío, ¿por qué me has
> desamparado?»)
>
> Marcos 15:33-34

Sabía tan bien estas palabras que probablemente habría podido recitarlas sin referirme al texto. Pero cuando practiqué la lectura super lenta me imaginé la colina del Calvario donde Jesús fue colgado en su cruz, en el Gólgota, el lugar de la calavera. Pude sentir el calor intenso del sol de mediodía quemando su cuerpo. Esa frase «la oscuridad vino sobre toda la tierra», me aterrorizó cuando vi las tinieblas descender como una frazada sobre todo Jerusalén y los campos aledaños. Lo espantoso de esa oscuridad hizo que se estremeciera mi columna vertebral. Fue mi columna vertebral la que de nuevo reaccionó cuando oí la angustia del grito de Jesús horadar las penumbras. «Dios mío, Dios mío, ¿por qué me has desamparado?»

Ese día leí esos dos versículos de la narrativa del Evangelio y eso fue todo. Era suficiente. Esta escena había cambiado mi vida. Cuando ves a Jesús retorciéndose en la cruz ante tus mismos ojos de la manera en que lo hice aquel día, tienes que responder personalmente con humilde y agradecido sometimiento a tales profundidades de amor.

Durante un tiempo solo me concentré en este método de la lectura bíblica. Esto transformó mi actitud hacia los Evangelios. Esto fue de un valor particular para mí porque yo había asistido a la Escuela Dominical desde los tres años de edad. Por consiguiente, me sabía todas las historias de Jesús de una punta a la otra (o así creía). Como sabía todas las palabras que contienen, los Evangelios perdieron mucho de su poder de atracción. Las epístolas de Pablo apelaban mucho más que las narraciones del peregrinaje terrenal de Jesús. Pero la lectura super lenta cambió todo eso.

Así lo hizo otro método de lectura de la Biblia que se atribuye a San Ignacio de Loyola y que él describe en *Los Ejercicios Espirituales*. Este método de leer las Escrituras incluye la reproducción en nuestra mente y corazón de un episodio particular de la Biblia. La idea detrás de esta técnica es que el lector revive el suceso que describe el escritor del Evangelio. Sin embargo, en lugar de detenerse en el borde de la historia como un observador, llega a ser un participante activo, sumergiéndose en lo que está sucediendo y experimentando por sí mismo cada detalle de la historia con cada uno de los cinco sentidos.

En otras palabras, en lugar de leer simplemente acerca de la mujer que alargó su mano para tocar el borde del manto de Jesús te *conviertes* en esa mujer y te arriesgas a estirarte para tocarlo. En vez de leer meramente acerca del paralítico que se sentaba imposibilitado junto al estanque de Betesda, te *conviertes* en ese hombre. Tú te encuentras con Jesús. Le hablas. Oyes su voz. Respondes a su reto: «¿Quieres ser sano?»

John Powell, en su libro *He Touched Me*, me animó a creer que Dios puede hablar por medio de nuestros cinco sentidos: la vista, el oído, el olfato, el gusto y el tacto. Este método Ignaciano de lectura de la Biblia me convenció de la autenticidad de esta afirmación.

Quizá sea porque Dios me dotó de una imaginación vívida y viril que estas meditaciones se convirtieron rápidamente en una de las formas en que Dios me hablaba. Cuando me «convertí» en María, la madre de Jesús, sentada en el lomo del burro camino a la casa de Elisabet, y cuando reflexioné en la noticia estupenda que Gabriel me trajo: «Tú serás la madre del Mesías», mi corazón saltó de gozo a la absoluta maravilla de todo esto. A pesar del ruido intruso yo podía oír el golpeteo de los cascos del burro, la alabanza surgió de algún lugar profundo dentro de mí: «Mi alma glorifica al Señor».

En esta meditación yo no estaba alimentando opiniones grandiosas de mí, confundiendo mi misión, creyendo que realmente yo era la madre de Jesús. Más bien me estaba identificando con María tan completamente como lo permitían mis sentidos para que el Espíritu Santo de Dios pudiera penetrar con ideas frescas. Él lo hizo. La maravilla de la Anunciación y de la Encarnación: el Creador del mundo yaciendo en una cuna. La venida de Dios para que la humanidad lo hallara, viera y palpara me impactó como jamás lo habría hecho una lectura simple de las palabras.

Comencé a escribir mis propias meditaciones y a usarlas personalmente. En un tiempo de la Ascensión, en mi imaginación subí al Monte de la Ascensión con los discípulos y observé la salida de Jesús de la tierra usando este bosquejo.

Imagina que se te ha dado el privilegio de caminar con los once, fuera de Jerusalén hacia el Monte de la Ascensión.

Sitúate detrás de ellos mientras dejas el ruido, el atiborramiento y el calor sofocante de Jerusalén.

Siente el calor templando tu cuerpo cuando comienzas a ascender.

Siente el polvo caliente trepándose en tus sandalias.

¿Qué puedes ver…?

¿Qué puedes oír…?

¿Qué puedes oler…?

Usa tiempo para representar la escena completa tan vívidamente como sea posible.

Conviértete en una parte integral de ella. ¿Qué sientes?

Mira a tus acompañantes, los once discípulos.

¿Qué clase de personas son ellos?

¿Cómo están vestidos?

¿De qué están hablando?

¿Hay algo que te gustaría preguntarles o decirles?

Ahora que te estás acercando al lugar donde Jesús prometió encontrarse con sus discípulos

¿Qué se siente al estar a punto de encontrarte con él?

Y ahora —aquí está— ¡en pie frente a ti!

¿Qué se siente al ver al Señor resucitado?

¿Qué quieres hacer cuando te encuentres con él?

Mira bien a Jesús:
> a esas manos que todavía llevan las heridas del amor
> a esas manos que se levantan sobre ti para bendecirte

¿Qué quieres decirle a Jesús?

Mira con cuidado. Te está dejando ahora, está perdiéndose de vista. Pronto lo esconderá la nube de la presencia de Dios.

¿Hay algo que deseas hacer?

¿Algo que quieres decir?

Mira a los dos hombres vestidos de blanco.

¿Cómo se siente estar en su presencia?

Bebe su mensaje:

Este mismo Jesús regresará.

«Jesús va a regresar».

Di esto una y otra vez.

¿Cómo quieres responder?

Permanece en silencio en la cima de la montaña durante unos minutos.

Deja que Dios te hable.

Déjate capturar por la maravilla del momento.

Los otros regresan ahora a Jerusalén.

Ve con ellos.

¿Está alguien diciendo algo?

¿Cómo parece que ellos se sienten?

¿Cómo te sientes?

Mira cómo reaparece la ciudad ante la vista.

Fíjate en el domo del Templo.

Oye los sonidos
    mira las vistas   } de la ciudad
    huele los olores

Ve al Templo con los otros.

Trata de absorber lo que has visto y oído.

Dale gracias a Dios por ello.

Cada vez que me embarcaba en este tipo de meditación, tenía un efecto profundo en mi vida. Mi meditación resultaba ser un encuentro genuino con el Cristo viviente. El resultado era una comunión profunda, interior con el Señor a quien amo. En lugar de solo leer la Biblia o esforzarme en estudiarla, ambas cosas valiosas por sí mismas, su mensaje estaba llegando a ser personal e interno y por ello era más precioso. Mi visión de Jesús y mi relación con él estaba cambiando. Por una parte éramos íntimos y por la otra más distantes. Uso la palabra «distante» deliberadamente, no para sugerir que Jesús se estaba alejando sino para mostrar esa intimidad combinada con reverencia y despojada de toda muestra de sobre familiaridad. Supe que no podía encontrar a Jesús de este modo genuino y ser como un compañerito. Eso era indigno de este «tremendo amante».

Con la cabeza en el corazón

Campbell McAlpine dice de la meditación: «La meditación es la práctica devocional de considerar las palabras de un versículo o versículos de las Escrituras, con un corazón receptivo, permitiendo que el Espíritu Santo tome la Palabra escrita y la aplique como la Palabra viviente al ser interior… Alguien ha descrito la meditación como "la facultad digestiva del alma…" La meditación es recibir interiormente la Palabra de Dios, ilustrada por la comida o el alimento. Dios habló a Ezequiel y destacó esta verdad: "Tú, hijo de hombre, *atiende* bien a lo que te voy a decir… Abre tu boca y *come* lo que te voy a dar"» (Ezequiel 2:8, énfasis de la autora).[5]

Para mí, la meditación demostró ser el método más provechoso de alimentarse de la Palabra de Dios.

Fue mucho más tarde que descubrí el valor de *Lectio divina* o lectura divina, como se le llama algunas veces. Había visto estas dos palabras latinas en el horario del día monástico y las había descartado pensando que no tenían nada que ver conmigo, una laica. ¡Qué equivocada estaba! A la *lectio divina* se le describe a veces como «lectura con la mente en el corazón». Basil Pennington se esfuerza por capturar su valor.

[Esto es] leer con Dios, con el Espíritu Santo, caminar con Jesús en el camino y dejar que el Espíritu dentro de nosotros haga arder nuestros corazones cuando la Escritura se abre ante nosotros. Este pequeño método… es más que lectura: es oración, una comunicación real con Dios que abre ante nosotros las profundidades y las alturas de la contemplación trascendente… No es asunto de leer un párrafo, una página o un capítulo. Es más bien sentarse con un amigo, el Señor, y dejar que él nos hable. Nosotros escuchamos. Y si lo que él dice en la primera palabra o en las primeras oraciones nos impresiona, nos detenemos y dejamos que eso nos empape. Lo saboreamos. Respondemos desde nuestro corazón. Disfrutamos a plenitud antes de pasar adelante. No hay apuro.

Estamos sentados con nuestro amigo... Lo dejamos hablar.
Nosotros realmente escuchamos.[6]

Yo usé más y más este método de lectura bíblica entremezclándolo
con la manera de abordarlo Ignacio y de la lectura super lenta. Porque para mí, las ideas fluyen más fácilmente cuando mantengo una
pluma en la mano, yo respondía al Señor y al pasaje que tengo ante
mí por escrito, anotando mis pensamientos en mi diario de oración.
En una ocasión, leyendo meditativamente el Cantar de los Cantares,
consciente de ciertos pecados que estaban atestando mi vida, de que
era indigna del amor de Dios, el versículo familiar: «Él me trajo a esta
mesa de banquete» me rogó que me detuviera. Entre otras cosas, así
fue como respondí a cada palabra en turno:

ÉL: Señor, eres tú, el Señor de los señores y Rey de reyes, quien
ha preparado la mesa para el banquete. Tal conocimiento
es demasiado maravilloso para mí. ÉL me trajo. El alto y
Majestuoso, el Creador del universo. Puedo llamarte mi
Amado. Tú eres mío. Este es un amor absoluto, inmerecido. Anoche yo lamentaba mi propia desgracia e indignidad
para acercarme a ti, sin embargo, aquí esta mañana oigo tu
invitación persistente, gentil y amable. No. Es más que una
invitación. Tú sabes que si no me hubieras invitado en este
momento, probablemente rehusaría venir. Por lo menos, me
sentiría tímida y dudosa. Y vengo porque tú realmente quieres que yo este allí.

ME TRAJISTE: ¡Qué persistencia! ¡Qué deseo! Me amas lo
suficiente para traerme cargada, aunque con lucha, a tu
banquete: la fiesta que especialmente preparaste. Y si tú me
estás llevando, todo lo que tengo que hacer es descansar y
relajarme y permitir que tú hagas lo que quieras. Con eso
estoy contenta y humildemente te doy las gracias.

YO: Comienzo por ver el banquete dispuesto con cuidado y
amor. Huelo la fruta, veo sus colores, las sostengo, las saboreo con anticipación. Y veo que han sido preparadas amorosamente. En medio de esta grandeza, como *tu* invitada

especial, me miro, y mi corazón clama, «¿Por qué yo?» «¡Yo no debiera estar aquí!»

Prosigo para tomar nota del gozo de recibir el perdón y la limpieza y la renovación con la cual en esa ocasión Dios me festejaba en su mesa de banquete.

Acerca de su *lectio divina*, Richard Foster dice: «Es una clase de lectura espiritual meditativa en la cual la mente y el corazón son arrastrados al amor y bondad de Dios... Hacemos más que leer palabras... estamos considerando todas las cosas en nuestro corazón, como lo hizo María. Estamos entrando en la realidad de la cual hablan las palabras».[7]

Como esto sucedía cada vez más en mi experiencia, la Biblia adquirió una mayor importancia en mi escuchar a Dios. No solo fue el marco dentro del cual se requería que encajara todo lo demás que se escuchaba. Fue, por sí misma, la pieza principal del equipo para escuchar que tenía a mi disposición. Como tal, estaba siempre a mi alcance ya fuera para estudiarla, memorizarla, cantarla o meditar en ella. Trataría de abrirme a Dios a través de sus páginas. A pesar de todo, los problemas no desaparecieron. Por el contrario, parecían multiplicarse, tanto era así que a veces, por razones que explicaré en el capítulo siguiente, estuve tentada a darme por vencida.

15

Tentada a darme por vencida

Ladislas Orsy afirma que, al igual que un cirujano hábil operará a un paciente mejor y más rápidamente que un estudiante de medicina que continuamente tiene que referirse a sus libros de texto, también uno que ora habitualmente discernirá la pequeña y tranquila voz de Dios con mayor rapidez y exactitud que aquel cuya oración es esporádica y dispersa.

Esto me animó. Pensé en aquellos primeros años en que yo estaba aprendiendo cómo escuchar, los meses de luna de miel cuando escuchar parecía un puro deleite. Luego las advertencias horrendas que leía y oía y que me dejaban perpleja, «escuchar a Dios es la parte de la oración más difícil aunque es la más decisiva»[1] y «escuchar a Dios requiere esfuerzo, práctica y disciplina».[2] Ahora la presión estaba sobre mí. La tentación a darme por vencida era algo que me atacaba a menudo.

El problema que más me oprimía era la ocupación. Hasta 1981 creí que Dios me estaba llamando a la vida de oración que escucha. Esta iba a ser la corriente vivificante que nunca cesaría de fluir bajo la superficie mientras atendía mi hogar y trabajaba junto a mi esposo en la parroquia. Yo había abierto un lugar para Dios en mi hogar, en mi corazón y en mi horario. Determiné que diariamente le daría toda mi atención: un tiempo de calidad. En ese tiempo, en el ritmo de mi vida, traté de poner fielmente los cimientos de escuchar a Dios por medio del estudio y la oración.

Pero en 1981 se publicó mi primer libro. No creía ser autora por vocación. Escribí este libro porque me invitaron a hacerlo. Hasta donde yo sabía iba a ser uno solo. Sin embargo, este libro sobre el matrimonio cristiano dio lugar a otro sobre el compromiso. Su publicación coincidió con una profecía que me dieron, ya que no iba a tener más hijos (acababa de tener una histerectomía), ¡yo iba a dar a luz libros!

Para mi sorpresa, lo que escribí pareció tocar una cuerda en los corazones de la gente. Me invitaron a hablar en varias reuniones. Aumentó el número de parejas que hacían cola para consejería. De repente, así parecía, me lanzaron de la oscuridad que disfrutaba a la actividad de remolino que tan a menudo despreciaba en otros. Desposeída de tiempo, mi rutina planeada con tanto cuidado yacía en ruinas. Estar concentrada en escuchar parecía una cosa del pasado.

Una hora completa para la oración llegó a ser un lujo, un agradable recuerdo del pasado. En verdad, cuando fluían las ideas para un libro o un artículo de revista, a menudo la oración quedaba fuera por completo. Aunque encendiera mi vela y contemplara la cruz de Cristo en mi cuarto de oración, me evadía la quietud. La quietud y la privacidad simplemente le abrieron completamente la puerta a un diluvio de creatividad: las ideas para el siguiente capítulo del libro o para la próxima charla que tenía que dar brotaban como los genios mágicos en las historias de niños.

En mi interior estaba desesperada. ¿Cómo iba a escuchar a Dios si había perdido el arte de la quietud? A veces me sentí engañada. Era como si de una noche a otra me hubieran robado mi perla de gran precio. Otras veces la culpa me desbarataba. ¿Qué clase de cristiana era yo? Dios me había dado un entrenamiento tan valioso y aquí estaba yo permitiendo que la actividad lo eclipsara.

En agosto de 1982 vertí algo del dolor, la frustración y la angustia en una carta a mi amigo y editor, Derek Wood. Comencé la carta quejándome de una «intranquilidad, anhelo y urgencia santas de regresar a la quietud, no en una forma de escapismo sino para reparar el balance». «Estoy en un conflicto, una confusión interior. Sé que Dios me ha llamado al trabajo de la oración. Sé que el poder, la autoridad y la inspiración llegan en la quietud… Y aun ahora empleo menos tiempo para estar quieta. Cada vez que me involucro en un proyecto encuentro que la quietud está llena de pensamientos e ideas que me empujan y compiten por mi atención». A pesar de todo, también quería ser creativa: «Yo tengo que ser creativa, Dios me lo ha mostrado. Pero esa creatividad tiene que surgir del silencio… ¿Cuál es la respuesta? ¿Cómo puedo combinar estas responsabilidades aparentemente incompatibles: escuchar a Dios en la tranquilidad y convertirme en una mayordoma cuidadosa de los dones que él me ha confiado?»

Una cuantas semanas antes de escribir esa carta escribí una similar a otra amiga mía, una ermitaña que también es escritora. Como a una compañera de viaje en el sendero de la oración y como una más experimentada que yo, esperé su consejo con ansiedad. Fiel amiga como ella es, no me dijo lo que yo quería oír: no te desprendas del lujo de tus tiempos prolongados de quietud; aférrate a eso como si fueran tu derecho. No, en su lugar, ella explicó que creía que Dios estaba llevándome adelante, que el lujo de los períodos de oración prolongados que yo había disfrutado en el pasado habían cumplido su propósito. Para entonces, Dios me había conducido a través de mi aprendizaje y al mismo tiempo había derramado una gran cantidad de sanidad a mi vida. Ahora la oración que escucha iba a servir para un propósito diferente; entre otras cosas era el combustible que encendería la creatividad antes que convertirse en un fin en sí misma. En términos prácticos esto significaba que cuando yo intentara estar quieta ante Dios y las ideas parecieran excluir a Dios, debía escribirlas, verlas como una parte de la oración, no sus enemigas, reconocer su fuente —el mismo Dios— y darle gracias a él.

La carta continuaba advirtiéndome que la actividad intensa en la cual estaba ahora comprometida debía interrumpirse por períodos de silencio sin interrupciones durante los cuales pudiera regresar a Dios para encontrar sostén. Esto era esencial para la supervivencia de mi vida de oyente. Tenemos que ser grandes para Dios. Como pueblo que ora, Dios quiere que crezcamos incluso más para él. Pero también necesitamos ser muy pequeños, tan pequeños que conozcamos el gozo de que él nos lleve y nos sostenga.

Estas ideas profundas coincidieron con la reacción de mi editor a mi carta:

Pienso que tu amiga ermitaña te escribió con sabiduría. Nos trasladamos de uno a otro de los énfasis de Dios para nosotros. Necesito aprender más cómo estar en silencio. Tú lo has hecho y necesitas aprender cómo usarlo, no como un fin en sí mismo sino como un medio para tener una amistad más profunda con Dios y como un medio de liberar tu creatividad. Sobre la manera de abordar la «amistad con Dios» no puedo dejar de recordar lo que el guardián de nuestra iglesia dijo acerca de la oración. «Es lo que Dios y yo logramos juntos». Pienso que esto describe bien la creatividad.

Estas cartas tenían cierta traza de verdad. Sin embargo, durante varios meses temí que nunca sería capaz de mantener en tensión las dos vocaciones que eran tan queridas a mi corazón: estar enraizada en Dios y ser creativa para él.

Cuando miro atrás, con la sabiduría de la retrospección, reconozco que Dios me estaba enseñando una lección vital. Soy una peregrina. Los peregrinos siempre deben estar en movimiento. Un peregrinaje es un viaje, a menudo un ascenso empinado. Debo enfrentar el reto de subir con la disposición de responder a las señales del dedo de Dios, no importa cuál sea el precio. Cuando me llame a dejar atrás las seguridades del pasado y enfrentar nuevos retos, debo obedecer alegremente y con confianza infantil. Inherente al llamamiento cristiano está la creencia de que a través de la muerte viene una nueva vida; el grano de trigo tiene que morir para que pueda producir una nueva vida. Para el cristiano, el cambio constante es inevitable.

En esta etapa del viaje yo no había aprendido estas lecciones vitales y lamentaba la pérdida del patrón de oración que había aprendido a valorar. Y cuando Dios me pidió que desmantelara mi cuarto de oración y en su lugar orara en una esquina de mi estudio, me pareció otro golpe amargo, la pérdida de algo más que me era muy querido.

De nuevo, mirando atrás, comprendo lo que no aprecié en ese tiempo: Dios me estaba pidiendo que uniera mi trabajo y mi oración. Trasladar mi cruz y mi vela y mi banquillo de oración a mi estudio simbolizaba sencillamente esta integración esencial. Pero en ese tiempo yo estaba dolida. Claro, aún no había aprendido otra lección vital que una persona de oración debe aprender: ¡no aferrarse a las cosas y a la gente y al pasado!

El dolor subyacente en mí en realidad no me afectó hasta que leí un libro de Henri Nouwen en el cual él describe cómo, de la misma manera, las conferencias, la escritura y la enseñanza interrumpieron su persecución de la oración. Su honestidad me desarmó.

Mientras enseñaba, daba conferencias y escribía acerca de la importancia de la soledad, la libertad interior y la paz mental, me mantenía tropezando con mis propios impulsos e ilusiones… ¿Qué era lo que estaba tornando mi vocación de ser un

testigo del amor de Dios en un trabajo agotador? Pudiera ser
que yo hablara más acerca de Dios que con él. Pudiera ser
que mis escritos acerca de la oración me mantuvieran aparte
de una vida de oración. Pudiera ser que estuviera más preocupado por la alabanza de los hombres y mujeres que por el
amor de Dios.[3]

Henry Nouwen tuvo el valor de quitarlo todo de su escritorio y
diario y se convirtió en un monje trapista durante siete meses. Allí
en el monasterio, con la ayuda del abate, él fijó de nuevo sus prioridades. Cuando estaban por terminarse sus siete meses de soledad,
le preguntó al abate John Eudes cómo él iba a combinar la oración
y la creatividad cuando regresara al vórtice de la universidad donde
enseñaba. El consejo de John Eudes reforzó la rutina que Dios me
había estado sugiriendo por medio de mis amigos:

+ Establece un nuevo ritmo de oración, hazlo conocer y haz de él
  una prioridad.
+ Haz un imperativo de la disciplina diaria de la oración que
  escucha trazando períodos del día cuando determines que vas
  a emplear tiempo con Dios.
+ Los días de retiro repetidos solo serán realmente provechosos
  cuando esta disciplina diaria quede bien establecida.
+ Integra la oración y el trabajo: «Conferencias, predicación,
  escritura, estudio y consejería deben nutrirse y profundizarse
  con una vida de oración regular».[4]

Cuando uní las piezas del rompecabezas, me complació el cuadro
que comenzó a surgir. Me presentaba la posibilidad de un aumento
de armonía en mi vida mientras aprendía a unir la preparación personal, el tiempo con las personas y la oración. Anoté en mi diario de
oración el gozo que me dio volver a aprender la práctica de la oración
que escucha.

Eso no quiere decir que venciera los obstáculos con facilidad. No.
Realmente todavía lucho por orquestar la oración y el trabajo. Pero
en el camino aprendí lecciones valiosas.

La lección principal que Dios me repite una y otra vez es que si voy
a recibir su mensaje de modo que eche raíces, germine y lleve frutos,
necesito silencio. Este silencio: «Quédense quietos, reconozcan que
yo soy Dios» (Salmo 46:10), es difícil de lograr. Sin embargo, es el

prerequisito para escuchar e incluye el decirme con firmeza y autoridad que deje de hablar: ¡que me calle!

La disciplina es la respuesta. Encuentro, por ejemplo, que cuando resisto la tentación de ir directamente del desayuno a mi escritorio para comenzar a escribir y en su lugar voy al escritorio vía mi esquina de oración, la calidad de mi trabajo mejora porque deliberadamente usé el tiempo para echar el ancla en Dios. Sé que esto es cierto. Lo he probado una y otra vez.

Falta de obediencia

La ocupación no era el único obstáculo para escuchar a Dios. Las dificultades me presionaban antes de comenzar a escribir, problemas de una naturaleza más sutil. El problema principal era el pecado.

Cuando releo hoy mis diarios de oración, la cacofonía de la ira, del resentimiento, los recuerdos envenenados y la desobediencia descarada que describo en detalles, me lleno de horror. En una ocasión, en una página tras otra, vertí la ira contra cierto miembro de nuestra congregación. Parece que de repente me detuve y escribí: «Señor, acabo de oír a los pájaros cantando. Mi ira ha estado gritando tan alto que hasta ahora no había podido oírlos». ¡Hacía una hora que estaba sentada en el jardín!

Pero la desobediencia era lo que amenazaba seriamente mi relación con Dios. Ahora leo avergonzada mis propias anotaciones acerca de la lucha para darle a Dios el dominio en ciertas relaciones que estaban corroyendo mi amistad con Jesús. Quería lo mejor de ambos mundos: ¡mi camino y el de Dios!

Cuando Dios me enfrentó con la elección inevitable, mi camino o el suyo, yo protesté. Durante meses estuve tan llena de mi propia voluntad que casi no oía la pequeña y tranquila voz de Dios. Cesó la meditación bíblica, paró el estudio de la Biblia. De vez en cuando abría la Biblia, pero ya no me comunicaba nada. Esto no debía sorprenderme. Aún no había aprendido que la Palabra de Dios no es solo para estudiarla, leerla o hacerla personal, hay que obedecerla. Como advierte William Barclay: «Hay personas en cuyas mentes [y emociones] la palabra no tiene más oportunidad para entrar que lo que tiene la semilla de depositarse dentro de un terreno que ha sido duramente hollado por muchos pies».[5]

Hay muchas cosas que pueden cerrar la mente de una persona.

La desobediencia es la más efectiva. Como bien dijo alguien: «El que en verdad escucha es el que en verdad obedece».

Hiere recordar los fracasos. Es la clase de herida que sentí una vez cuando observaba a una familia en una playa en Chipre. Los padres estaban tratando con todas sus fuerzas de darles a sus hijos unas vacaciones felices. El sol estaba brillando, la playa arenosa se extendía por millas, las olas blancas le hacían cosquillas a la costa, mientras que los niños estaban peleándose por una pala pequeña de plástico rojo.

Yo soy como los niños. La generosidad de Dios hacia mí no tiene límites. Sin embargo, estoy tirándole a la cara su amor porque las atracciones que el mundo ofrece parecen poseer un poder magnético mayor que la maravilla de su presencia. A veces lo rechazaba completamente. A veces temía que mi vida de oyente fuera un capítulo cerrado.

Pero el Espíritu Santo continuaba bombardeando mis oídos con mensajes de Dios: mensajes incómodos, desconcertantes, mensajes que turbaban y me causaban luchas para sobrevivir. Oía esos mensajes y los anotaba con cuidado. Respondía a ellos en mi diario de oración, no reconociendo que la obra del Espíritu no siempre es notificarnos el amor de Dios sino más bien detenernos con una sacudida: para mostrarnos su descontento.

Poquito a poco mi respuesta se fue fortaleciendo. Dios, en su oportunidad, me mostró lo que tenía que hacer. Un cargamento de escombros tenía que volcarse a los pies de la cruz, donde él se encargaría de eso. Lenta y concienzudamente revaloré mi vida: adónde iba yo, qué quería, qué me estaba pidiendo Dios. Tendría que irse cualquier cosa que obstruyera el camino. Así mismo, lenta pero deliberadamente, aclaré el desorden que me había alejado de Cristo.

Ahora veo lo que estaba ocurriendo. Dios me vació de tanto yo que creó dentro de mí un espacio mayor para él. Él había leído las señales que me mostraban que a un nivel más profundo de mi ser, esto era lo que yo quería. Cuando mi Biblia descansaba sin usarse, crecía un hambre dentro de mí. Cuando mi tiempo de oración se convertía en nada más que una guerra dentro de mí entre el bien y el mal, me llenaba una insatisfacción santa. Esto dio a luz la comprensión de que no puedo vivir sin él, que una vida privada de escucharlo y amarlo y de que él me encuentre significa vacuidad y no plenitud. Por lo tanto, iba a ganar el bien.

Quisiera ser capaz de presentar una fórmula nítida que yo usara para llevarme a través de estos tramos difíciles. ¡Ay de mí! No sé de tales aeróbicos garantizados para mantenerme espiritualmente en buenas condiciones y dispuesta a escuchar. Las luchas que he descrito de tiempo en tiempo me siguen acosando en mi camino de oración, tal y como lo hicieron en el pasado.

Yo sé que la obediencia es la clave, el sésamo ábrete de la oración que escucha. Durante años Dios grabó esa palabra en mi corazón. Por esta razón he estudiado las advertencias saludables que la Biblia tiene para el desobediente. He peinado las páginas de la Biblia en un intento de descubrir lo que Dios exige de mí en ciertas situaciones: como esposa, madre y amiga, mujer de negocios; como un ser sexual, femenina y a quien se le ha confiado un liderazgo cristiano. Sé que la desobediencia puede cerrar y asegurar la puerta en contra de la pequeña y tranquila voz de Dios. Aun así, es más fácil escribir acerca de la obediencia, leer acerca de la obediencia, predicar acerca de esta que obedecer. Sé como saltar este obstáculo: descubrir la voluntad de Dios y hacerla. Pero lo encuentro difícil.

La misma terquedad caracteriza mi actitud actual hacia la quietud. Yo la amo. Me beneficio de ella. Sin embargo, la descuido porque me persuado de que las presiones sobre mí no le dejan espacio. Yo sé la manera de salir del problema: responder al cortejo de Dios. No obstante, ignoro su solicitud.

Hasta la paciencia de Dios parece infinita. Cuando sucumbo a mi disciplina autoimpuesta, reconozco que el largo aprendizaje no se perdió: Caigo en la quietud fácil y rápidamente. La consciencia de la vida de Dios surge igualmente rápida. Esto no es sorprendente dado que Dios nunca está renuente a venir en nuestra ayuda sino que responde amablemente a cada avance nuestro. El gozo de someterse a él es usualmente dulce. Un privilegio. Ser hallado, sostenido y amado por Dios otra vez y recibir su actividad profunda dentro de los lugares más recónditos de mi ser, me llenan de fresco asombro y maravilla y alabanza. El encuentro es usualmente tan poderoso que me deja con la pregunta: «¿Por *qué* no hacemos más tiempo para esto con más frecuencia?»

Debido a que tales encuentros con Dios parecían fugaces, pocos y remotos, descubrí que mi amiga la ermitaña tenía razón al recomendarme tiempos con Dios, libres de preocupación lejos de la febril rutina normal. Yo no estoy más ocupada de lo que estaba cuando enfrenté la crisis que describí al principio de este capítulo. Por esta razón trato de emplear un día de cada mes cuando Dios y yo podemos estar juntos en la quietud de un lugar saturado de oración. Me propongo llegar a las 9.30 a,m, y no salir antes de las 7 p.m. Durante estos días tranquilos de oración reflexiva y expectante, el tiempo parece detenerse. Nueve horas parecen como veinticuatro. En uno de esos días le pedí a Dios que me mostrara cómo ser más eficiente al integrar mi trabajo y mi oración. Fue en una de tales ocasiones que la frase «orando mi vida» capturó mi imaginación y me animé a ir más allá para perfeccionar el arte de encontrar a Dios en todas las cosas.

16

Algunas ayudas a lo largo del camino

MARTA, LA DISTRAÍDA POR miles de tareas, y María, la que se perdió a sí misma en la maravilla de la compañía de Cristo, *pueden* coexistir en la misma persona. Esta necesidad no da como resultado la esquizofrenia espiritual. Ciertos métodos de oración prácticos hacen posible este matrimonio inverosímil.

Cuando me di cuenta de esto comencé a pedirle a Dios que me ayudara a sintonizarme con él, no solo en tiempos de quietud sino en tiempos sobrantes durante el día. Para, de este modo, orar mi vida con más efectividad. Usé un retiro para explorar cómo otros lo hicieron. De allí pasé a experimentar por mí misma.

La primera sugerencia que me fascinó fue la que Guy Brinkworth llama «método de la pausa piadosa».[1] En su libro *Thirsting for God* [Sedientos de Dios], él explica cómo esta pausa ocasional durante el día, para decir el nombre de Jesús o para reflexionar simplemente en el hecho de que él se interesa en nosotros, puede ser un impulso valioso a la oración que escucha.

Esto parecía tener tanto sentido, era casi obvio, que de inmediato adopté esta práctica. Al sacar el papel de mi máquina de escribir o al hacerme una taza de café o esperando en una luz del semáforo, deliberadamente volvía mi mente hacia Dios. A menudo, de alguna manera palpable, Dios me comunicaba su presencia.

Una frase de Catherine de Hueck Doherty también capturó mi imaginación. Ella habla de las «pequeñas lagunas de silencio» que puntúan nuestro día y demuestra cómo la oración puede existir en estas de modo que las experiencias de desierto en nuestra vida se puedan irrigar constantemente. Mientras lavaba, planchaba, limpiaba en la casa, trabajaba en el jardín, caminaba al correos, manejaba a las tiendas o viajaba en transporte público, traté de escuchar a Dios tan intensamente como en mi lugar de oración. Esto funcionó.

Muy pronto, después de mi resolución de sintonizar a Dios todo el día y todos los días, de repente me vi en medio de una pesada tormenta de nieve que casi de inmediato hizo del tránsito un caos. Me llevó cuatro horas manejar a lo largo de una ruta que normalmente toma media hora: una manera excelente de poner en práctica mi intención. Ese día aprendí la verdad de las afirmaciones de Catalina de Siena: «Todo tiempo y lugar es un tiempo y lugar para la oración». También comprendí por qué se dijo de Santa Teresa de Ávila que ella podía encontrar a Dios «entre los calderos» y por qué el Hermano Lorenzo testificaba que incluso, como cocinero del monasterio, pelando una cantidad de papas que le llegaban hasta los codos, él podía conversar con Dios, rogarle, regocijarse con mil acciones de gracias y que comentaba cómo su misma alma, sin planearlo, podía elevarse sobre todo lo terrenal y ser sostenido por Dios.

Hasta la hora de dormir llegó a ser un tiempo de descanso en Dios luego de seguir el ejemplo del salmista:

> En mi lecho me acuerdo de ti;
> Pienso en ti toda la noche (Salmo 63:6).

Mientras más perseguía este sendero de oración, más me despertaba por la noche, no por insomnio sino por una carga de oración: por una persona en particular, por las enfermeras de guardia o por las personas con sentimientos suicidas en la soledad de las largas horas de la noche. Una noche me desperté con el nombre de un miembro de nuestra congregación sonando en mi mente: una esposa embarazada. Oré. Al día siguiente me sentí conmovida cuando su esposo telefoneó para decir que a media noche su esposa había dado a luz a una hija.

En mis horas de vigilia me deleito en descubrir la realidad de otro de los estímulos de oración de Guy Brinkworth: el recuerdo de la compañía constante de Cristo: «Mientras trabajo, una Presencia Amada sobre mi hombro, cuando conduzco, un Pasajero Amado a mi lado. En mi lectura, cuando cocino, estudio, mientras enseño, cuido, hago cuentas; en el remolino del super mercado o mientras espero el ómnibus o el tren —siempre el sentido amoroso de una Presencia— siempre esa nostalgia por mi Creador».[2]

Gradualmente aprendí a proyectar los detalles de una amorosa conciencia de Cristo y de su presencia, de vez en cuando, durante el día. Descubrí que la calidez del encuentro con Cristo en la temprana quietud de la mañana no tiene que desvanecerse cuando me aplico al trabajo. Por el contrario, la experiencia no era diferente al cariño que mantiene unidas a dos amigas. Puede que no se encuentren, pero durante el día pensarán una en la otra, se imaginarán cómo le va a la otra, hasta mentalmente tomarán notas de retazos de noticias para comentarlas cuando se llamen o se vean. De esa manera la amistad se mantiene viva en las ausencias; y entre ellas realmente nunca cesa la comunicación.

Exclamaciones cortas pueden ayudar a mantener vivo este amor. La oración de Amy Charmichael es una que uso a menudo: «Santo Espíritu, piensa a través de mí hasta que tus ideas lleguen a ser mis ideas». Y las palabras de Juan Wesley expresaban mi deseo de permanecer en sintonía todo el día: «Jesús, fortalece mi deseo de trabajar, orar, hablar y pensar para ti». Con frecuencia la oración corta de Samuel también halla eco en mis labios: «Habla, Señor, que tu siervo escucha».

Al usar técnicas simples y prácticas como estas, descubrí que la oración que escucha no tiene que divorciarse de la rutina diaria sino que puede convertirse en una parte integral de ella. Como Guy Brinkworth lo expresa: «Un anhelo por Dios en el fondo se puede mantener en medio de cualquier actividad como una clase de "música celestial" mientras se trabaja».[3] «La ardiente señal interna del amor no necesita, con práctica y adaptación, interferir con la eficacia del lado "secular" de la actividad de la contemplación».[4] La sintonización con la voluntad y la mente de Dios no cesa cuando tomamos una pluma o un periódico o una herramienta de jardinero.

No estoy diciendo que me convertí en Marta, tan perseguida por la actividad frenética que solo podía ver a Dios con el rabo del ojo, estoy diciendo que comencé a experimentar permitiendo a la María que es parte de mí sentarse a los pies de Jesús en oración de disfrute y adoración y atención al comenzar el día dándole a Marta, que también es parte de mi yo real, permiso para vivir la vida a plenitud sin perder el sentido de la presencia atenta de Jesús. Algunas veces esto parecía fácil, otras veces, casi imposible.

Lectura espiritual

En gran parte la lectura espiritual figura en la vida de las personas de oración cuyo peregrinaje estaba influenciando el mío, como de hecho descubrí que había sucedido en las vidas de los grandes maestros de oración del pasado. Santa Teresa de Ávila, la carmelita mística, a menudo iba a orar con un libro en la mano. Una vez ella escribió: «Con frecuencia, el mero hecho de tenerlo junto a mí era suficiente. Algunas veces leía un poco, algunas veces mucho».[5]

La lectura espiritual usualmente toma una de cuatro formas:

+ instrucción: cuando leemos acerca de la oración en particular o de la vida espiritual en general.
+ inspiración: cuando lo que leemos nos anima a crecer en la vida de escuchar a Dios y nuestra completa relación con él.
+ preparación: tema de la lectura que nos prepara para sintonizar a Dios.
+ meditación: cuando nuestras lecturas actúan como una guía de oración.

Aprendí tanto de los dichos de los Padres Primitivos y de los clásicos de la oración: Thomas Merton, Pierre de Caussade, Thomas à Kempis, Carlo Carretto, para solo nombrar a algunos, que la tentación de sustituir la lectura acerca de la oración por la disciplina de escuchar a Dios se hizo muy real. Aun así, estaba agradecida en particular por las instrucciones e inspiración que me dio la lectura espiritual. Recuerdo leer las reflexiones de San Bernardo sobre la dificultad que me acosaba —combinar la acción y la contemplación— y el alivio con el cual reaccioné a *su* sugerencia que, dado que Marta y María eran hermanas, debían vivir juntas armoniosamente bajo el mismo techo. Ellas debían tratar de complementarse una a la otra.

También recuerdo la esperanza que surgió a través de mí cuando un poderoso cuadro de *Pustinia* incitó mi apetito de querer escuchar más a Dios.

El mundo es frío: Alguien debe arder para que la gente ame y ponga sus manos y pies fríos contra ese fuego. Si alguien permite que esto ocurra… entonces este se convertirá en una chimenea delante de la cual los hombres se pueden calentar. Sus rayos saldrán hasta los fines de la tierra.

La palabra «celo» usualmente significa intensidad de acción. Pero el celo real es mantenerse tranquilo y dejar que Dios sea la hoguera en ti. No es muy fácil tener dentro de ti el fuego de Dios. Solo si estás poseído del celo verdadero serás capaz de contener la hoguera de Dios. Debemos permitir que Dios «contribuya» a través de nosotros…[6]

O de nuevo: El Señor nos está llamando para *estar quietos ante él mientras que caminas con los hombres*. Sí, el próximo paso… es la habilidad de caminar con los hombres y ser contemplativos mientras caminamos».[7]

Un diario de oración

Prayers of Life [Las oraciones de la vida] de Michel Quoist fue un manantial constante de inspiración. En ellas el autor, un sacerdote católico romano, señala sus verdaderos sentimientos y luego anota la respuesta de Dios:

> Señor estoy al final de mi cuerda
> estoy destrozado,
> estoy quebrantado.
> Desde esta mañana estoy luchando por escapar de la
>   tentación,
>   la cual ahora sutil, ahora persuasiva,
>   ahora tierna, ahora sensual, danza ante mí
>   como una muchacha encantadora en una feria.
> No sé que hacer.
> No sé adónde ir.
> Me espía, me sigue, me traga.
> Cuando dejo una habitación, la encuentro sentada y
>   esperando por mí
>   en la próxima…
> ¡Señor, Señor, ayúdame!
>
> Hijo, aquí estoy.
> No te he dejado.
> ¡Cuán débil es tu fe!
>
> Eres demasiado orgulloso.
> Todavía confías en ti mismo.

Si quieres vencer todas las tentaciones
  sin fallar ni debilitarte, cálmate y serénate,
Debes rendirte a mí…
Debes dejar que te guíe como a un niño,
Mi niño pequeño.[8]

Me atrajo este método de comunicación con Dios. Cuando en el curso de mi lectura espiritual tropecé con la sugerencia que el principiante en la oración que escucha debe intentar por lo menos escribir, no necesité ninguna otra invitación. Como ya expliqué, encontré que escribir era para mí un método de concentración poderoso. Con una pluma en la mano y un cuaderno de notas en la rodilla, yo escribía mi carta diaria a Dios, diciéndole cómo me estaba tratando la vida. De esta manera se clarificaban mis pensamientos y emociones. Entonces hacía una pausa, escuchaba, podía ser que meditara en un pasaje de la Biblia o en un objeto y luego seguía escribiendo cualquier cosa que creyera que Dios me estaba diciendo o mostrando como respuesta. Cuando ahora miro atrás, después de muchos años manteniendo tal diario, me maravilla la manera en que Dios usó este método de concentración tanto para profundizar mi relación con él como para señalar algunas verdades incómodas acerca de mí misma.

Una vez, cuando me quejé del poco tiempo que había para orar los domingos, me pareció que Dios me dijo: «¿Qué acerca de los servicios de la iglesia?» Me reí. Como esposa del vicario, el ir a la iglesia llegó a entrar en la categoría de «trabajo». Pienso en el domingo como un día de trabajo. Mi esposo y yo tenemos nuestro «Sabbat» [sábado] en la semana. En la iglesia hay personas que ver, personas que necesitan que se les ministre, responsabilidades que asumir. Pero Dios viró al revés esta actitud, así que comencé a ir a los servicios expectante: esperando que Dios dijera a lo menos una cosa que fuera pertinente a mi andar con él en ese momento, escuchando también la maravilla de quién es él, como expresan los compositores de algunos de nuestros magníficos himnos y, por supuesto, escuchar su Palabra, la Biblia.

Y más y más me habló Dios por medio de la música. Si por alguna razón yo estaba magullada emocionalmente, la música en la iglesia era el bálsamo del Espíritu Santo que se aplicaba a las heridas interiores. Si llegaba a mi lugar de oración cargada con las presiones del día, la música me hacía entrar en el silencio donde la presencia de Dios se sentía con mayor poder. Por medio de la música meditativa Dios parecía hablarme acerca de ese anhelo por invadir mi espíritu con el Espíritu de su amor consolador, de su agonía en la cruz, de su don de perdón. Alguna música causaba una conmoción en mi corazón y preparaba una fuente de alabanza que se tocaba dentro de mí. Era como si las muchas capas de responsabilidades respondieran a Dios de maneras diferentes. La música se filtraba para tocar y comunicarse con las partes secretas, escondidas, las que raramente responden a las palabras.[9]

Pero la palabra de Dios que se colaba a través de cada uno de esos métodos de escuchar era «obediencia». Era como si constantemente él estuviera subrayando el hecho que escucharle debía dar como resultado obedecerle. El lamento sobre la desobediencia me llenó de dolor.

> Si hubieras prestado atención a mis mandamientos,
> tu paz habría sido como un río;
> tu justicia, como las olas del mar (Isaías 48:18).

Y la severa observación de Jesús refuerza la comprensión de que obediencia es un prerequisito para enraizarse en Dios:

> Por tanto, todo el que me oye estas palabras y las pone en práctica es como un hombre prudente que construyó su casa sobre la roca. Cayeron las lluvias, crecieron los ríos, y soplaron los vientos y azotaron aquella casa; con todo, la casa no se derrumbó porque estaba cimentada sobre la roca (Mateo 7:24-25).

Yo sabía que tal obediencia al Padre caracterizaba la vida de Jesús. Tal obediencia era la fuente del gozo del salmista (Salmo 119-111). Tal obediencia hizo feliz al autor de Proverbios (Proverbios 8:34). La implicación era clara: Si yo quería gozar de una paz serena y si quería mantener las líneas de comunicación abiertas entre Dios y yo, también tenía que progresar en la vida de obediencia. Como Kenneth Leech nos recuerda correctamente: «no puede haber vida espiritual si se desvían las demandas éticas o si se ignoran los pecados».[10]

De vez en cuando agradecía que Dios trajera a mi camino personas de oración que pudieron ayudarme en esta tarea sobrehumana. Sin su dirección espiritual yo no habría sabido qué hacer.

La oración contemplativa y escuchar a Dios son disciplinas que colocan al cristiano en una posición muy abierta para las excentricidades, los extremos y los errores. Para protegerlos de emprender un viaje ego y místico la mayoría de las personas encuentran que un mentor y guía es esencial para de vez en cuando regresar a la normalidad. Por lo tanto, San Basilio (330-379) urge a sus lectores a encontrar a un hombre «que te pueda servir como un guía muy seguro en el trabajo de llevar una vida santa, uno que sepa "el camino recto de Dios"». Él advierte que «creer que uno no necesita consejo es un gran orgullo».[11] San Jerónimo (340-420) intercede con su amigo Rusticus para no salir a un camino desconocido sin un guía y San Agustín (354-430) es enfático: «Nadie puede caminar sin un guía».[12]

No todo el mundo estaría de acuerdo en que la dirección espiritual debe darla un amigo. Sin embargo, yo estoy agradecida por la amistad que disfruté con aquellos a quienes les fui pidiendo ayuda a lo largo del camino. Para mí fueron «almas amigas», tomando prestada la frase memorable de Kenneth Leech.

Un alma amiga es un extraño íntimo quien, como persona experimentada en la vida de oración, se comprometerá contigo en una relación adulto/adulto en un intento de colocarte en el sendero de la oración, asistirte en discernir los soplos del Espíritu, traerte a un lugar de mayor autoconocimiento y autocontemplación y ayudarte a encontrar la voluntad de Dios. El alma amiga evitará estimular demasiada dependencia en ella misma, pero te aceptará tal y como eres y te confrontará y retará cuando la ocasión lo demande.

Un alma amiga puede estar junto a la persona de oración cuando confiesa sus faltas a Dios. O puede ser el instrumento de sanidad de Dios usando la oración de consejo, imponiéndote las manos o ungiéndote con aceite. Para aquellos de nosotros que hemos tenido el privilegio de un alma amiga, cierto dicho celta provoca un fuerte «amén»: «Alguien sin un alma amiga es un cuerpo sin cabeza».[13]

Fue mi alma amiga, un guía espiritual, quien escuchó mi confusión en más de una ocasión. Con él se vino abajo el revoltijo de pensamientos y emociones en conflicto. Con él pude expresar mis incertidumbres y temores. Él oía, afinaba su oído con el Espíritu Santo de Dios, desenredaba los hilos, los presentaba en orden y con claridad y también exploraba conmigo lo que Dios me pedía. Me hacía sugerencias pero nunca pedía que las obedeciera implícitamente.

Recuerdo muy bien uno de esos tramos horribles en que parecía que Dios se había ausentado para no regresar jamás y yo anoté en mi diario de oración que me había inundado una repulsión completa a la oración. Sepultada por su oscuridad y su pánico telefoneé a este amigo y le pregunté si podía verlo. Al percibir lo profundo de mi desesperación, me dio una cita para el día siguiente. Mientras le describía la oscuridad, el temor, la vacuidad y el dolor, también le expresaba mis dudas: ¿He pecado? ¿Es por eso que Dios ha desaparecido? ¿Estaba yo engañándome acerca de este peregrinaje de oración? ¿Estaba esperando demasiado, esperando encontrar a Dios en el camino que había disfrutado? ¿O se cerraron las puertas de la contemplación y de escuchar a Dios?

Después de terminar con mi cuento de ayes el sabio hombre de Dios cerró sus ojos, mantuvo la cabeza entre sus manos y entró en un silencio tranquilo. Lo conocía lo suficiente para saber que estaba orando. Un silencio se apoderó del salón y yo esperé.

Después de varios minutos miró hacia arriba, yo noté que sus ojos parpadeaban pero una sonrisa estimulante se extendió sobre su faz. «¡Joyce!», me dijo. «Me siento tan emocionado con esta oscuridad tuya. Mira, cuando estás en un clamoroso desierto como este, nunca sabes cómo Dios vendrá a ti. Lo que sabes es que vendrá. Creo que Dios te está animando a que lo busques alrededor de cada esquina porque está llegando, ¡y viene pronto!»

Esto era precisamente lo que yo necesitaba, un reto calmado, sensitivo, positivo, esta ausencia de culparlo a uno, de señalarle con el dedo, de crítica, esta libertad para hablar de esta manera a alguien que comprendía el tumulto interior, porque él era un navegante experto en el viaje de la oración. Ese día, en su cuarto de oración, nos arrodillamos juntos y en silencio. La presencia de un compañero de viaje simbolizaba para mí el hecho objetivo de que Dios no me había dejado. Cuando mi amigo salió yo me quedé. Mientras miraba el crucifijo colgando en su pared cubierta de lienzo, con su recuerdo de que el mismo Jesús había conocido la oscuridad de la separación del Padre, el valor fluyó dentro de mi espíritu arañado. Más tarde, luego de absorber y disfrutar aquella tranquilidad, se fue el peso y cuando salí de allí, mis pasos eran más ligeros.

Fue este amigo el que me enseñó cómo recoger la cosecha de la meditación y compartir el fruto con otros. Fue él quien me infundió el valor para enfrentarme conmigo misma como realmente soy: no la persona triunfadora, que puede hacerle frente a los problemas que algunas veces proyecto al mundo, sino la mezcla de éxitos y fracasos, honestidad y engaño, santa y pecadora que realmente soy. Fue él quien me confrontó con la necesidad de cambiar. Su propio peregrinaje de oración me demostró que escuchar a Dios es un viaje cuyos goces se encuentran tanto en el viaje como en la llegada. Su semejanza a un niño en oración me atrajo a un ansia infantil para llegar a mi destino aunque yo sabía que el destino estaba, por lo menos en parte, al otro lado de la eternidad.

Estas ayudas para escuchar me estimularon. Siempre estaba hambrienta y quería más. Alguien ha descrito bien esta urgencia.

> Señor, Santa Catalina de Siena dijo
>   que tú eres como el mar.
> Mientras más te conocemos
>   más hallamos.
> Y mientras más te hallamos,
>   más queremos.
> Sin embargo, realmente nunca te comprenderemos.
>
> No me gusta esa idea.
>   Quiero saber acerca de ti, Señor.
> Como también quiero saber del mar
>   o del espacio o la electricidad.
> Pero si es verdad que no podemos saberlo todo,
>   entonces, manténme queriendo saber.[14]

17

Más ayudas a lo largo del camino

PARA ESCUCHAR A DIOS necesito silencio: silencio interno y externo. Pero nuestro mundo está contaminado por el ruido que como el insistente redoble de un tambor ahoga la voz de Dios, o a lo menos la distorsiona.

Screwtape, el viejo diablo en el libro de C.S. Lewis, *Cartas a un diablo novato*, divulga una de las razones para esta cacofonía perpetua:

> Música y silencio, como los detesto a ambos a la vez... no hay una pulgada cuadrada del espacio infernal y ningún momento del tiempo infernal que se haya sometido a cualquiera de estas fuerzas abominables, pero todo lo ha ocupado el Ruido, Ruido, el gran dinamismo, la expresión audible de todo lo que es jubiloso, despiadado y viril... Al final haremos que todo el universo sea un ruido. Ya hemos hecho grandes progresos en esta dirección en cuanto a la Tierra. Al final, el ruido ahogará las melodías y los silencios del cielo.[1]

Hubo momentos en que los ruidos externos en mi hogar desterraron la tranquila y pequeña voz de Dios. Ruidos ordinarios, domésticos, el sonido del radio, el timbrar del teléfono, los cantos que mi esposo canta por las mañanas evitaban que yo me pusiera el obturador de los sentidos para sumergirme en el silencio de Dios. Por esta razón, el Día Quieto regular y un retiro ocasional con rapidez se convirtieron en prioridades, como ya he dicho. Aprendí a anotarlos en mi diario en primer lugar y arreglar todos los demás compromisos alrededor de ellos porque estos tiempos cuando Dios y yo podemos «estar» juntos llegaron a ser tiempos de renovación, aliento y reajuste.

El convento anglicano cerca de mi hogar llegó a ser un lugar secreto donde me deleitaba en pasar un día en quietud. Una gran casa señorial convertida en convento, está situada en terrenos espaciosos y tiene vista a acres de tierras de cultivo. Cuando fui allí por un día, recibí esta soledad como una dádiva de la gracia de Dios. Para mí el tiempo y el lugar eran sagrados.

Los primeros puntos alrededor de los cuales planeo el día son el servicio de comunión y el almuerzo. Dentro de ese marco creo un espacio para un tiempo de esparcimiento orando con los oídos, un tiempo que no lo interrumpirá un gong o una campana ni la necesidad de partir. Aparte de estos tres puntos, espero beneficiarme de un período de lectura espiritual, meditación y escritura en mi diario de oración. Al trabajo le niego el permiso de venir conmigo a menos que parte de mi escuchar sea preguntarle a Dios si debo aceptar una invitación particular para hablar. O busco dirección acerca de un trozo de escrito en el cual estoy trabajando.

Trato de comenzar el día entrando a conciencia en la creatividad del silencio de Dios. El jardín ayuda. Puedo estar bajo el cedro antiguo y contemplar su fortaleza, la circunferencia de sus ramas y el tamaño de los conos. O si hace calor me siento al lado de la laguna, contemplo sus regordetes peces dorados y reflexiono en las palabras de uno de los místicos: «Estamos en Dios como un pez en el agua», o puedo caminar entre los narcisos o las campanillas azules, o sentarme debajo de las camelias. Rehúso apurarme. La mayor parte de mi semana voy de una reunión a la otra o corro de una cita a la otra. Cuando mi cuerpo se adapta a caminar en lugar de correr, mi mente y emociones también se calman. Al mismo tiempo se eleva el nivel de expectación al comprender que estoy en este lugar con un solo propósito: escuchar a Dios hablar. Trato de estar abierta a él en cada momento del día y en cada esquina del convento. Algunas veces aparece cuando menos lo espero: cuando absorbo la belleza de su creación en el jardín, mientras reflexiono en los sufrimientos de Cristo representados en las estaciones de la cruz en la capilla, cuando una hermana lee mientras comemos en silencio en el refectorio. En esos días santos Dios siempre parece verter algo dentro de mi calmado corazón que yo necesito oír. Por esto parece juicioso y no egoísta organizar mis actividades alrededor de la quietud. Por medio de esta yo recojo mi aliento espiritual, descanso de nuevo en él y obtengo su perspectiva.

Este es el propósito de un Día Quieto. Uno de los padres del desierto lo expresaba simple pero poderosamente. Dentro de una jarra vertía agua y alguna arena. Cuando movía la jarra el agua se oscurecía pero cuando dejaba la jarra en reposo la arena se asentaba en el fondo y el agua se volvía a aclarar. Usaba esta ayuda visual para enseñar a sus discípulos que el ritmo en que la gente vive normalmente niebla su perspectiva espiritual. Los que se atreven a establecerse en la quietud de Dios encuentran que el agua de la percepción se aclara otra vez.

Cada vez doy más valor a estos espacios sagrados y sé que mi vida y ministerio se empobrecen cuando permito que se echen a codazos de mi diario. Mientras más ocupada estoy, más intento encontrar a Dios en todo, necesito situarme más en ese punto tranquilo con Dios donde mi mirada se convierte en contemplación, mi escuchar en oír con atención, mi toque un conocimiento profundo y mi gusto un saboreo silente. El don de Dios de un Día Quieto me parece un sorbo de alguno de estos licores espirituales.

Al admitir que esta necesidad de salirse del torbellino del mundo es urgente, no estoy diciendo que sea imposible encontrar a Dios dondequiera y en cada cosa. Lo que estoy diciendo es que a veces en los momentos de quietud es más fácil escuchar a Dios con atención. Escuchar a Dios, como ya hemos visto en este libro, incluye mucho más que la estrecha esfera de escuchar una voz. Implica sintonizarse en un medio de muchos niveles de comunicación: oír una voz , sí, pero también una presencia, y señales y comunicación no verbal y cada cosa que ayude a crear una relación.

Es más bien como mi relación con mi esposo. Él y yo trabajamos arduamente para comunicarnos. La mayoría de los días nos damos un tiempo mutuo de calidad porque de este modo creemos que mantenemos vivo nuestro amor marital. Aun así nuestras vacaciones son el punto culminante: una parte indispensable de la unidad que disfrutamos. En vacaciones estamos más cerca uno del otro que nunca antes porque tenemos el reposo de escucharnos con cada fibra de nuestro ser.

De igual manera necesito tener tiempo libre para estar con Dios. Para mí un día parece demasiado corto para descender a las profundidades del gran silencio de Dios. Un retiro de tres o cuatro días da más extensión para dejar ir las ansiedades, las distracciones y las obsesiones, lo cual es necesario para escuchar profundamente y estar conscientes de Dios.

Repito, soy afortunada. Hace siete años que una amiga me sugirió que debíamos hacer un retiro en una de las casas de otra comunidad anglicana, las hermanas del Amor de Dios. Esta estaba más accesible a mi hogar que Whitby y su tamaño e intimidad apelaron a mí inmediatamente: solo vivían cinco o seis hermanas y oraban juntas. En la Semana Santa de 1978 me pasé tres días allí y desde entonces ese ha sido mi hogar espiritual. Allí me escondo ocasionalmente durante tres o cuatro días y mi diario de oración me recuerda cuán ricos, saludables y transformadores de vidas han sido estos días.

La cruz que cuelga del cielo raso de esta capilla es única. En una parte el artista pintó un retrato del Cristo crucificado y en la otra parte pintó al Señor resucitado. Me encanta arrodillarme al pie de esa cruz y saborear los misterios de nuestra salvación. Usualmente mi concentración se enfoca en los sufrimientos y el sacrificio de Cristo. Una mañana, después de la comunión, mientras permanecía en la capilla para orar pensé que el Espíritu Santo llamaba mi atención al *Señor viviente*. Lo que «oí» en el silencio no era nuevo en cuanto a los hechos. *Era* nuevo en cuanto a la experiencia. Me deleité en la revelación, llevé mi diario de oración hasta el fondo del jardín, me senté en un tronco bajo los pinos y traté de capturar la maravilla:

> Señor, gracias. Me siento como si hubiera tomado un bocado delicioso, el primero de muchos, de una fruta exótica. Yo *sé* que tú estás vivo. Es, según pienso, que nunca antes había oído ese mensaje. Es jubiloso y maravilloso… Tú estás vivo. Tú eres vida. Tú eres *mi* vida…
>
> Señor, comencé a darme cuenta que durante cuarenta años, y particularmente en estos últimos cuatro años, más o menos yo he contemplado a Getsemaní y al Calvario y al sábado santo, pero nunca me identifiqué con el Día de Resurrección. Pero esa brecha entre el Calvario y el Pentecostés deja un vacío inexplicable. Gracias que tú has llenado la brecha colocando mis manos en la parte que faltaba del rompecabezas. Es emocionante… ¡Ah!, cuánto gozo hay aún por disfrutar.

Revelaciones como estas ampliaron mi visión de Dios. Algunas veces

Dios me hablaba de lo que es esencial y básico en la vida, como mi matrimonio. Un día me maravillé de la forma en que Dios estaba sanando nuestro matrimonio:

> Gracias, queridísimo Señor, por este retiro: por la temperatura, los días calurosos, los amaneceres y los atardeceres dorados. Gracias por darme tiempo para reflexionar sobre nuestro matrimonio. Gracias por los veinte años en que David ha hecho frente a todas mis idas y venidas inmaduras y a todas mis luchas y esfuerzos. Gracias porque el suyo ha sido el amor que no me dejó ir y el que está capacitando a la mariposa para salir de la crisálida. Qué esposo tan maravilloso tú me has provisto. Gracias, querido Señor, por esta provisión para mi necesidad más profunda y gracias por este amor nuestro que va más profundo que las superficialidades y nos has anclado uno al otro y en ti.

Algunas veces la palabra de Dios se abría paso en mi conciencia con fuerza sobrenatural. En una época en que estaba saliendo del túnel de la depresión, aunque todavía me acosaba un deseo recurrente de morir, tropecé con esta cita en uno de los libros de Alexander Schmemann: «No moriré sino que VIVIRÉ y declararé las obras del Señor». Yo lloré. Supe que Dios quería que yo hiciera eco a esas palabras. En muchas maneras, este fue un punto decisivo en que recibí de él valor para hacer mías esas palabras.

No siempre voy al convento para hacer mi retiro. Algunas veces uso una cabaña en el campo, donde leo y medito, reflexiono y estudio la Palabra de Dios y también oro. Para mí, la ventaja de una cabaña es que rodeada de las maravillas de Dios le abro partes escondidas de mi ser que permanecen cerradas en otra parte. Escucho mientras camino. Dios habla por medio del silencio elocuente de la campiña.

Pero retirarme en el contexto de una comunidad orante y adoradora, le añade un ingrediente a este tiempo de atención a Dios. Y así yo varío mi lugar de reunión.

Si estoy en un convento caigo en el ritmo de vida que las hermanas observan: como cuando ellas comen, adoro cuando ellas adoran; leo cuando ellas leen y algunas veces trabajo en el jardín junto con ellas. Duermo más que ellas y no me avergüenzo de confesarlo. Por lo general necesito descansar cuando me retiro. El sueño es un don de Dios y cuando el cuerpo está descansado, aumenta la habilidad para escuchar.

Estos retiros no necesariamente son experiencias que lo eleven a uno a la cima de la montaña. Algunas veces son penosos y retadores. En un retiro anoté mi resolución:

+ Eliminar de mí los escombros del resentimiento: «la oración y el resentimiento no pueden coexistir».
+ Reinstalar a Cristo en el trono de mi vida: No puedo escucharlo con exactitud si él tiene un rival.
+ Tratar con todas las fuerzas de responder al reto de entremezclar la oración que escucha con las Escrituras.

A veces anoto las instrucciones específicas que parece que Dios me está dando: en un tiempo cuando el grupo de música en nuestra iglesia se quedó sin líder, parece que Dios me empujó en esa dirección de una manera que me tomó completamente por sorpresa. Empleé mucho tiempo en el retiro resistiendo a Dios, pero al final capitulé: «Señor, si en el grupo de música es donde tú me quieres yo *estoy* dispuesta. Hazme más lista para aceptar el precio que yo he calculado».

Cuando hago un retiro de tres o cuatro días, llevo cuatro propósitos al mismo:

+ Reconocer con mayor claridad la presencia de Dios en el santuario interior de mi ser.
+ Evaluar las respuestas que he estado dando a las amorosas oberturas de Dios desde mi último retiro.
+ Discernir cuál es la voluntad de Dios para mí, aquí y ahora.
+ Reajustar mi vida a la luz que Dios da.

En mi diario de oración por lo general expreso a Dios mis esperanzas y temores tan pronto como llego. Día a día le escribo y anoto su respuesta. A menudo escribo rápidamente citas de mi lectura espiritual en este libro de notas gordo. También capto allí el fruto de mis meditaciones. Al final del retiro mantengo una página que llamo «Resoluciones del retiro». En esta página escribo la renovación de la comisión de Dios para los meses venideros.

Durante estos momentos aparte hay varias preguntas que requieren examen y una respuesta honesta:

+ ¿Hay algo en mi vida que esté entre Dios y yo?

+ ¿Hay algo que esté evitando que me dé a mí misma libremente para cumplir el plan de Dios para mi vida?
+ ¿Qué he estado haciendo para Dios?
+ ¿Qué estoy haciendo para él en el presente?
+ ¿Qué debo estar haciendo?

Este autoexamen despiadado usualmente da como resultado un prolongado período de confesión. Es esencial mantener al día las cuentas con Dios. Cuando el pecado se cuaja dentro, no estoy en posición de oír a Dios hablando. Isaías nos recuerda el hecho solemne que el pecado nos separa de Dios. «Son las iniquidades de ustedes las que los separan de su Dios. Son estos pecados los que los llevan a ocultar su rostro para no escuchar» (Isaías 59:2). Simon Tugwell, en su comentario en cuanto a esta brecha advierte al que pretenda escuchar que dejar de ver esto es descuido. Y Henri Nouwen observa que si la persona de oración persiste en apretar el pecado en sus frías manos, como si fuera un tesoro inapreciable, es incapaz de recibir de Dios aquí y ahora.

Lenta y gradualmente Dios me convenció de la inutilidad de revolver mi propio pecado y del valor de la confesión. La confesión precipita el deseo de cambiar. Da a luz al arrepentimiento: la determinación de vivir de manera diferente. Esta irriga el oído que estará a tono con Dios.

Casi siempre yo confieso mis faltas a Dios en privado. Aunque hubo un tiempo en mi vida cuando Dios me persuadió a tomar en serio el consejo de la Biblia, aprovechar la oportunidad de confesar mi pecado en presencia de un amigo prudente y confiable (Santiago 5:16).

La depresión que Dios me permitió sufrir me empujó a dejar a un lado mi orgullo y a buscar ayuda de esta naturaleza. Mientras que la nube de la depresión colgó sobre mí, de tiempo en tiempo, yo luché con tendencias suicidas como el deseo de que la vida se evaporara. A veces me hundía tan bajo que consideraba que tenía el derecho de pensar de esa manera.

Cuando un día una amiga me señaló que este deseo de dejar de existir no era tanto una enfermedad sino un pecado, me impresioné. Si esto era verdad yo había pecado seria y persistentemente. Cuando traté de confesar a Dios esta rebelión profundamente asentada en mí, me sentí culpable, torturada interiormente, introspectivamente. Por lo tanto, entendí que no tenía nada que perder y mucho que ganar llevándole a Dios este pecado en presencia de un amigo dedicado a la oración. El mismo amigo que mencioné en el capítulo anterior consintió en orar conmigo mientras yo repetía mi confesión a Dios.

Por supuesto, yo no estaba confesando *al* guía espiritual. Estaba claro en mi mente que era a Dios a quien me estaba dirigiendo. Usé la forma de confesión que reconoce la iglesia anglicana: una oración corta, formal, que no da oportunidad para excusarse o culpar a otros sino que estimula al penitente a responsabilizarse totalmente por lo que ha hecho: «Confieso… yo he pecado».

Oírme nombrar el pecado «suicidio» me desnudó de toda pretensión con la cual me había cubierto durante meses. Esto era valioso por sí mismo. Pero cuando oí al guía espiritual pronunciar la absolución de la epístola de Juan: «Si confesamos nuestros pecados, Dios, que es fiel y justo, nos los perdonará y nos limpiará de toda maldad» (1 Juan 1:9), y lo oí proclamar en el nombre y en la autoridad de Jesús: «Estás totalmente perdonada… Cristo te ha libertado»; fue como si los grilletes de culpa y condenación cayeran de mí. Sabía que estaba libre para salir de esas cadenas que me habían atado.

Hecha la confesión, hablamos acerca de las implicaciones de lo que acababa de hacer. Primero, este consejero, amigo y guía me sugirió que debía leer un libro titulado *The Cloud of Unknowing* [La nube del desconocimiento]. Yo había leído antes este clásico de oración. Mientras lo releía, comprendí por qué me lo había recomendado como un seguimiento al ministerio que había recibido. El libro contiene muchas ideas profundas en cuanto al pecado, el fallo y la persistencia en llegarse a Dios.

La lectura de este libro iba a ser mi «penitencia». La palabra me asustó. Como una verdadera protestante que soy, siempre había reaccionado negativamente a la palabra «penitencia». Pensaba que significaba castigo. En verdad el Diccionario de Bolsillo Oxford define la palabra de esta manera: «castigo infligido sobre uno mismo, especialmente bajo la dirección de un sacerdote». Ahora vi que la penitencia no necesitaba significar restregar la nariz del penitente en su propia suciedad, ni forzarlo a pagar la pena de su mala conducta. Mas bien puede tener connotaciones positivas. La penitencia puede hacer una contribución constructiva al crecimiento espiritual del cristiano.

Mi primer gusto de la confesión y la penitencia es un buen ejemplo. Pude haber salido de esta experiencia sintiendo que Dios y mi confidente me condenaban. En lugar de eso, mi amigo y yo hablamos acerca de la razón de mi visita: el deseo de morir. Este guía espiritual no intentó excusar mi pecado. Lo que él hizo fue desenredar el pecado de la necesidad que lo había dado a luz: heridas emocionales que no habían parado de sangrar. Él me explicó que el elemento pecaminoso había sido tratado en la confesión y el perdón de Cristo; la necesidad emocional se satisfaría de un modo diferente. Al invitarme a leer el libro *The Cloud of Unknowing* él creyó que podría aclararse algo de mi confusión y que yo podría recoger ideas profundas que eran esenciales en esta etapa del peregrinaje de la oración. Cuando leí el libro, se disipó la neblina de confusión. Me liberé del dominio completo de la introspección y me regocijé en esta parte especial de la penitencia.

Tal penitencia positiva que me dio un alma amiga experimentado y sabio puede ser una forma constructiva de ponernos sobre nuestros pies otra vez después de haber caído. Esta es una de las contribuciones que un alma amiga hace a nuestro crecimiento espiritual. Como un observador objetivo él puede discernir con más claridad que uno mismo dónde Dios quiere purgarnos y podarnos y dónde quiere vendarnos y sanarnos. Keeneth Leech sugiere otras razones por las que un alma amiga es de valor: nos ayuda a reírnos de nosotros mismos, a relajarnos, a no tomarnos en serio, a no representar una falsa piedad.

Necesitaba este guía espiritual para que hiciera esto por mí.

Ayuno

Descubrí que el ayuno era otro detector del pecado y la pena. Podía embarcarme en un ayuno de treinta y seis horas y esperar sentirme super santa. En lugar de eso, cuando el ayuno terminaba, podía ser que regañara a mis hijos, que estuviera irritable con mi esposo o que rumiara algún resentimiento del cual escasamente me había percatado antes. Richard Foster explica por qué el ayuno destaca enormes inconsistencias o brotes de pecado que germinan en nuestra vida:

> El ayuno revela las cosas que nos controlan… Cubrimos lo que está dentro con alimentos y otras cosas buenas, pero al ayunar, esas cosas salen a la superficie. Si el orgullo nos controla se revelará casi inmediatamente… La ira, la amargura, el celo,

la lucha, el temor, si están dentro de nosotros, saldrán a la superficie durante el ayuno. Al principio reconoceremos que la ira se debe a nuestra hambre, luego sabremos que estamos airados porque el espíritu de ira está dentro de nosotros.[2]

Pero encuentro que el ayuno no solo expone los grandes fragmentos de cera en mis oídos espirituales, sino que además hace contribuciones positivas a la oración que escucha. Quizá su mayor contribución sea el espacio ordenado y con propósito que provee para el acto de escuchar a Dios. Cuando yo ayuno, sin alimentos que preparar, sin limpieza que hacer, puedo permanecer en mi esquina de oración y escuchar a Dios sin necesidad de mantener un ojo en el reloj.

En un sentido el ayuno en sí mismo no ayuda a mi habilidad de concentrarme en Dios por el hecho de que a menudo yo estoy agudamente consciente del ruido de mi estómago o del dolor de cabeza que con frecuencia me ataca en esos tiempos o el mareo ocasional que me recuerda que no he comido durante varias horas.

Sin embargo, en otro sentido, la disciplina del ayuno con su compromiso no verbal de oír la presencia de Dios o voces, hace una contribución mayor a la oración que escucha. Los síntomas físicos me recuerdan el propósito de este ayuno: orar y escuchar a Dios con atención.

Catalina de Siena y Teresa de Ávila, cuyas enseñanzas sobre la oración han inspirado a los cristianos a través de las edades, creían que era una pérdida de tiempo emplear mucha de la energía que se emplea en otras cosas a menos que un cristiano pasara un tiempo sintonizando una conciencia de Dios. Cuando esta creencia se alojó en mí, yo experimentaba cada vez más con estas ayudas a la oración, adoptando la oración del Arzobispo William Laud: «Señor, vengo con la mayor rapidez que puedo».

18

Otra pieza del andamiaje: el grupo de oyentes

«Ningún hombre es una isla» afirmaba John Donne. Ningún cristiano que intente orar tampoco es una isla. Mi escuchar individual si va a llevar fruto permanente debe integrarse sanamente dentro del cuerpo de Cristo. Por esta razón necesito a otros.

Durante años la parte independiente de mi ser que disfruta estar sola rechazó esta necesidad de otros. Cuando Dios me añadió un grupo de personas con ideas semejantes a la mía, con la intención de aprender cómo escuchar las inspiraciones del Espíritu como yo lo hacía, pensé que ante mí se abría una dimensión nueva y total de cómo escuchar a Dios. Encontré que acercarse a Dios *con otros* añadía profundidad, textura y color a mi oración personal en una forma en la que ninguna cantidad de oración solitaria podía haberlo hecho. Esto no quiere decir que abandoné la oración privada, por el contrario, aprendí que la oración privada y la compartida coinciden afectando y alimentándose una a la otra.

El primero de estos grupos de oración comenzó cuando un número de personas en el compañerismo de nuestra iglesia comenzó a expresar interés en la oración que escucha. Para alcanzar esta etapa todos trabajamos a través de una pena y animosidad considerable. La sospecha de ellos en cuanto a mi peregrinaje de oración ya había cedido, pero Dios trató duramente mi amargura contra aquellos que dudaban lo que yo estaba haciendo. El encuentro de nuestros caminos fue dulce.

Creció la reunión de mediados de semana en nuestra iglesia: de un culto de oración al que solo asistían siete personas que se reunían en el salón de la rectoría aumentó a setenta personas que se congregaban en el salón del templo semanalmente.

Ellos querían enseñanza así como la oportunidad de orar. Para un período de experimentación echamos a andar una variedad de talleres sobre evangelismo, estudio bíblico, el Espíritu Santo, para nombrar unos pocos. Una opción abierta para cualquiera que quisiera venir fue un taller sobre la oración.

Durante una hora a la semana un grupo de nosotros exploraba las bases de escuchar a Dios. Juntos experimentamos diferentes formas de entrar en la quietud. Tratamos un número de posturas corporales, nos divertíamos descubriendo que respirar profundo y rítmicamente actúa como una clase de metrónomo en la oración, empleamos tiempo escribiendo en nuestros diarios de oración y aprendimos a meditar de la manera que he descrito en este libro: acerca de la creación y acerca de la Palabra de Dios.

Dios les dio el don de la contemplación a algunos participantes del grupo. Cuando terminó el período de prueba, ellos tenían más hambre. Por eso nos reuniríamos para un Día Quieto ocasional en el que continuaría la exploración dentro del silencio colectivo. Un sábado viajamos a Derbyshire para pasar el día en la quietud de sus colinas. El día comenzó con la adoración, volviéndonos a enfocar en Dios después de las ocupaciones de la semana. Continuó con una meditación sobre la historia de Bartimeo, seguida por la oportunidad de caminar o sentarse, para disfrutar de «solamente estar» en medio del esplendor de la creación de Dios. Un placer raro para los habitantes de la ciudad. El día concluyó dándole una oportunidad a cualquiera que lo deseara de expresar a los demás lo que Dios le había estado diciendo en el silencio recreativo.

Otro sábado visitamos una finca no lejos de nuestro hogar. Comimos en silencio y aprendimos el valor de escuchar lo que alguien leía mientras comíamos, en lugar de satisfacernos en una charla incesante y superficial. Meditamos juntos en la afirmación de Jesús: «Yo soy la vid». En nuestros diarios de oración anotamos algunas de las ideas que recogimos. Conmemoramos juntos la muerte de Cristo en un servicio tranquilo de Santa Comunión.

Se ha dicho que la comunión es el punto culminante de la contemplación. Preparados como estábamos, ese día, durante horas de quietud deliciosa y fructífera, ciertamente nos remontamos a nuevas alturas de silencio, alabanza y adoración colectiva después que recibimos el sacramento. El conocimiento del misterio, la majestad, la humildad y la generosidad de Dios, que siempre nos está atrayendo hacia él, nos llenó de un gozo profundo e intenso.

Pero de la misma manera en que yo, personalmente, estaba descubriendo que un Día Quieto era frustrantemente corto, nosotros como grupo nos separaríamos después del Día Quieto conscientes de que habíamos venido al umbral de un salón de banquete cuya puerta debe otra vez apartarnos de la fiesta de adentro. Por esta razón los retiros de fin de semana, dos veces al año, llegaron a ser una característica de nuestro grupo de oración.

Comenzábamos el retiro el viernes por la tarde, continuábamos en silencio hasta el domingo por el mediodía, luego regresábamos a nuestra iglesia a tiempo para el servicio de la noche. Estos retiros se componían de varios ingredientes: adoración, quietud, enseñanza, ministerio mutuo, oración litúrgica e intercesión. Algunas veces usábamos la hospedería en la Abadía del Monte San Bernardo, algunas veces la hospedería en el Convento de San Lorenzo en Belper. Ambos estaban equidistantes de nuestro hogar, a unos cuarenta minutos de viaje, lo cual consideramos lo suficientemente largo para un retiro de fin de semana.

El propósito principal del retiro nunca cambió: queríamos encontrarnos con Dios cara a cara, como una realidad viviente y apoyarnos unos a los otros en la búsqueda de un encuentro con el Señor resucitado. Un propósito secundario era aprender juntos cómo orar «con nuestra mente y nuestro corazón» para copiar una frase popular entre los contemplativos. En otras palabras, queríamos explorar por nosotros mismos los bien probados métodos de escuchar de los cuales estábamos leyendo: métodos que nos capacitaban no solo a conocer la teoría acerca de Dios sino a conocerlo a él profundamente.

El patrón casi nunca variaba. Llegábamos los viernes por la tarde a tiempo para la comida durante la cual intercambiábamos noticias. Entre la comida y el corto servicio de la séptima hora de oración en el convento desempaquetábamos y nos preparábamos para la quietud venidera. Después del servicio de oración nos reuníamos pero no hablábamos. Había comenzado el gran silencio y queríamos ser partes de él.

No puedo hablar por los otros, pero durante este tiempo, cuando casi siempre nos sentábamos en círculos en un salón alumbrado solo por una vela grande, yo comenzaba a expresarle a Dios lo que esperaba recibir de este tiempo apartado para él. Luego yo ponía mi reflector no en mí y mis esperanzas y mis ansiedades, sino en él. Esta media hora juntos se convertía para mí en un tiempo para ir más allá de nuestro local en particular, la pausa santa con la cual Guy Brinkworth ha descrito tan bien «lo que recuerda el silencio de concentración del saltador de alturas o del saltador del trampolín de competencia antes del momento supremo».[1]

El sábado, después del desayuno, nos reuníamos para estudiar algunos de los principios básicos de la oración. En nuestro primer retiro uno de los monjes de la Abadía del Monte San Bernardo nos urgió a que tomáramos la oración en serio si es que realmente nos interesaba cómo aprender a escuchar a Dios. Entre las notas que hice en mi diario de oración están los hechos siguientes a los que de tiempo en tiempo vuelvo a recurrir:

+ Garantízale a Dios un cierto momento al día: cinco minutos por la mañana y cinco minutos por la noche. No pongas la vista demasiado alto. Siempre puedes darle a Dios *más* tiempo del que le prometiste al inicio pero si apartas media hora y solo puedes darle cinco minutos, los sentimientos de culpa ahogarán tu oportunidad de escuchar.
+ La oración más desinteresada es la que oras cuando no tienes deseos. Entonces oras por amor a Dios, no porque esto parezca beneficiarte.
+ El tiempo crucial es cuando no estamos orando formalmente. La oración verdadera se debe integrar a nuestra vida. Hay algo falso en la persona que «vive» en la iglesia pero tiene una lengua muy amarga.

Usábamos tiempo para responder a reglas muy sencillas como estas y descubrir poco a poco lo que Dios nos estaba diciendo a cada uno personalmente en relación con nuestra vida de la oración que escucha. Pasábamos parte del día leyendo: o la Biblia o un libro acerca de la oración o ambos.

De una u otra forma la meditación bíblica siempre fue parte de nuestro programa y esto lo aprendimos a valorar cada vez más según el grupo llegó a ser una unidad más cohesiva.

Recuerdo que un domingo por la mañana en Belper leímos el relato de la mujer que sufría hemorragias desde hacía doce años. Al principio tratamos de visualizar la escena: la multitud que oprimía, la mujer afligida por la pobreza y Jesús. Luego tratamos de entrar a la escena del modo que describí en un capítulo anterior: *convertirnos* en la mujer enferma cuya necesidad de tocar el borde del manto de Jesús era tan urgente. Hasta donde lo permitió nuestra imaginación cada uno sintió el calor, los cuerpos sudados de la multitud empujando y se identificó con la desesperación que la mujer debió haber sentido; en nuestro propio tiempo y manera, cada uno de nosotros vio a Jesús volverse, lo oyó hacer la pregunta curiosa: «¿Quién me ha tocado?» descansando en su aceptación y aprobación, saboreó su presencia viviente y amante y dejó que él nos atrajera con ese magnetismo suyo que nunca deja de atraer a sí a la gente.

He dicho que «cada uno de nosotros» entró en la meditación de esta manera. Eso no es exacto. Una miembro del grupo, una ama de casa y madre, describió algo llorosa al grupo que había empleado toda la meditación llevando a Jesús a una amiga enferma. Sintió envidia cuando ella oyó a otros miembros del grupo relatar cómo Jesús los había tocado y les había hablado. Había estado tan ocupada intercediendo por otros que no se detuvo para que el Hijo de Dios tocara sus propias necesidades. «Eso es típico de mi vida en estos momentos», admitió. «Yo estoy tan ocupada interesándome en los demás que no le doy a Jesús la oportunidad de cuidarme».

Como líder del grupo, le pregunté si le gustaría que Jesús la tocara. Después de todo, todavía había tiempo. Confesó que le gustaría un toque fresco de Dios. La mayor parte del grupo la mantuvo en el amor de Dios en silencio, pero apoyándola. Dos o tres de nosotros pusimos las manos sobre su cabeza y oramos, de nuevo en silencio, para que ella tuviera el valor de alargar sus manos, como lo había hecho la mujer y alcanzar a tocar por sí misma el manto de Jesús. Ella lo hizo. No hubo emocionalismos. Hubo un gozo sentido en lo *profundo* mientras observábamos su faz tensa despejarse con una pacífica sonrisa cuando fuimos testigos de cómo desaparecía la tensión de su cuerpo y la vimos aflojarse.

Cuando esta joven mujer abrió los ojos, se dio cuenta del amor del grupo y nos relató lo que había sucedido en el silencio: Jesús se había vuelto hacia ella y la había tocado. Ella lo había mirado a los ojos y había visto sensibilidad, gentileza y compasión, no solo para su amiga sino para *ella*. Este ministerio de oración tomó menos de diez minutos pero demostró ser uno transformador de vida para esta madre joven.

No estábamos soñando despiertos ni jugando juegos infantiles de imaginación en estos tiempos de meditación. No. Para Dios, mil años son como ayer. Él es el mismo ayer, hoy y por los siglos. Por lo tanto, parece un uso válido de la narrativa de los Evangelios encontrar al Cristo encarnado, no solo en sus páginas, sino con nuestra imaginación y también con nuestros sentidos. Para ver y oír y tocar al que vino para que la gente pudieran verlo y oírlo y tocarlo parece la forma más natural de acercarnos a la Biblia, una forma válida de cruzar juntos la bóveda del tiempo.

Aprendí a valorar este grupo más y más. Fue a ellos a quienes sometí algunas de las cosas que había escuchado de modo que pudieran probar si lo que estaba oyendo era de Dios o un pensamiento ilusorio. Fue con ellos, por consiguiente, que aumenté mi confianza. Y fue con ellos que me di cuenta que aunque pude escuchar a Dios por mí misma, escucharlo en el contexto de una comunidad trajo una certeza y sanidad que ninguna cantidad de oración aislada podía traer. En el grupo eché raíces. Nos sentíamos en ambiente. Era como si el grupo fuera más bien como un vientre en el cual nuestra oración que escucha se gestara y madurara y en el que también crecíamos como individuos.

Nuevos descubrimientos

En un tiempo el grupo se reunía mensualmente en mi cuarto de oración. Los sábados por la tarde íbamos allí para estar quietos, juntos, durante una hora y luego nos preparábamos para el domingo y para apoyarnos unos a otros. De esta forma nos convertimos en almas amigas. Descubrimos que la promesa de Jesús de estar especialmente presente cuando dos o tres se reunieran en su nombre era relevante para nosotros. El sentido de su presencia y poder a veces parecía casi tangible.

Al pasar el tiempo se nos reveló una dimensión nueva de la oración que escucha. A veces sucedía que un miembro del grupo pedía oración para una decisión en particular que debía tomar o para un problema aparentemente insoluble. Raramente discutíamos la situación. Por el contrario, en nuestro silencio acostumbrado manteníamos a la persona y su necesidad expresada ante Dios. Mientras lo hacíamos así descubrimos que muy a menudo, primero un miembro del grupo y luego otro, recibía una idea en la forma de un cuadro, un pasaje de las Escrituras, un pensamiento o una profecía. Esto comenzó a ocurrir con tanta frecuencia que como líder del grupo animé a los individuos a compartir sus ideas para que todo el grupo probara la validez de la fuente de lo que había escuchado y así asegurarnos que venía de Dios. De ese modo podíamos reunir los fragmentos para hacer el cuadro completo. Lo que surgió fue fascinante. Recuerdo una ocasión en que le pedí al grupo que orara por mí porque no estaba segura si debía encargarme de un caso de consejería delicado. Después de un período prolongado de silencio una persona citó un versículo de las Escrituras el cual se le había impreso en su mente mientras estaba orando. Otro dio una palabra de profecía en la cual parecía que Dios prometía traer a la persona que se iba a aconsejar a través de una gran oscuridad hasta la luz. En esto una muchacha dio un grito de asombro: «Eso da sentido a un cuadro que he estado viendo en mi mente pero que no podía comprender», dijo. «El cuadro es de una piscina grande. Te estaba viendo, Joyce, sumergirte hasta el fondo de la piscina con otra persona. Ambas se perdieron de vista durante un tiempo considerable, parecía que estuvieran nadando bajo el agua. Luego saliste por una parte diferente de la piscina. Ambas estaban bañadas de luz». El resultado de este tiempo escuchando a Dios fue que me embarqué en la situación de consejería. El cuadro de la piscina me animaba cuando la persona que estaba tratando de ayudar parecía progresar poco. Esta dimensión del escuchar me fascinaba por otra razón. Me demostró de nuevo el valor del grupo. Sola, yo oía los susurros del Espíritu de Dios como si tuviera una sola bocina. Con otros, teníamos la capacidad de escuchar en estéreo. Por mí misma soy capaz de detectar solo fragmentos pequeños del propósito total de Dios, mientras que muchos pares de oídos recogen otros fracciones de la visión de Dios. Cuando nos respetamos y aprendemos uno de los otros, podemos reunir los fragmentos recogidos y obtener una impresión más exacta de lo que Dios está tratando de comunicar.

Hacia adelante

Dije en un capítulo anterior que Dios siempre nos está llevando adelante. Que para los cristianos ese cambio es inevitable. Un invierno llegué a estar cada vez más consciente de que el grupo había cumplido su función: cumplimos con nuestro aprendizaje en cuanto al escuchar colectivo; ahora era tiempo de regresar al pleno de la iglesia. Dios nos daría a otros con quienes trabajar en la oración que escucha. Me fue duro desbandar al grupo. Una vez más me vi forzada a aprender la lección de separación: aceptar las buenas dádivas de Dios cuando él las da, para estar dispuestos, cuando el tiempo está maduro, a entregarlas confiando que lo que él remueve con una mano lo reabastece con la otra.

En retrospectiva, veo una razón por la cual el grupo tuvo que dispersarse. Podíamos habernos convertido en un ghetto cuando Dios quería que leudáramos la masa de toda la congregación. Los miembros de ese grupo original de oyentes fueron a enseñar a otros a escuchar a Dios. Algunos llegaron a estar muy involucrados en un ministerio de oyentes, mientras que cuatro llegaron a ser ancianos de la iglesia, parte de un grupo que se dio a sí mismo a la tarea de escuchar a Dios. Otros miembros del grupo dirigieron «grupos de enlace» (nuestro término para cultos en las casas), otros formaron parte del grupo musical que dirige la adoración en la iglesia. Pero se apoyaba grandemente en escuchar a Dios. Aunque cesamos de reunirnos como en los días pasados, la unidad entre nosotros no se rompió: continuamos valorándonos y respetándonos unos a otros en una variedad de formas, no menos en el ministerio de escuchar y en la oración intercesora.

Toda clase de escuchar

Desde aquellos primeros días del grupo de oyentes, yo he disfrutado con otros una dieta rica y variada de escuchar a Dios, y el aprendizaje ha sido iluminador.

En una ocasión visité un monasterio ortodoxo griego donde, durante tres días me uní al ritmo de oración que practicaban los monjes y las monjas que vivían allí. El rasgo especial de este monasterio era el uso que esta gente hacía de lo que se conoce como la «oración Jesús», una oración que se compone de las palabras «Señor Jesucristo, Hijo de Dios, ten misericordia de nosotros».

Todas las mañanas durante dos horas y todas las tardes también durante dos horas, la comunidad se reunía en la capilla para orar. Ellos solo usaban estas palabras: «Señor Jesucristo, Hijo de Dios, ten misericordia de nosotros». Mientras me preparaba para visitar este monasterio, temí que recitar esta oración no sería más que una repetición vana. Lo que encontré al unirme en la oración con estos hombres y mujeres fue que durante cuatro horas al día yo estaba escuchando a Dios en un nivel profundo. No puedo hablar por otros que participaron en este ciclo de oración, pero yo llegué a estar agudamente consciente de dos realidades: La santidad de Dios y mi pecaminosidad innata. En un sentido esto no era nuevo, pero en otro sentido lo *era* por la manera en la cual yo «vi» el misterio de la trascendencia y la gloria de Dios y por la manera en que llegué a estar igualmente consciente de mi propia nulidad ante él. El hecho de no ser nada, él lo es todo y sin embargo nos ama, me golpeó de una manera nueva y poderosa.

La música de este monasterio en particular me transmitía el hecho del amor eterno de Dios más poderosamente que cualquier otra música que jamás haya oído. En varios momentos del día, antes y después de las comidas y durante el servicio de comunión en particular, la comunidad entera rompía en una armonía de seis partes sin acompañamiento. No era una seudo alabanza superficial sino una forma de comunicación convincente la cual me ayudó a apagar mi sed insaciable de llenarme con el amor de Dios.

Cuando se trata del arte de «gastar tiempo» con Dios contemplándole por quien es él y por lo que ha hecho, encuentro que todavía esto viene con más facilidad y fortaleza en el contexto de un grupo. Acabo de regresar de un convento donde en mi retiro descansé en Dios después de una conferencia particularmente febril. Allí en el convento, mañana tras mañana, después del servicio de comunión, me arrodillaba con las hermanas y caía en la clase de silencio donde cada una de nosotras estaba cautivada por el amor de Cristo: donde éramos privilegiadas una vez más de perdernos en asombro, amor y alabanza. Exhausta como estaba, dudo si habría podido manejar esto yo sola. Pero en este silencio, apoyada por otros, Cristo vino. Lo oí y me regocijé.

19

Algunos resultados de escuchar a Dios

Cada vez que cierro los ojos en un intento de escuchar con atención los sonidos que me rodean, me asombro de la mezcla de ruidos que había dejado de oír hasta ese momento: el zumbido de la mosca, el ulular del búho, el desganado canto final del pinzón, el crujido de una silla. De igual manera, cada vez que me sintonizo con la delicada y pequeña voz de Dios, la mezcla de experiencias que él me da me deja estupefacta. Nunca puedo anticipar de antemano lo que él va a decir o cómo va a actuar. Lo que puedo predecir es que valdrá la pena cualquier cosa que dé.

Muy pronto en mi peregrinaje de oración descubrí que escuchar a Dios no resulta ser necesariamente una experiencia mística. A menudo, eso no era algo totalmente del otro mundo. Más bien era un asunto profundamente práctico.

Recuerdo una ocasión en que el concepto de escuchar a Dios pareció extraño y nuevo. Mientras estaba orando, las palabras «llama a Valerie» se mantenían golpeando mi cerebro. Valerie era una amiga íntima que vivía a cientotreinta kilómetros de mi hogar. Sintiéndome más bien tonta, telefoneé. Valerie, asombrada, dio un grito ahogado al oír mi voz. Hacía varios meses que no nos habíamos comunicado. «¿Qué te hizo llamarme esta noche?», me preguntó para luego agregar: «Pam está aquí conmigo. Anoche su esposo murió de repente y no sé que decirle. Precisamente estaba diciéndome, "me encantaría hablar con Joyce". ¿Puedes hablar con ella?»

Pam era una amiga mutua. Ella se ocupó de mí después que

183

murió mi padre. Ahora Dios me dio el privilegio de unirme a ella en su aflicción.

En otra ocasión vino a verme para consejería a una pareja joven. Durante varios años habían tratado de comenzar una familia. La esposa fracasó en concebir y ambos se sometieron a los exámenes necesarios. Estos revelaron que el esposo era infecundo. ¿Debían adoptar a un niño? ¿Debían seguir el consejo que se les había dado y concebir un niño con la ayuda de la inseminación?

Mientras ellos hablaban acerca de su desencanto y dilema moral, el Espíritu Santo de Dios parecía susurrar en mis oídos espirituales las palabras «Ora por un milagro». Nunca antes había orado por el milagro de un bebé y no estaba segura de que mi fe llegara tan lejos. Pero la voz persistía, así es que les pregunté en su oportunidad: «¿Se les ha ocurrido que tal vez Dios quiera hacer un milagro y darles un bebé por los medios naturales?»

El rostro de la esposa se iluminó. Ella también había sentido que esta podía ser la respuesta de Dios a su problema. El esposo no estaba seguro. «¿Supongamos que oremos y no pase nada?»

Para entonces, la convicción en mí era tan fuerte que sugerí al esposo adoptar la combinación de la fe de su esposa y la poca que yo podía reunir y oramos pidiendo que Dios les diera el don de un hijo.

Seis meses después sonó el teléfono, conocía bien al esposo y reconocí su voz: «Joyce, tengo algo que decirle. Mi esposa está embarazada».

Thomas Merton una vez escribió:

La meditación no tiene propósito y no es real a menos que esté firmemente enraizada en la *vida*. Sin tales raíces, no puede producir nada sino los frutos cenicientos del disgusto, la estupefacción y hasta la introversión mórbida y degenerada, el masoquismo, el dolor y la negación.[1]

Y Richard Foster agrega:

A menudo la meditación nos dará ideas que son profundamente prácticas, casi mundanas. Vendrán instrucciones de cómo relacionarte con tu esposa o esposo, o cómo tratar con este problema delicado o con esa situación en el negocio. Más de una vez he recibido dirección en cuanto a la actitud que debo tener cuando esté dictando una conferencia en un salón de universidad. Es maravilloso cuando una meditación en particular te lleva al éxtasis, pero es mucho más común que te guíe al tratar con los problemas humanos ordinarios.[2]

La naturaleza práctica de escuchar a Dios me indujo a mantener en la mente estas preguntas cuando oro:

+ ¿Qué está Dios diciendo?
+ ¿Qué me está dando Dios *a mí personalmente?*
+ ¿Qué me pide Dios que yo lleve de este tiempo con él a mi mundo: a mi esposo, a mis hijos, a mis colegas, a mis amigos, a mis vecinos?

Al igual que los momentos de Jesús a solas con su Padre sobreabundaron para enriquecer las vidas de los discípulos, realmente de todo el mundo, también yo quería evitar concentrarme en mi escuchar: para asegurar que ese acto se convirtiera en una plataforma de lanzamiento para un servicio más efectivo y un ministerio incisivo en lugar de degenerar en un club de «bendíceme» con un solo miembro.

Alabanza, admiración

Pero el escuchar a Dios no tiene que estar limitado a la tierra. Esto puede transportarlo a uno a la veneración, a la alabanza y a la adoración.

Recuerdo una tarde en que estaba meditando en la resurrección de Jesús. El Evangelio de Juan estaba abierto en el piso, a mis pies. Leí el capítulo 20 tan lentamente como pude, aplicando mis sentidos a la escena que se estaba desarrollando. Así observé a María marchar sigilosamente hacia el sepulcro en la oscuridad grisácea que precede al amanecer. Sentí su desaliento cuando ella vio, no la tumba sellada, sino el gran hueco abierto donde debía estar la piedra. La oí correr para alertar a Pedro y a Juan, observé su carrera hacia la tumba y, en mi imaginación, entré con Pedro al vientre de la roca. Yo también vi los lienzos allí y «el sudario que había cubierto la cabeza de Jesús, aunque el sudario no estaba con las vendas sino enrollado en un lugar aparte» (Juan 20:7).

Vi, desde los montones de vendas nítidas, que Juan se había deslizado quietamente dentro del sepulcro. Mientras que el asombro se extendía a través de su faz y él adoraba, mi corazón saltó de gozo. Caí sobre mi rostro y adoré al Señor resucitado, no por ningún sentimiento de deber sino con pozos que manaban una alabanza que surgía de algún lugar profundo dentro de mí.

Dolor

Pero así como escuchar a Dios puede hacer surgir himnos de alabanza, también puede hundir a la persona que ora en un dolor profundo y terrible. Cuando esto me ocurrió por primera vez, la oración me provocó un llanto incontrolable, me asombré por lo que estaba sucediendo. Ahora pienso que lo comprendo.

Si estamos ante Dios y en sintonía con él, recogemos algo del quebranto que él siente por un mundo necesitado. De esta manera Dios nos da el privilegio de «conocerlo» y entrar dentro del «compañerismo de sus sufrimientos», para usar el lenguaje de Pablo.

Mientras escribo este capítulo una serie de boletines de noticias en el radio han hecho estallar este llanto dentro de mí. Hace dos días que una enorme ola barrió con cuatro jóvenes escolares de Buckinghamshire en las costas de Land's End. Aún no se han encontrado sus cuerpos pero se presume que estén muertos. Al orar, mi corazón va hasta sus afligidos padres, los alumnos aturdidos y el personal de la escuela.

Yo creo que esto es más que una madre simpatizando con otras. Es la identificación con el dolor en el corazón de Dios cuando él contempla el sufrimiento humano. No comprendo por qué una tragedia puede afectarme de esta manera mientras otra puede dejarme fría. Lo que yo sé es que en oración debo entregar este dolor en las manos sanadoras de Cristo de modo que su compasión y el dolor del corazón del hombre puedan encontrarse y combinarse. Esta es la responsabilidad solemne de la persona de oración.

Este llanto a veces me invade en formas curiosas. Precisamente antes de que organizara el bosquejo para este capítulo, me llamó un amigo para verme. Él es un maestro de escuela, una persona a quien Dios está atrayendo a la oración que escucha. Él expresó el horror que sintió cuando vio a ciertos alumnos en su escuela pelear físicamente uno con el otro, como si fueran tigrecitos. «Duele solo de pensar en eso», admitió. «No entiendo por qué quieren ser tan crueles uno con el otro». Le sugerí que tal vez esta batalla y dolor interiores encontraran un amarradero en su corazón con un propósito: porque Dios quiere que él llore y gima en oración, no solo por la situación de la escuela, sino porque la paz en el mundo ha sido saqueada, porque en el mundo en general la lucha coloca a un hombre contra otro en una escala mayor que la escena de su escuela.

Descanso

Así como el escuchar a Dios produce dolor y quebrantamiento, también puede resultar en un delicioso descanso en Dios. Thomas Merton lo dice bien cuando describe la condición de «descanso en él a quien hemos *encontrado*. Quien nos ama, quien está cerca de nosotros, el que viene a nosotros para llevarnos a sí».[3]

Recuerdo el descanso que en muchas ocasiones me ha llenado al venir a orar abatida pero deseando escuchar y la invitación ha venido con claridad: «No hables. Solo descansa». En tales momentos me acomodo en sus brazos y disfruto al ser sostenida.

Recreación

Escuchar a Dios, cuando oírlo induce a la obediencia, es siempre una experiencia recreativa. Quizá no sea la recreación de la comodidad y del contentamiento que acabo de describir. Escuchar a Dios puede significar cambiar. En Dios siempre estamos sobre la marcha. Él nos llama desde lo profundo a lo profundo. Él requiere que estemos en sus manos como la arcilla se somete a las manos del alfarero. Esas manos nos remodelan y nos rehacen y la experiencia puede estar lejos de ser cómoda. Mientras escuchamos, él nos muestra cómo desea que estos cambios tengan lugar.

Muchas páginas en mi diario de oración me recuerdan la manera en que Dios puso su dedo en las áreas de mi vida y me demostró cómo ellas estropeaban o distorsionaban su imagen.

Una vez le expresé odio a alguien que me hirió. Dios me retó. La razón verdadera para el odio fue que mi orgullo había sido herido porque la amistad conmigo era una prioridad menor de lo que yo solía ser en la lista de esta persona. Dios también me forzó a enfrentar mi celo: «El orgullo y el celo son pecados que hay que confesar, no derechos a los cuales aferrarse», susurró el Espíritu Santo. Él no me dio paz hasta que eché este escombro pecaminoso a los pies de la cruz.

Algunas veces los cambios que Dios quería traer a mi vida llevaron años más que minutos. Durante meses las páginas de mi diario de oración se dedicaron a la ira y a la frustración que envenenaba mi vida y las que brotaban de las tensiones crecientes en nuestro matrimonio.

En oración me quejaba a Dios acerca de mi esposo: «realmente parece que no se preocupa nada por mí... Cuán pequeña es su comprensión y cuán limitada su compasión». En oración yo tiraba el guante y retaba a Dios para que cambiara a mi esposo de modo que la calidad de nuestro matrimonio pudiera mejorar. En oración yo vertía la autolástima que me llenaba hasta rebosar: «Señor, hay una gran parte de mí que está cansada de tratar, harta de perdonar, exhausta con la agonía de cautelosamente sacar la nariz de las espinas del puerco espín solamente para que me la vuelvan a pisotear».

En oración, Dios venía a mí, me escuchaba, absorbía mi amargura, tocaba mi corazón lastimado y maltrecho y gentilmente pero con persistencia me mostraba, no en lo que David necesitaba cambiar, sino dónde yo debía cambiar. Comentarios como estos recurren en mi diario: «Y sí, de nuevo oigo tu voz. ¡Perdóname! No solo siete veces, sino setenta veces siete».

Además, Dios daba direcciones claras y específicas. Un día en que mi diario de oración se lee como el chillido de un niño petulante, las instrucciones que Dios da se leen como una carta de un consejero matrimonial.

+ Toma en serio tu propio consejo a otros: *escucha* a David y a sus necesidades.
+ Haz tiempo para estar con él. No haz hecho esto durante toda una semana.
+ No trates de leer su mente. Aclara lo que realmente él siente acerca de ti y de tus circunstancias actuales. Haz tiempo para que esta aclaración tenga lugar.
+ Mira con cuidado las tensiones en tu matrimonio. Aprende de ellas. Mira dónde debes crecer. Déjales mostrarte dónde necesitas sanidad. Déjales mostrarte dónde el pecado mancha la relación. Responde al reto: Cambia.

Por la gracia de Dios ambos cambiamos, así que el compartir nuestras vidas hoy es más satisfactorio y lleno de esparcimiento que nunca antes. Doloroso como lo fue en ese tiempo, miro atrás con gratitud a la paciente destreza quirúrgica con la cual el Espíritu Santo operó en mí, para quebrantarme, recrearme y quitar de mí las enfermedades espirituales en el hospital de la oración. Por medio de esto aprendí que Dios da el don de la oración que escucha no para proveernos en primer lugar con sentimientos cálidos hacia él, aunque él enriquece nuestras vidas de esta manera, sino para imprimir en nosotros la necesidad de crecer. Es probable que la oración que escucha no nos dé comodidad. Pero nos traerá a la plenitud, al *shalom* que es la integración del cuerpo, de la mente y del espíritu.

La noche oscura del alma

Uno de los métodos que Dios usa para lograr esta armonía interior en algunas personas es una experiencia que algunas veces se le llama «la noche oscura del alma». Esta frase describe las fases del peregrinaje espiritual cuando los sentidos dejan de recoger la sensación de la presencia de Cristo, aunque a su vez parecen estar conscientes solo de la inexistencia. Durante este invierno de los sentidos parece que Dios no está presente, atento y amoroso, sino completamente ausente.

Thomas Merton se refiere a menudo a esta experiencia y la describe con términos diversos: «inercia espiritual, confusión interior, frialdad, falta de confianza».[4] Lo que al principio parece prometedor y provechoso viene a ser de repente completamente imposible. La mente no trabaja. Uno no se puede concentrar en nada. La imaginación y las emociones andan sin rumbo».[5]

En mi diario de oración anoté el dolor y el desconcierto que trae la aparente ausencia de Dios: «Me duelo por el compañerismo contigo, Señor, pero tú pareces silente. Tú, a quien hace una semana yo sostuve y amé y disfruté, parece que te fuiste otra vez. Ven, Señor Jesús, con manos sanadoras...»

A lo que me refiero aquí no es simplemente una ausencia de sentimientos cálidos en la oración sino a algo más profundo que eso: una sensación definida de que Dios se ha desvanecido, incluso que me ha abandonado.

La primera vez que encontré el horror de esta aparente separación de Dios, yo estaba en un retiro. Enfrentada con cuatro días completos de soledad, en lugar de la sensación de anticipación que normalmente me llenaba en tales ocasiones, hizo presa de mí un sentido de pánico, incluso de un temor repentino y severo. Me aterraba el momento de cruzar el umbral para entrar en silencio.

En el convento donde me había retirado a orar vivía una monja que me conocía bien. Yo confiaba en ella: «Por favor, ore por mí. No sé lo que está pasando pero me aterra ir al silencio. Parece que Dios ha desaparecido. Que él ya no está allí y me ha dejado con este vacío espantoso».

Ella sonrió y pareció no conturbarse por la naturaleza del problema. Amiga y confidente como era, oró conmigo y por mí y abrió mis ojos al hecho que en la escuela de la oración este seminario particular es un terreno de entrenamiento para aquellos que se van a graduar en el arte de escuchar a Dios. En primer lugar, esto aumenta nuestro anhelo por Dios.

Esta llegó a ser mi experiencia. La oscuridad que en esa ocasión me invadió en el convento fue la causa de mi estremecimiento y retiro, pero hizo surgir una llamada a Cristo que vino desde las mismas profundidades de mi ser y la cual experimenté como casi un verdadero dolor físico. Eso me hizo buscarlo, lo que resultó ser tanto urgente como angustioso. ¿Era tal vez la clase de búsqueda que llevó a María a la tumba muy temprano el día de la Resurrección, llena de anhelos por encontrar el amor que le había sido arrebatado tan repentinamente? ¿Era una reminiscencia del dolor ansioso de la novia por su novio en el Cantar de los Cantares? (3:1-2). Realmente parecía una identificación con el dolor de David expresado de un modo tan conmovedor:

> Cual siervo jadeante en busca del agua,
>   así te busca, oh Dios, todo mi ser.
> Tengo sed de Dios, del Dios de la vida.
>   ¿Cuándo podré presentarme ante Dios? (Salmo 42:1-2).

También era un eco a su grito de perplejidad: «¿Por qué me has olvidado?» (Salmo 42:9).

La oscuridad hizo más que exponer mi deseo genuino de Dios. Afiló mis oídos espirituales. Parecía que Dios se estaba escondiendo, pero él había prometido no dejarme nunca ni abandonarme. Por lo tanto, él debía estar allí, en algún lugar. Mis antenas espirituales se estremecían con impaciencia y vigilancia para detectar hasta la más leve señal de su presencia.

Mientras tanto la inexistencia que me envolvía me forzó a algún examen necesario. Cuando pensé acerca de programas normales de prioridades, la gente con las cuales pasaba tiempo, las actividades que disfrutaba, el trabajo que encontré tan satisfactorio, reconocí la verdad de la situación. En comparación con Cristo y su presencia, lo mejor que el mundo pueda ofrecer no es sino una ofrenda mezquina e insignificante. Así que el mundo perdió su encanto y lustre y aumentó lo que los místicos describen como *capax Dei*, la capacidad para Dios. En mi interior esto era lo que yo quería. Si este vacío tan grande era el engrandecimiento de mi capacidad interior para Dios, entonces yo daba la bienvenida a estas experiencias de desierto. La entremezcla de la confianza cautelosa y el anhelo expresado en una oración que una vez oí, llegó a ser *mi* oración.

> Tú, oh Señor, eres lo que yo anhelo
> Sin embargo,
>> No estoy segura de que pueda soportar el vacío que este
>> anhelo conllevará.
> Si realmente te anhelo, entonces no habrá lugar para la
> confusión
>> De un montón de otros anhelos…
> Yo debo estar vacía
> Para llegar a tener capacidad para ti.
> Retrocedo por el dolor que esto conllevará
> Pero debo sentir la pobreza de mi vacuidad
> Y mi pobreza se encuentra con tu magnanimidad
> En el silencio de los amantes.

Por supuesto, cuando Dios vio que el tiempo estaba maduro, me sobrecogió una vez más con la sensación de su presencia. Mientras tanto, habiendo dispuesto de la basura interior yo había alargado la reserva dentro de la cual él pudiera verter las aguas vivificadoras de su Espíritu de amor, de su presencia vigorizante. Y cuando el «amante tremendo» regresó, la ola de gozo que se rompió en la costa de mi alma dio a luz un canto de acción de gracias y alivio en el corazón al darme cuenta que había aprendido otra lección valiosa: que no debo depender de los sentimientos ni dictar a Dios *cómo* él se me aparecerá. Si él ha hablado de cierta manera en una ocasión, no debo esperar que necesariamente me visitará de esa misma manera la segunda vez. Debo permitir que Dios sea Dios. Y debo recordar que él no está aquí para satisfacer mis necesidades neuróticas ni para postrarse ante mis antojos y caprichos. Él está aquí para transformarme a su semejanza. La obra del Espíritu de Dios es hacer que crezca en mí la semejanza de Cristo. De la misma forma que una tercera parte de nuestra existencia terrenal se pasa en la oscuridad física, la noche, así Dios en su sabiduría ordena que de tiempo en tiempo mi vida de oración también trabaje en unos cuantos turnos de noche. El misterio es, como el salmista nos recuerda, que la oscuridad no es oscura para él: «Y aun la noche sería clara como el día» (Salmo 139:12).

También aprendí que esta oscuridad es un fenómeno relativo. Como alguien me explicó una vez, «Cuando has estado mirando al sol, te das vuelta y todo parece oscuro. De igual modo, cuando has estado contemplando a Jesús, todo lo demás yace en su sombra».

Thomas Merton afirma que estas noches de los sentidos aumentan en frecuencia al pasar el tiempo, que hay un sentido en el cual se pueden tomar como señales de progreso si el que ora no cesa, si no está determinado a responder al reto, rehúsa la opinión de que esta condición de ahuecamiento es como una condena o castigo por el pecado, si no se ve más bien como lo que es realmente: la oportunidad para el crecimiento.

Personalmente hablando, todavía me estremezco cuando la oración se seca en mí, cuando escucho y no oigo nada, cuando ansío a Dios y encuentro el vacío, pero estoy aprendiendo, lentamente, que la oscuridad no es sino la sombra de su mano, el silencio, el heraldo de su llamada y la inexistencia, el espacio preparado para el regreso del amor que nunca termina.

Cuando escuchamos a Dios, el péndulo se mueve de las cosas prácticas a los éxtasis, del gozo al dolor y vuelve otra vez, mientras siempre nuestro propósito en la oración sea escuchar el persistente tic-tac de su voz. Cuando hacemos esto, otros lo advierten, se benefician del exceso y dan gloria a Dios. Como lo expresó la pagana reina Seba, reflexionando en la comunicación de Salomón con Dios: «Alabado sea el Señor tu Dios, que se ha deleitado en tí» (2 Crónicas 7:8).

20

Ora como puedas

Temprano en mi búsqueda de la oración oí una máxima sabia: «Ora como puedas, no como no puedas». En otras palabras, ora y escucha a Dios de la manera que tenga significado para ti personalmente. Ten cuidado de caer en la trampa de imitar el estilo de oración de otra persona. Para el que va a ser un oyente de Dios este consejo no tiene precio.

Toda clase de componentes completa el paquete de escuchar como hemos visto. No todos tendrán acceso a través de cada componente. Para algunos Dios les comunicará sus propósitos en una forma, a otros les revelará sus planes de una manera completamente diferente. Él se puede comunicar con la misma persona en una variedad de formas, en lugares diferentes y en tiempos diferentes. Como notamos en el capítulo 19, debemos permitir que Dios sea Dios, que tome la iniciativa como él quiera. Nuestra responsabilidad es estar siempre listos para recibir sus transmisiones cómo y cuándo él las envíe.

He tratado de demostrar, a través de las páginas de este libro, algunas de las formas en las cuales yo he crecido en mi comprensión y experiencia de escuchar a Dios. Sin embargo, estoy consciente de que todavía no he «arribado» y que aún hay mucho que aprender.

Aunque me considero ser nada más que una principiante en lo que al estudio de escuchar a Dios se refiere, me he propuesto dedicar este capítulo a una pregunta que con frecuencia me hacen mis compañeros buscadores: «¿Cómo puedo yo aprender a escuchar a Dios con más efectividad?»

Conoce tu origen

Mi primera respuesta a este asunto es sugerir que evalúes tu origen espiritual.

Personalmente hablando, me disgustan las etiquetas que hacen los hombres y que con frecuencia usamos para departamentalizarnos a nosotros mismos y a otros, y cada vez que es posible yo trato de evitar las palabras «evangélico», «contemplativo» o «carismático». Sin embargo, hay ocasiones cuando tales palabras forman una taquigrafía conveniente a la que recurriré en este capítulo.

El evangélico

Si eres evangélico y llegaste al final de este libro sediento de oír la voz de Dios más adecuadamente, la primera cosa que debes hacer es agradecer las herramientas que tu trasfondo con toda probabilidad ya ha puesto a tu disposición: un conocimiento completo y amor por la Biblia.

Por todas partes en este libro mostré que un pensamiento bíblico informado es un componente esencial para la oración que escucha. En verdad es la piedra de toque de todo nuestro escuchar.

Dicho lo anterior, sería tonto suponer que el cristiano procedente de un trasfondo evangélico tiene a su disposición *todas* las herramientas que necesita un oyente habilidoso. Muy a menudo no es así. Algunos evangélicos son más bien como la abeja que yo observé el otro día. Estaba posada en los pétalos exteriores de una rosa color melocotón, se arrastraba alrededor del perímetro presumiblemente apreciando su fragancia, pero voló de allí, sin molestarse en penetrar en el corazón de la rosa donde se recoge el polen.

Lo que observé me recordó al evangélico con el cual hablé unas cuantas horas antes. Él pedía más enseñanza bíblica, insistiendo en que su mente debía alimentarse. A pesar de eso, en un momento de tranquilidad admitió que estaba viviendo promiscuamente y que estaba seguro que eso estaba bien.

Si vamos a aprender a escuchar a Dios con más efectividad, debemos aprender que escuchar a Dios incluye mucho más que una actividad cerebral. Demanda una respuesta viviente: obediencia. También exige atención a Dios en muchos niveles: intelectual, emocional, espiritual, volicional. En otras palabras, el desafío al evangélico puede ser sintonizar a Dios con sus emociones, su voluntad y su espíritu tanto como con su mente. Como Jesús lo expresó, el amor a Dios incluye una dedicación de todo el corazón, la mente, el alma y las fuerzas. Hasta que demos esto, perderemos el mismo corazón del evangelio y dejaremos de sintonizar mucho de lo que Dios está intentando decirnos.

Es posible que el cristiano evangélico que está ansioso de escuchar a Dios con mayor atención tenga que dominar otras disciplinas. Nosotros en los círculos evangélicos no tenemos mucha experiencia en estarnos quietos. Tenemos que aprender a «estar quietos» para conocer que Dios es Dios. Tenemos que aprender a «ser» y no solamente a lograr. Hasta podemos necesitar persuadirnos de que Dios está preparado para hablarnos en horas inesperadas por medio de la naturaleza, de otras personas, de nuestra imaginación, tanto como por medio de su Palabra revelada, la Biblia.

Había una segunda abeja en la rosa color melocotón que mencioné anteriormente. Esta también rondaba el perímetro de la flor, luego se hizo camino entre los pétalos y zumbó mientras llevaba en su bolsillo el polen que había recogido. Para el cristiano evangélico, escuchar a Dios puede ser tan productivo como eso. Ya él aterrizó en la flor apropiada. Si aprende a valorar y adoptar las ideas de otros, si aprende a meditar tanto como a estudiar, a sentir tanto como a pensar, podrá descubrir que escuchar incluye mucho más de lo que anteriormente creía que era posible.

El contemplativo

El cristiano contemplativo que hace esta misma pregunta: «¿Cómo puedo *yo* oír a Dios con más efectividad?», también tiene motivos para agradecerle a Dios la riqueza de su herencia espiritual. Es muy probable que le enseñaran el arte de la quietud. Tal quietud es un prerequisito para escuchar la quieta y pequeña voz de Dios como nos recuerda Ladislas Orsy: «El discernimiento requiere personas contemplativas, bien versadas en encontrar por instinto la presencia de Dios. Es necesario ser sensibles a los movimientos gentiles de la gracia hasta el punto de que sea una condición indispensable. Sin esto, no hay un discernimiento completo».[1] El contemplativo bien puede haber logrado una altura en cuanto a la consciencia de la presencia de Cristo, particularmente en la comunión y en la comunidad.

Puede también haber llegado a tener bastante habilidad para leer algunas de las señales, viéndolo en la naturaleza o en la faz de un niño, o sintiéndolo en la fuerza del viento.

Del mismo modo que el evangélico tiene que aprender que escuchar a Dios va más allá de la esfera estrecha de la lectura de palabras, también el contemplativo, al refinar el arte de escuchar a Dios, tal vez necesite volverse de las meras señales y de la enseñanza de la iglesia para acudir a las Escrituras, estudiarlas y llegar a estar bien familiarizados con ellas. Los padres del desierto y los maestros de oración han transmitido tanto consejo sabio que sería tonto ignorar la sabiduría que ellos han impartido a través de las edades. Sin embargo, si vamos a conocer la mente de Dios, debemos tomar en cuenta la Palabra de Dios. Esta debe llegar a ser nuestra delicia principal. Debe alojarse en nuestros corazones y mentes y debe gobernar nuestro pensamiento. Si no sabemos lo que la Palabra de Dios contiene, podemos pecar contra Dios sin intentar hacerlo.

Nosotros, los contemplativos, también enfrentamos otros desafíos. Dios siempre se está moviendo, como hemos visto. Si nos aferramos a las formas fosilizadas de adoración, si nos aterra salirnos de la rúbrica, si sospechamos de todo movimiento del Espíritu que no podemos explicar, con un cerrojo cerraremos la puerta ante Dios y acallaremos su voz. Nosotros, los contemplativos, necesitamos que se nos persuada que Jesús dijo de sí mismo «YO SOY» no «YO ERA». Hoy él está vivo y activo y comunicándose en formas sobrenaturales y a menos que aceptemos esto su comunicación multiforme caerá en corazones y mentes sordos. Es más, podemos fallar tratando de descubrir «la cosa nueva» que Dios siempre está creando.

Así como el evangélico puede encontrarse con caminos inesperados que explorar, también el contemplativo enfrenta una vida de exploración fructífera si está preparado para el desafío que escuchar nos trae como consecuencia: estudiar, reevaluar, discernir cada movimiento del Espíritu.

El carismático

El carismático que se hace la pregunta: «¿Cómo puedo escuchar a Dios?» igualmente tiene ciertos adelantos y severas limitaciones.

Nosotros los carismáticos no tenemos que persuadirnos de que Dios obra hoy, cambiando las vidas de la gente de manera sobrenatural. Lo hemos visto personalmente. Nos regocijamos. Queremos estar abiertos a cada cosa que Dios quiera que hagamos o digamos.

Pero este mismo entusiasmo también puede ser nuestro gran impedimento. Nuestra espontaneidad puede ser el mayor obstáculo que traigamos a la obra de escuchar a Dios. Porque, en efecto, Dios dice: «¡Cállate!» «¡Escucha!» y callarse es una disciplina en la cual no sobresalimos.

El cristiano carismático cuya hambre de oír a Dios es real, puede aprender del contemplativo a dejar de hablar, dejar de aplaudir y dejar de alabar por un rato. Y escuchar. En la tranquilidad todo lo falso se elimina. En esta adoración quieta, auténtica, nace lo que más tarde se expresa en una alabanza exuberante, si es necesario. En esta quietud el deseo de lo espectacular se reemplaza por el deseo más profundo de conocer solo a Dios por sí mismo no por algo que él pueda hacer.

Nosotros, los carismáticos, como el contemplativo, debemos seguir el ejemplo de Jesús y empaparnos en las Escrituras. Debemos afilar nuestros poderes de pensamiento y usarlos. A menos que lo hagamos así, podremos encontrarnos haciendo declaraciones en nombre de Cristo que corren en sentido contrario a la Palabra de Dios. Hacerlo así es serio. Dios no puede contradecirse. Si vamos a hablar en el nombre de Dios, debemos responsabilizarnos para conocer lo que la Palabra de Dios contiene.

Como el evangélico y el contemplativo, el carismático trae ciertos puntos fuertes a la oración que escucha. Pero si el don va a perfeccionarse, a la mayoría de nosotros nos espera una gran cantidad de trabajo arduo.

Para cualquier cristiano que genuinamente haga la pregunta: «¿Cómo puedo *yo* escuchar a Dios más efectivamente?», el camino que está delante es sencillo, en mi opinión. Debemos reconocer las habilidades que ya Dios nos ha entregado, dar gracias por ellas y usarlas eficazmente. Entonces, en lugar de caer en la trampa de *criticar* a los cristianos de otras tradiciones y en lugar de preguntarnos: «¿cómo puedo probar que ellos están equivocados?», debemos comenzar por preguntarnos: «¿qué puedo aprender de ellos?». No esperemos estar de acuerdo con todo lo que creen o con la postura de una persona de otra tradición. Sin embargo, si vamos a obedecer el mandamiento de Jesús y si vamos a amarlo como él nos ama, aprenderemos a aceptar y valorar todo lo que Dios está haciendo en ellos y, en el aspecto de escuchar a Dios, aceptar las disciplinas que claramente los ayudan en la tarea que nos ocupa: escuchar a Dios con precisión. De este modo, la visión dilatada de Dios que avanza sobre nuestro horizonte también nos cautivará continuamente. Nos daremos cuenta de que durante toda nuestra vida, según el lenguaje de J.B. Phillips, nuestro Dios fue demasiado pequeño.

Conócete a ti mismo

Al igual que el oyente en perspectiva puede aprender a discernir sus puntos fuertes y sus limitaciones al reconocer las ideas que su trasfondo le ha provisto y los aspectos en que su iglesia está deficiente, de la misma manera el futuro oyente puede mejorar su habilidad para escuchar a Dios al percatarse de su personalidad.

El analista Carl Jung dividió a las personas según los tipos de personalidades: el extrovertido y el introvertido. Uno no es ni mejor ni más maduro que el otro, son diferentes. Él fue más allá y subdividió a cada uno de estos tipos de personalidades en cuatro formas, de acuerdo a la manera en que ellos abordan la vida: por medio de los sentidos, la intuición, el pensamiento y el sentimiento.

Es muy valioso que admitas dónde descansa tu predisposición porque, con toda probabilidad, oirás a Dios hablándote de ciertas formas que vienen bien con tu personalidad.

Por ejemplo, es más probable que el extrovertido, a quien le gusta pensar, oiga la voz de Dios por medio del estudio de la Biblia, la lectura de comentarios, la evaluación de las doctrinas y la clarificación de las posiciones teológicas en lugar de por medio de la naturaleza y de la imaginación. Por otra parte, el introvertido que es pensador tratará de oír a Dios por medio de la *meditación* de la Biblia, la lectura lenta de las Escrituras, la lectura devocional. Una no es mejor que la otra. Son diferentes.

Del mismo modo, el extrovertido, a quien las sensaciones lo motiva en un alto grado, puede buscar un toque fresco de Dios asistiendo a servicios de celebración. Se sintonizará con Dios al observar o participar en la danza espiritual, el drama o el canto de coros de las Escrituras. El introvertido al que las sensaciones lo gobiernan, buscará la presencia de Dios en la calma de un convento, en la quietud de la contemplación o en una caminata por el campo o en la paz de un lugar reservado para la oración. Uno no es mejor que el otro. Son diferentes. El extrovertido tratará de oír a Dios fuera de sí mismo, porque por definición el extrovertido se vuelve hacia afuera. Por otra parte, el introvertido se concentrará en Dios al poner atención en el mundo interior, porque por definición, el introvertido se alimenta del mundo interior. Uno no es mejor que el otro. Son diferentes.

El desafío para todos nosotros, los que queremos escuchar a Dios, es «orar como podamos»; reconocer las propensiones particulares que traemos a la disciplina de escuchar según nuestra personalidad, para comenzar allí y luego movernos hacia afuera de esos límites autoimpuestos para explorar métodos de escuchar que son válidos para personas con tipos de personalidades diferentes a las nuestras.

Permítaseme explicar lo que quiero decir. Soy introvertida. Si me muevo dentro de la esfera de mi tipo de personalidad, me restrinjo al silencio, la meditación de la Biblia, la lectura lenta de las Escrituras, la contemplación de Dios en la naturaleza, oír a Dios con la vividez de mi imaginación. Pero me casé con un extrovertido y muy pronto en nuestro matrimonio nos dimos a la tarea de aprender a encontrar valor en lo que el otro disfrutaba. Mi esposo ama los servicios de celebración, la discusión intelectual y el drama. A través de los años, mientras he estado tratando de descubrir por qué él valora esas cosas, he descubierto que Dios me habla, no solo en las formas que yo esperaría como introvertida, sino en las formas que yo esperaría que le hablara a mi esposo extravertido. Esto no solo intensifica mi escuchar, sino que trae una sensación de plenitud y totalidad.

En el mismo servicio ahora yo me puedo sumergir en la quietud de la presencia de Dios y alabarle con mi pandereta.

Conoce a tu Señor

No es suficiente conocer nuestro trasfondo y conocernos a nosotros mismos. También debemos conocer a nuestro Señor. Jesús tiene una forma maravillosa de hacer que su presencia se conozca por todas las clases de tipos de personalidades y personas de una variedad de trasfondos.

Piensa en las apariciones de la Resurrección de Jesús, por ejemplo. Temprano en la mañana, el primer día de Resurrección, Jesús apareció a María, alrededor de cuyo cuello podríamos colgar la etiqueta de «contemplativa» o «introvertida». Jesús se le apareció mientras María lloraba su dolor a la entrada de la tumba vacía. Él le dio el lujo por el cual suspiraba su corazón: una larga oportunidad de contemplar al Maestro a quien ella adoraba; la oportunidad de beber en la única palabra amorosa para ella, «María», su propio nombre.

O piensa en los discípulos que marchaban pesadamente por el camino que va de Jerusalén a Emaús. Quizá fueran extrovertidos: tipos pensadores. Cuando Jesús se les puso al lado en su dolor, su manera de abordarlos fue diferente a la reunión con María. Él apeló no a sus emociones, sino a sus mentes. Él expuso las Escrituras, abrió los ojos de su entendimiento y los reprendió por descuidar el uso de sus poderes de pensamiento. Al final de la jornada ellos lo oyeron. Al reunirse con ellos en su necesidad, él usó un lenguaje que ellos podían comprender.

Piensa también en Pedro, el extrovertido que reaccionaba ante las situaciones en lugar de responder a ellas después de pensar cuidadosamente. Para Pedro, Jesús hizo un milagro. Después de su abortado viaje para pescar, que duró toda la noche, Jesús le señaló dónde podía encontrar un enorme banco de peces. Y como si eso fuera poco, Jesús llevó aparte a su desconsolado discípulo y lo restauró, asegurándole en un lenguaje que Pedro pudo interpretar que la negación a su Maestro le había sido perdonada.

Estas personas diferentes, con diferentes tipos de personalidad y con necesidades diferentes, tenían una cosa en común. Ellos encontraron al viviente Señor Jesús de una manera que era única para ellos.

Mientras que he estado escribiendo este libro se ha profundizado en mí la convicción de que el viviente Señor Jesús todavía anhela comunicarse por medio de su Palabra, por medio de su pueblo, por medio de las circunstancias, por medio de la naturaleza y a través de una variedad de formas que solo un Dios creativo pudiera idear. También he llegado a estar consciente cada vez más de ese gran número de cristianos en el mundo de hoy que están clamando por un encuentro más profundo con su Creador, Dios. Es mi oración que lo que he escrito pueda contribuir en alguna pequeña manera a un encuentro entre los dos: que tal vez este libro pueda llegar a ser un puente sobre el cual un Dios comunicante y algún oyente cristiano se encuentren uno con el otro en amor.

Para mí, como he dicho, ayunos, diarios de oración, Días Quietos y retiros, estudio bíblico, meditación bíblica, lectura lenta y la contemplación de la naturaleza, contribuyeron a mi desarrollo de escuchar a Dios. Eso no significa necesariamente que cada uno de estos caracterizarán *tu* vida de una manera significativa. Repito: «Ora como puedas, no como no puedas».

La joven madre puede anhelar un Día Quieto y, sin embargo, ser incapaz de dejar sus responsabilidades por tal lujo. Cinco minutos de silencio serán en verdad una bendición. Una familia viviendo en condiciones nada cómodas no puede esperar un cuarto de oración. Una persona que vive en la ciudad puede ver muy poca señal de Dios en la creación. No todo el mundo puede llevar a bordo todas las ayudas para escuchar que hemos mencionado todo el tiempo. Algunas ayudarán y estimularán a otros en diferentes fases de su vida. Mi consejo es este: ¡Experimenta! Haz lo que funcione para ti. Si un método particular de escuchar parece ser ventajoso para refinar tu habilidad de escuchar a Dios, úsalo. Si no te ayuda, déjalo a un lado sin ningún sentimiento de culpa o vergüenza.

Cinco minutos para Dios

Pero sé disciplinado. Los cristianos que son serios en su deseo de escuchar a Dios se embarcan en un viaje. Está lleno de sorpresas que hacen de él una aventura. Como ya he indicado también es un ascenso, una subida penosa, un trabajo arduo. Si somos disciplinados, la mayoría de nosotros puede reservar una silla en una esquina como un lugar de oración. La mayoría de nosotros puede sacar cinco minutos diarios para Dios, si tenemos disciplina. Si tenemos disciplina, la mayoría de nosotros *puede* aprender a tejer la oración en nuestros quehaceres cotidianos. Si somos disciplinados, la mayoría de nosotros *puede* ayunar y aun ingeniárselas para tener un Día Quieto. Sin disciplina creo que nunca aprenderemos a escuchar. Eso es parte del por qué nos necesitamos unos a otros.

Dios siempre está más ansioso de hablarnos que nosotros de escucharlo. Personalmente hablando, la conciencia de este hecho es un acicate para mí.

Mientras escribo, apoyado en mi esquina de oración, está el libro de Ulrich Schaffer, *Into Your Light* [Dentro de tu luz]. En una página, la cámara contemplativa capturó la parte posterior de una hoja fotografiando la red de venas que le dan vida. En la página siguiente el poeta registra su respuesta a la invitación de Dios para correr a través de su vida de la misma forma:

Siento tu energía
Fluir a través de mí
Dentro de los vasos sanguíneos más pequeños
Porque tú quieres ser la sangre de mi vida
En todas sus temporadas
Y tú quieres llegar a ser visible en las hojas
Y el fruto que yo llevo.

Extiéndete en mí
Presiona, penetra, horada y fluye
Aun si, a veces,
Yo quiero repeler esta invitación
Por temor de tus caminos en mí

Circula en mí
Cambia y renueva
Porque yo sé
Que solo tu Espíritu
Puede traer vida y fruto verdaderos.[2]

Como una persona que está espiritualmente llena pero nunca satisfecha, que ha encontrado pero aún busca, que ha oído pero todavía espera en amor escuchar, yo también me hago eco de esa oración. Extiéndete en mí, Señor Jesús, hasta que te vea cara a cara.

Epílogo

Seguir adelante

«Dios siempre sigue adelante». Él nos invita a «no estancarnos en nuestra vida espiritual, sino cambiar y seguir dejándose cambiar».

A menudo, cuando reflexiono en el misterio de este movimiento interior, lo comparo con el viaje que hace un río desde su incierto comienzo, quizá como un hilo de agua en la montaña, calándose a través de los brezos y haciendo curvas a través de los picos de la montaña, hasta ese momento cuando fluye confiado hacia el mar. Si el río pudiera contar su propia historia, describiría cómo forzó su paso helado a través de los lagos glaciales, cómo se derramó y cayó ruidosamente haciendo espuma por senderos con piedrecitas, a través de una serie de abismos espectaculares, cómo dio vueltas pasando por prados gentiles y serpenteó su camino a través de la selva antes de correr sin parar hacia el atrayente océano.

«Serpenteó su camino a través del desierto». Cuando mi editor me invitó a añadir un epílogo a este libro, reflexioné en mi propio peregrinaje espiritual, representándome a mí misma como un río. Al hacerlo así reconocí que desde la publicación de la primera edición de este libro, mi peregrinaje de oración me ha llevado a través de largos tramos en el desierto. En el capítulo 19 me referí, aunque brevemente, a tales períodos de sequedad espiritual. Allí mostré cómo a esta fase de la oración algunas veces se le conoce como «la noche oscura del alma» porque los métodos de oración que una vez cosecharon recompensas ricas de repente dejan de producir la cosecha esperada: sentir la presencia de Dios. Ya dejé de temerle a esta fase del viaje. Por el contrario, ahora me emociona. Los escritos de Thomas Green me ayudaron a comprenderlo, así que ahora me doy cuenta con mayor claridad que nunca antes de que aquellos que son serios en su deseo de profundizar más en la voluntad de Dios ciertamente se les llevará a una «vasta, purificadora sequedad».[1] El desierto espiritual.

Etapas de crecimiento espiritual

Thomas Green sugiere, y yo estoy de acuerdo con él, que la mayoría de las personas experimentan tres etapas en su crecimiento cristiano. Estas etapas varían de persona a persona en duración e intensidad pero, cuando miramos hacia atrás, a nuestras vidas, y trazamos nuestras propias historias, podemos discernir bien su presencia.

La primera etapa es más bien como los comienzos inciertos del río que he descrito. Cambiar la imagen de los ríos serpenteantes a las relaciones, es más bien como el comienzo de una amistad donde alguien nos atrae por la clase de química que llamamos «atracción» o «enamoramiento». Es la etapa donde anhelamos conocer a la persona y emplear horas haciéndolo. En nuestra relación con Dios sentimos tanta atracción hacia él, incluso estamos tan enfatuados con él, que separamos tiempo y usamos una energía considerable en la oración, el estudio bíblico o la meditación bíblica y la contemplación tanto como la clase de oración que escucha y que yo destaqué en los capítulos anteriores de este libro. Sin embargo, mucho de nuestro conocimiento durante esta fase es conocimiento de la mente. Almacenamos en la computadora de nuestro cerebro una gran cantidad de información *acerca* de Dios.

Pero los amigos íntimos o los amantes no se contentan simplemente con conocerse uno al otro. Ellos tienen un anhelo insaciable de estar juntos. Ansían trasladarse de esta etapa inicial de amistad a la próxima, donde el conocimiento «acerca de» llega a ser un conocimiento más profundo al cual llamamos intimidad; donde el conocimiento de la mente llega a ser consciencia, afición, afecto, amor. En nuestra relación con Dios, durante la segunda fase de la jornada, las verdades que hemos almacenado en nuestro cerebro gotean lenta y gradualmente de nuestras cabezas a nuestros corazones. La oración llega a estar menos orientada hacia el logro y más tranquila. Reconocemos que Dios anhela que nosotros, a veces, simplemente estemos con él. Él nos procura con su amor de la manera que he descrito en el capítulo 3. Él emplea una gran cantidad de tiempo convenciéndonos, como lo dice Henri Nouwen, de que *nosotros* somos los amados, los amados de Dios.[2] Es posible que durante esta etapa de nuestro crecimiento lleguemos a experimentar periódicas sequedades espirituales, de la clase que describo en el capítulo 19. Como destaqué en ese capítulo, estos períodos de corta duración, cuando Dios parece más ausente que presente, nos relacionarán con un dolor incurable por él. También estarán puntuados por incursiones a oasis espirituales donde, con nuestros sentidos y nuestras emociones, reconoceremos y disfrutaremos hasta el máximo la presencia y el amor de Dios.

Así como la relación entre amigos íntimos o parejas de casados cambia a través de los años de modo que su amor llega a basarse más en la voluntad que en las emociones, también nuestra relación con Dios cambia con el tiempo. Thomas Green sugiere que en esta tercera fase de la oración es en la que progresamos de amar a Dios a amarle *verdaderamente*. Aprendemos lo que significa amar con la parte de nuestro ser que la Biblia llama «el corazón». El corazón significa nuestro ser más interior. Realmente incluye las emociones. Incluye también la voluntad.

Una manera en la que Dios compromete nuestra voluntad es llevándonos al desierto espiritual donde nuestros caminos para llegar a Dios bien aprendidos, muy practicados y disfrutados, cesan de ser de ayuda. El intelecto se seca, hasta el punto en que el estudio de la Biblia parece infructuoso y hasta aburrido. La imaginación se seca así que la meditación de la Biblia llega a ser igualmente árida y sin significado. Los sentimientos se secan, de modo que cuando anteriormente podíamos sentir la presencia de Dios, ahora solo experimentamos su aparente ausencia. Bien pudiéramos estar preguntándonos si tenemos nuestro primer amor o si a lo mejor lo hemos perdido, o lo que es peor, que hayamos perdido nuestra fe.

Algunos ejemplos

Tengo la sensación de ver al apóstol Pedro pasar por estas tres etapas del crecimiento espiritual. Su hermano Andrés lo había presentado a Jesús (Juan 1:41), a Pedro se le dio el privilegio de pasar un día entero con Jesús. Mientras amanecía él escuchaba a Jesús enseñando. Cuando el día declinó él fue testigo del milagro que hizo Jesús con la multitud de peces (Lucas 5:3ss). No se nos dice qué más ocurrió entre estos dos hombres cuando ellos pasaron el día juntos en el Mar de Galilea. Se nos dice que un cierto magnetismo que llamaremos atracción llevó a Pedro a Jesús tan irresistiblemente que, cuando Jesús lo invitó diciéndole «sígueme», Pedro empujó su bote hacia la costa, lo abandonó todo y siguió a su nuevo Maestro.

Casi tres años después, cuando Jesús estaba orando en privado aunque en compañía de Pedro y de otros miembros de su pequeña comunidad, él le hizo a sus compañeros la pregunta pertinente: «¿Quién dice la gente que soy yo?» A esta le sigue la aún más pertinente pregunta: «Y *ustedes*, ¿quién dicen que soy yo?» Como sucedía con tanta frecuencia, fue Pedro el que lanzó la respuesta a esta pregunta: «El Cristo de Dios» (Lucas 9:20).[3]

Esta clara declaración de fe muestra que Pedro no solamente había escuchado y aprendido de la enseñanza de Jesús acerca del Reino, él había discernido la identidad de Jesús. Él había recogido una gran cantidad de conocimientos en su mente.

Estar con Jesús durante tres años dio a luz en Pedro no solo una consciencia de quién era Jesús, sino también un amor profundo por el Maestro. Fue un amor protector, aunque equivocado, el que motivó que Pedro protestara cuando Jesús declaró su intención de ir desde Galilea hasta Jerusalén. Fue el amor la causa de que Pedro, aunque inapropiadamente, se opusiera a que el Amado le lavara los pies (la clase de amor que a menudo deja al Amado sintiéndose totalmente indigno del amor del otro). Sin embargo, fue amor, aunque débil, lo que llevó a Pedro a hacer la fútil promesa: «Aunque todos te abandonen, yo jamás lo haré. Aunque tenga que morir contigo, jamás te negaré» (Mateo 26:33, 35). Al final, estas promesas demostraron ser vacías y fútiles, pero cuando se hicieron, fueron sinceras y bien intencionadas.

El perfeccionamiento del amor de Pedro vino más tarde, después de la resurrección. La línea divisoria vino en la crucifixión. Durante tres años Pedro había vivido con Jesús, aprendido de Jesús, amado a Jesús. En ese primer viernes santo algo murió. Jesús murió. Y con él murió la segunda fase del crecimiento espiritual de Pedro. Nunca más haría Pedro unas declaraciones tan extravagantes y emocionales como las que hemos citado arriba. Nunca más Pedro disfrutaría del privilegio de un encuentro con el Amado, día a día, casi momento tras momento. Incluso después de la resurrección, cuando Jesús sorprendió a Pedro con ese inesperado regalo de amor de un encuentro personal en algún lugar en las calles de Jerusalén (Lucas 24:34); incluso después de que Jesús se reuniera con Pedro y con los otros por lo menos en dos ocasiones en el Aposento Alto en Jerusalén, la relación entre los dos hombres sufrió un cambio inevitable. Pero ahora Pedro había madurado y había aprendido que él podía disfrutar la presencia de Jesús aunque solo fuera fugazmente. Pedro, al igual que María Magdalena, también necesitaba oír de Jesús aquellas palabras probablemente dolorosas: «Suéltame» (Juan 20:17).

De los evangelios podemos inferir que Pedro encontró que esta sequedad transicional era difícil de manejar. Esto es comprensible. Para él la sequedad transicional significaba que en un minuto dado él estaba con Jesús disfrutando de su presencia como él lo había conocido durante aquellos tres años preciosos, mientras que al minuto siguiente Jesús había desaparecido de nuevo. En una de esas ocasiones cuando Pedro sintió con agudeza la ausencia de la presencia física del Maestro, él le anunció a los que estuvieran escuchando: «Me voy a pescar» (Juan 21:3). ¿Fue este regreso a su antigua profesión una señal de desasosiego o de desilusión? Quizá. Más tarde, esa misma mañana, Jesús le advirtió a Pedro que vendrían cosas peores. Vendría el día cuando el amor que Pedro le expresó al Señor se perfeccionaría. «De veras te aseguro que cuando eras más joven te vestías tú mismo e ibas a donde querías; pero cuando seas viejo, extenderás las manos y otro te vestirá y te llevará a donde no quieras ir» (Juan 21:18). Juan explica que aquí Jesús estaba refiriéndose a la manera en que terminaría la vida de Pedro, en la muerte por crucifixión. Si tomamos en serio los escritos de Pedro y los leemos con sensibilidad, muy pronto se hace obvio que significan más que eso. Se refieren al perfeccionamiento y purificación de la persona y del amor de Pedro.

El amor de Pedro fue un amor emocional hasta la crucifixión de Jesús. Como explica Thomas Green: «Las emociones… están esencialmente centradas en sí mismas. Aprovechan cualquier cosa que les complace y gratifica… Por consecuencia, el amor que es fuertemente emocional está buscando esencialmente al yo, preocupado por su propio placer y delicia». Él añade que «el pozo de las emociones seguramente se secará».[4]

Mientras Jesús estaba vivo y Pedro era un miembro clave, muy respetado y amado, disfrutaba de una gran cantidad de elogios, emoción y realización. Es verdad que había hecho sacrificios considerables para seguir a Jesús. También es verdad que trabajó arduamente por el Maestro. En los primeros días después de la resurrección y después del pentecostés, él continuó entregándose a favor de Cristo

y de su Iglesia. Pero aquí, en la costa del Mar de Galilea, Jesús parece
estar advirtiéndole a Pedro que el día en que él necesitaría entregarle
las riendas a Dios se estaba aproximando con rapidez. Dejar que
Dios fuera Dios. Como la arcilla en manos del alfarero, Pedro debía
suavizarse y reformarse. Su papel iba a cambiar. En lugar de ser el que
tomaba la iniciativa en el trabajo o en la oración, él debía estar sumiso
y condescendiente como la arcilla. Ahora *Dios*, el Alfarero celestial,
tomaría la iniciativa mientras Pedro aprendía las lecciones, algunas
veces difíciles de la aceptación y la receptividad. Si comparamos el
estilo de liderazgo del Pedro de los Hechos de los Apóstoles con la
sensibilidad del Pedro, el autor de 1 Pedro, vemos que él transitó
un largo camino en el sendero de la santificación antes de su crucifixión. Ese sendero de santificación lo condujo a través del desierto
clamoroso donde, a veces, él no podía ver, ni sentir, ni oír a Jesús a
quien amaba pero donde, misteriosamente, sabía que la promesa de
su Maestro se cumpliría. Jesús *nunca* lo dejaría ni lo desampararía.
Aunque a veces pareciera estar ausente, estaba allí, invisible aunque
gloriosamente presente, no oído, pero todavía hablando, no sentido
pero todavía maravillosamente en control.

El desierto espiritual

Nosotros, al igual que Pedro, necesitamos pasar por la tercera
fase. Thomas Green va más lejos cuando sugiere que: «Solo estamos
bien en el camino de Dios cuando venimos a *amar* el desierto y a *pre-
ferirlo* a los oasis. Es un "mundo verdaderamente virado al revés"».[5]

Desde la primera publicación de *Escuchando a Dios* he encontrado
que el río de mi vida se ha visto forzado a hacerse camino a través
del desierto. Esto no significa que yo haya abandonado los métodos
de escuchar a Dios que bosquejé en el libro. Todavía los uso. Aún
los encuentro valiosos. Sin embargo, ahora me doy cuenta que la
iniciativa no es mía, sino de Dios. También significa que yo no puedo
manipular a Dios. Solo porque yo me haya dispuesto a la tarea de
escuchar en cualquier ocasión dada, no significa que necesariamente
Dios escoja ese momento para revelárseme o para hablarme. Estoy
aprendiendo a dejar que Dios sea Dios, permitirle controlar el fluir
de las palabras, o el amor que siento, o la sanidad, o la sensación de
su presencia. Hay veces cuando él parece gloriosamente presente;
hay otros lapsos de tiempo largos cuando se *siente* como si hubiera

desaparecido, pero la fe me asegura que él está tan cerca como siempre ha estado y cuando él discierne que el tiempo ha llegado, hará sentir otra vez su presencia y su amor.

Mucho ha cambiado en mi vida desde que terminé mi aprendizaje en la oración que escucha y exploré la quietud y la soledad. Ahora que he vivido y trabajado en ultramar, he sido privada de muchos de los puntales con los que contaba cuando vivía en Inglaterra. Cuando me preparo para dirigir retiros, algunas veces me identifico con Pedro. Siento como si con frecuencia me llevara a lugares que preferiría no visitar. Y, sin embargo, como una amiga me señaló recientemente: «¿Te has dado cuenta cuán a menudo tú escribes en tus cartas: "Estoy profundamente, profundamente feliz. Contenta"?» No me había dado cuenta hasta que ella me lo señaló.

Cuando reflexiono en este comentario y en mi experiencia personal del desierto, me doy cuenta que las afirmaciones que se hacen en esta fase de nuestro crecimiento espiritual son adecuadas. El desierto es el lugar donde, gradual y lentamente, se nos priva de nuestro amor al yo y hasta nuestro amor a Dios se perfecciona. El desierto es el lugar donde se nos enseña a no asirnos de algo o de alguien, ni tan siquiera de Dios. El desierto es el lugar donde nuestra oración madura y se purifica. En el desierto nos damos cuenta que, incluso en oración, Dios hace más y más y nosotros hacemos menos y menos. Oramos no porque recibimos el consuelo de Dios como resultado, sino porque Dios ora a través de nosotros y cada vez más el anhelo de nuestro corazón es que nuestra vida gire no alrededor de mi yo, sino alrededor de él. Él se convierte en el deseo de nuestro corazón.

Curiosamente el desierto es el lugar donde germinan las semillas de la fe. Cuando miro hacia afuera, desde la ventana de mi estudio mientras escribo, la naturaleza me presenta una parábola. Es la afamada primavera de Chipre. La yerba es de un verde virgen. Hileras de trigo de verano crecen a lo largo de alfombras de mostaza amarilla. Los botones rosados se asoman en los almendros y las flores blancas exhalan su fragancia por toda la arboleda de naranjos. Y la madre tierra, la que durante nueve meses al año yace sedienta y seca como si estuviera llorando por agua, ha dado a luz a una miríada de flores silvestres: ciclámenes en miniatura, arvejas púrpuras, margaritas blancas como el papel, caléndulas de ojos anchos, verónicas azul oscuro, pequeños iris azul pálido, narcisos color crema limón y los narcisos danzantes, para mencionar unas pocas. Me recuerda que todo lo que las plantas tienen que hacer es quedarse en el lugar en que se plantaron, ser receptivas a la nutrición del sol y a la lluvia de la estación. El resultado de esta receptividad es que germinarán y crecerán, llevarán fruto y serán una delicia.

El desierto espiritual también es así. Es el lugar donde reconocemos nuestra pequeñez, nuestra total dependencia de Dios aun para la vida de oración. Es el lugar de la receptividad, de la fe germinante. Paradójicamente es el lugar donde descubrimos que la aparente sequía contiene toda el agua que necesitamos. Es el lugar donde la aparente oscuridad se torna en luz enceguecedora. Es el lugar donde la aparente esterilidad lleva fruto prolífico, la clase de fruto que el mundo, algunas veces hasta la misma Iglesia Cristiana, le pasa por el lado o lo pisotea, pero la clase de fruto que reconocen y valoran el Jardinero celestial y aquellos que han transitado este sendero desértico. Porque, como nos recuerda Isaías, cuando «el Espíritu sea derramado sobre nosotros. Entonces el desierto se volverá un campo fértil» (Isaías 32:15).

Dondequiera que yo hablo a grupos acerca de esta experiencia de desierto, es decir, este tercer estado del crecimiento espiritual, encuentro que personas de oración, dedicadas y devotas, aguzan el oído y parecen beber cada palabra. Muchos me agradecen por dar luz a lo que parece ser en algunos círculos cristianos una experiencia negativa.

Causas posibles de oscuridad

No toda sequía espiritual tiene una faz positiva, por supuesto. Por lo tanto, cuando nos encontramos vagando en el desierto espiritual, hacemos bien en preguntarnos algunas cosas pertinentes:

+ ¿Estoy aquí porque nunca aprendí que la oración no es un deber que cumplir sino una relación con Dios para disfrutarla? ¿He permitido que las listas de oración y/o algún otro método de orar se conviertan en una carga antes que concebir la idea de la oración como un tiempo empleado con el divino amor?

+ ¿Estoy seco porque he permitido que el exceso de las ocupaciones me dejen sin tiempo para Dios?

+ ¿Necesito, como María, hacer tiempo para sentarme a los pies de Jesús?

- ¿Salgo y entro de la presencia de Dios sin «sintonizar el instrumento en la puerta», preparándome reverentemente para encontrarme con un Dios santo?

- ¿Algo o alguien ha llegado a ser más precioso para mí que Dios? ¿Es necesario que aprenda a mantener a esa persona o cosa en una mano abierta de modo que mis manos abiertas estén listas para que Dios las tome o las restaure y de ese modo yo esté listo a recibir lo que quiera o a quien quiera él enviar a mi vida?

- ¿Está mi vida girando alrededor de mi yo antes que alrededor de Dios? Si es así, esta es la esencia del pecado y necesita que se le confiese.

- O, ¿pudiera ser que esta sequedad no sea autoimpuesta sino que más bien venga como un regalo de amor de Dios?

Una manera de discernir si la sequedad espiritual es una señal de que se deben examinar las prioridades y quizá cambiarlas o si son un don que debe recibirse, es hacernos unas cuantas preguntas más:

- ¿Parece que esta sequía halla paralelos con la clase de sequía transicional que Pedro experimentó? (Algunas veces la presencia de Jesús es reconocible y real mientras que otras veces parece más ausente que presente.)

- ¿Qué clase de fruto estoy llevando? (De acuerdo con Jesús un buen árbol no puede llevar malos frutos.)

- ¿A qué reino estoy sirviendo, al reino de Dios o al reino de mi yo?

- ¿Esta sequedad prolongada parece como una invitación a crecer, a danzar con el tono de Dios, a cesar de pedir que Dios dance con el mío? Para cambiar la metáfora, ¿pudiera ser que Dios esté pidiéndome que me convierta en arcilla maleable en sus manos o como un paciente se confía a las manos de un cirujano habilidoso? ¿Pudiera ser que este Dios que se interesa en mí esté usando mi trabajo, mis relaciones, mis frustraciones y las otras circunstancias de mi vida como instrumentos que aunque puedan herir, traen sanidad, plenitud y paz?

Escuchar a Dios en el desierto

Si la mayoría de los días usáramos tiempo para detenernos y pedir a

Dios que nos muestre dónde él ha estado trabajando en nuestras vidas, dando a luz el fruto del Espíritu: amor, gozo, paz, paciencia, bondad, fidelidad, amabilidad y templanza (Gálatas 5:22), él honrará tal oración y nos ayudará a discernir dónde su Espíritu está trabajando en los lugares recónditos de nuestro ser. Y si le pedimos que nos muestre, de tiempo en tiempo, si fuera posible la mayoría de los días, que hemos estado sirviendo con nuestro tiempo y nuestras energías, nuestras actividades y nuestras actitudes, él también honrará esa oración.

Sospecho que muchos de aquellos lectores que me escribieron hace diez años para decirme que sus peregrinaciones encontraron muchos paralelos en mi propia historia pueden, por ahora, haberse encontrado en el desierto a donde Dios los ha llevado. Mi oración es que todos nosotros, cuando se nos conceda este privilegiado tiempo de prueba, podamos sacar fuerzas de las promesas de Dios:

> Así dice el Señor,
>> el que abrió un camino en el mar,
>> una senda a través de las aguas impetuosas;
> «Olviden las cosas de antaño;
>> ya no vivan en el pasado.
> ¡Voy a hacer algo nuevo!
>> Ya está sucediendo, ¿no se dan cuenta?
> Estoy abriendo un camino en el desierto,
>> y ríos en lugares desolados …
> para dar de beber a mi pueblo escogido,
>> al pueblo que formé para mí mismo,
> para que proclame mi alabanza».
>
> (ISAÍAS 43:16, 18-21).

> Por eso, ahora voy a seducirla:
>> me la llevaré al desierto
>> y le hablaré con ternura.
> Allí le devolveré sus viñedos…
>> Allí me corresponderá,
>> como en los días de su juventud
>
> (OSEAS 2:14, 15).

Aunque originalmente Dios le estaba hablando por medio de Isaías a los Hijos de Israel y a Oseas acerca de su esposa infiel Gomer, yo creo que allí hay verdades espirituales que nosotros los que debemos emplear algo de nuestro tiempo vagando por el desierto, podemos sacar de estas promesas. A medida que lo hagamos, tal vez descubramos que estamos de acuerdo con Bob Brown, el director de la Sociedad del Desierto de Tasmania: Necesitamos el desierto. Los cañones de concreto, las llanuras de asfalto y las flores plásticas de la ciudad moderna no sustituyen los amplios espacios abiertos de la naturaleza».[6] Podemos encontrarnos añadiendo nuestra propia cláusula calificante: «Necesitamos el desierto porque...»

Cuando reflexiono en mi propia experiencia, mi mente retrocede a un retiro que hice una vez en Canadá. Allí medité en la afirmación de Teresa de Ávila: «El agua es para las flores». En otras palabras, cuando Dios viene a nuestras vidas, con la sensación de su presencia o con la clase de dones espirituales que he destacado en *Escuchando a Dios* es con un propósito, que él se glorifique por medio de la cosecha espiritual que se recoja como resultado. Esto me induce a declarar que necesitamos desiertos para que nuestra vida cese de girar en torno a nosotros en lugar de girar en torno a Dios en quien vivimos y nos movemos y somos.[7]

El reto continúa

El día antes de dejar a Chipre para regresar a Inglaterra, fui por última vez al buzón en el pueblecito donde vivíamos. Allí descubrí un sobre grande, carmelita, enguantado que venía del correo en América. Intrigada lo abrí para descubrir una copia del manuscrito del libro de Richard Foster, *Streams of Living Water* [Corrientes de agua viva]. También había una carta del editor invitándome a escribir un elogio de este nuevo libro. Con cuidado coloqué el manuscrito en el equipaje de mano que al día siguiente llevaría conmigo en el avión y determiné que durante el viaje al hogar me daría un banquete con las ideas de Richard.

El avión despegó y, con bolígrafo en mano, enterré mi nariz en el manuscrito, agradecida de tener un proyecto para ocupar mi mente en un tiempo en que estaba despidiéndome de una isla cuyo pueblo y cultura había llegado a amar. Mientras que subrayaba una idea después de otra, en mi interior me encontré aplaudiendo mientras que absorbía más y más de las ideas penetrantes de Richard que tan cerca hacen eco a las mías.

«¿Pero pueden los cristianos británicos aceptar esta tesis?», me preguntaba recordando cuán resistentes a la espiritualidad contemplativa habían sido algunos cristianos al principio de la década de 1980. Mi preocupación no era necesaria. Cuando en su oportunidad me establecí de nuevo en mi patria, descubrí para mi gran deleite que mientras había vivido y trabajado en ultramar, el clima cristiano en Inglaterra había cambiado tanto que incontables cristianos estaban ahora ansiosos y listos, y hasta anhelantes, de recibir las ideas que tanto Richard como yo nos sentimos compelidos a comunicar. El clima continúa moviéndose en esta dirección. Así que, mientras escribo, estoy preparándome para dirigir un seminario en Spring Harvest acerca de «Escuchar a Dios» y, acabando de regresar de un día de preparación para los disertantes del programa, estoy muy consciente del hambre real que muchos están expresando para que se les enseñe no solo cómo escuchar a Dios sino también acerca de cómo ir más profundo en su relación con él.

Esto me conmovió profundamente. Igual de emocionante fue la invitación que recibí precisamente después del regreso de este día de preparación. Era de un canónigo de la Iglesia de Inglaterra que me invitaba a hablar sobre el mismo tema en una conferencia de clérigos.

Encuentro emocionante y estimulante este entusiasmo que se expresa por experimentar una experiencia espiritual más profunda porque con ella viene un deseo de abandonar los días en que nuestras vidas consistían de un solo hilo espiritual. Ya no tenemos que afirmar «Yo soy evangélico», «Yo soy carismático», «Yo soy contemplativo». Cada vez más los cristianos están reconociendo que hay muchos hilos para ser un cristiano efectivo y el reto que confrontamos es descubrir cuáles son esos hilos y tejer cada uno de ellos dentro de la tela de nuestras vidas.

Un hilo, como hemos visto a través de todo este libro, es el hilo contemplativo. Richard Foster lo sintetiza con la frase «la vida llena de oración». La oración a la cual él se refiere es la oración del corazón, la oración del silencio, la oración que puede, quizá, resumirse con la historia que antes referimos del anciano que le dijo al sacerdote: «Yo lo miro y él mi mira y uno al otro nos decimos que nos amamos».

Este comentario simple pero profundo define un hilo de espiritualidad que es casi indefinible.

La vida es un tejido

En mi estudio tengo una máquina para tejer, pequeña pero hermosa, que compré en Pakistán en una de mis visitas a ese país. Se requieren tijeras y otros instrumentos para tejer a mano a los lados de un tapete de mesa hermoso pero incompleto que alguien comenzó pero dejó sin terminar. Yo lo compré y lo guardo a mi lado porque para mí es una parábola de la vida cristiana y un reto: una parábola porque me recuerda que, desde este lado de la eternidad, nuestras vidas están siempre incompletas; un reto porque ello me persuade a pensar que siempre hay algo más que puedo hacer pero que si de veras este trabajo va a ser efectivo, yo debo incorporar *todos* los hilos. Así como un contemplativo escucha a Dios en el silencio, yo también necesito abrazar una espiritualidad carismática y escuchar la tranquila y pequeña voz y la incesante actividad del Santo Espíritu, el ayudante que Jesús prometió proveernos.

Mientras más tejamos la apertura al Santo Espíritu y a la silente adoración a Jesús en nuestras vidas, más escucharemos y oiremos a Dios. El resultado será que encontraremos otro hilo espiritual que llega a ser parte esencial de nuestro carácter, el hilo de la santidad de vida o de vivir a la semejanza de Cristo. Esta santidad no estará confinada a nuestro lugar de oración, se derramará en el hogar, en el centro de trabajo, en nuestras relaciones, en el compañerismo al cual pertenecemos; en fin, por dondequiera. Esto, a su vez, nos recordará otro hilo de espiritualidad, el hilo de la justicia social donde nos acordamos de la naturaleza del Único en quien modelamos nuestras vidas: Jesús. Como Henri Nouwen nos recuerda, la frase «movido a compasión» en parte sintetiza la personalidad de Jesús. Los escritores del evangelio usan doce veces esta palabra «compasión» para describirlo. La palabra literalmente significa «dolor al nivel de las entrañas». Un dolor tan profundo que alcanzó al pobre y al necesitado vertiendo en ellos amor, aceptación y sanidad. Mientras más se teja la justicia social en la tela de nuestras vidas, más oiremos y responderemos al clamor del pobre.

El hilo de espiritualidad que yo menos comprendía, según descubrí, fue el hilo sacramental. Un sacramento es una realidad terrenal que nos expone a la existencia y a la presencia de Dios. Para aquellos de nosotros que anhelamos oír a Dios, los sacramentos, por lo tanto, son de vital importancia y la vida está llena de ellos si tenemos ojos para ver y oídos para oír. Al detenernos y contemplar, quedarnos boquiabiertos y mirar fijamente los azafranes y los lamentos, a los narcisos y a las margaritas, por ejemplo, podemos tener una vislumbre del Creador. De igual modo, ciertas amistades pueden llegar a ser sacramentos para nosotros.

Pablo nos recuerda que el mismo Jesús es un sacramento. No solo Jesús nos da el mejor retrato de Dios que jamás tendremos (cuando miramos a Jesús, vemos a Dios), él también nos provee de uno de los sacramentos más memorables de todos en la Última Cena. El espacio no nos permite desempaquetar más de estas ideas profundas, para los lectores que quisieran explorarlas con más profundidad, hay por lo menos dos opciones. Una es unirse a un grupo «Renovaré» donde te encuentras con otros que están explorando maneras de tejer estos hilos en sus vidas. La otra es más exigente, pero muy recompensadora. Es embarcarse, para los que no son residentes, en un curso por correspondencia acerca de la Espiritualidad y la vida devocional que escribí para el Centro de Aprendizaje Abierto en Cliff College en Derbyshire.[1] Incontables cristianos se están beneficiando de los grupos Renovaré y aquellos que han completado el curso por correspondencia encontraron que su comprensión y su relación con Dios se han profundizado. Después de todo, el reto continúa y, según observamos al principio de *Escuchando a Dios*, «la recompensa de la búsqueda es seguir buscando».

Notas

Prefacio

1. Producido por la Comunidad de Todos los Santos [*All Hallows*], Suffolk, Inglaterra.

Capítulo 1: Cómo aprender a escuchar

1. Thompson, Francis, *The Hound of Heaven* [El Lebrel del Cielo], Mowbrays, pp. 4-6.

Capítulo 2: Sintonizados con Dios

1. Powell, John, *He Touched Me* [Él me tocó], Argus, 1974, p. 70
2. Ibíd, p. 71
3. Ibíd,
4. Lewis, C.S., *Surprised by Joy* [Sorprendido por el gozo], Fontana, 1962, pp. 173-4

Capítulo 3: Un gusto de silencio

1. Hueck Doherty, Catherine de, *Pustinia*, Narcea, Madrid, 1985, p. 20 [del inglés].
2. Ibíd, p. 21
3. Llewellyn, Robert, *Prayer and Contemplation* [Oración y contemplación], Fairacres, 1975, p. 29

Capítulo 4: Llamados a contemplar

1. Borst, James, *Contemplative Prayer* [Oración contemplativa], Ligouri Publications, 1979, p. 43. (Una versión revisada de *A Method of Contemplative Prayer* [Un método de oración contemplativa]).
2. Llewellyn, Robert, *Prayer and Contemplation*, [Oración y contemplación] Fairacres, 1975, p. 33
3. Ver, por ejemplo, Ezequiel 2:1-2
4. Ver, por ejemplo, Salmo 88:9 y Job 11:13

5. Para obtener más información lea *The Body at Prayer* [El cuerpo en la oración] por H. Caffarel, SPCK, 1978
6. Borst, James MHM: *A Method of Contemplative Prayer*, Asian Trading Corporation, 1973, p. 11
7. W. Phillip Keller: «Solitude for Serenity and Strength» [Soledad para la serenidad y fuerza], *Decision Magazine* [Revista Decisión], Agosto-Septiembre de 1981, p. 8

Capítulo 5: Preparación para contemplar

1. Borst, James, *Un método de oración contemplativo*, Editorial Sal Terrae, España, 1974, p. 12
2. Merton, Thomas, *La oracion contemplativa*, Promoción Popular Cristiana, Buenos Aires, Argentina, 1973, p. 13 [del inglés]
3. Ibíd, p. 7
4. Ibíd, p. 8
5. Ibíd, p. 15 (énfasis de la autora)

Capítulo 6: Continúa la contemplación

1. Keller, W. Phillip, «Solitude for Serenity and Strength», *Decision Magazine* [Revista Decisión], Agosto-Septiembre de 1981, p. 8
2. Verney, Stephen, *Into the New Age* [En la Nueva Era], Fontana, 1976, p. 90
3. Ibíd, p. 92
4. The Cloud of Unknowing [La nube del desconocimiento] citado en *Un método de oración contemplativo*, Editorial Sal Terrae, España, , 1979, p. 59
5. Dom Vitalis Lehodey. Citado en ibíd, p. 58
6. Lewis, C.S., *El león, la bruja y el armario*, 1966, p. 148 [del inglés]
7. Borst, James MHM: *Un método de oración contemplativo*, Editorial Sal Terrae, España, 1974, p. 18 [del inglés]
8. Ibíd, pp. 18-19
9. Merton, Thomas, *La oracion contemplativa*, Promoción Popular Cristiana, Buenos Aires, Argentina, p. 115 [del inglés]
10. Anónimo, *The Cloud of Unknowing*, Penguin, 1977, p. 51
11. Verney, Stephen, *Into the New Age*, Fontana, 1976, pp. 91-2

Capítulo 7: Volvamos a la Biblia

1. Packer, J.I., *God's Word* [La Palabra de Dios], IVP, IL, 1981, p. 39
2. Watson, David, *Discipleship* [Discipulado], Hodder & Stoughton, 1981, p. 149

Capítulo 8: Se nos ordena escuchar

1. Mitton, Michael, *The Wisdom to Listen* [La sabiduría de escuchar], Estudios pastorales Grove, no. 5, 1981, p. 10
2. Foster, Richard, *Meditative Prayer* [Oración meditativa], MARC Europe, 1983, p. 3

Capítulo 9: Cómo habla Dios: Visiones y sueños

1. Watson, David, *Discipleship*, Hodder & Stoughton, 1981, p. 143
2. Riffel, Herman, *Your Dreams: God's Neglected Gift* [Tus sueños: Don descuidado de Dios], Kingsway, 1984, p. 9
3. Ibíd, p. 48

Capítulo 10: Cómo habla Dios: Voces y ángeles

1. Ware, Kallistos, *The Orthodox Way* [El camino ortodoxo], Mowbrays, 1979, p. 21
2. Graham, Billy, *Ángeles, agentes secretos de Dios*, Editorial Caribe.
3. Ibíd, pp. 154-5
4. Bloom, Anthony, conversación grabada acerca de un día quieto, se hizo en privado, así que no está disponible para el público.

Capítulo 11: Cómo habla Dios: Por medio de la naturaleza y de la imaginación

1. de Foucauld, Charles
2. Citado en Kallistos Ware, *The Orthodox Way*, Mowbrays, 1979, p. 54
3. Ver *La Práctica de la presencia de Dios*, por Brother Lawrence, Editorial CLIE, Barcelona, España.
4. Citado por Ware, *The Orthodox Way*, p. 4
5. Schaffer, Ulrich, *Into your Light* [En tu luz], Ivp, 1979, pp. 43-4
6. Powell, John, *He Touched Me* [Él me tocó], Argus, 1974, p. 79
7. Kallistos Ware: *The Orthodox Way*, p. 58

Capítulo 12: Cómo habla Dios: Lenguas, profecía, palabras de sabiduría y conocimiento

1. Ware, Kallistos, *The Orthodox Way* [La manera ortodoxa], Mowbrays, 1979, p. 88
2. Miller, Keith, *The Taste of New Wine* [El sabor del vino nuevo], A Word Paperback, 1970, p. 93
3. Watson, David, *One in the Spirit* [Uno en el Espíritu], Hodder & Stoughton, 1981
4. Watson, David, *Discipleship*, Hodder & Stoughton, 1981

Capítulo 13: Muchos errores

1. Packer, J.I., *Conociendo a Dios*, Oasis/CLIE, p. 264 [del inglés]
2. Merton, Thomas, *La oracion contemplativa*, Promoción Popular Cristiana, Buenos Aires, Argentina, p. 43 [del inglés]
3. Samos 119:2, 11, 13, 15, 16, 27, 48, 52, 94, 97, 99, 110, 115, 129, 148, 157, 162
4. Schaeffer, Francis, *The New Super-Spirituality* [La nueva super espiritualidad], Hodder & Stoughton, 1972, p. 24

Capítulo 14: La Biblia: La piedra de toque de cómo escuchar a Dios

1. Citado en *The Practice of Bible Meditation* [La práctica de la meditación bíblica], por Campbell McAlpine, Marshalls, 1981, p. 20
2. Ibíd, p. 20
3. Packer, J.I., *God's Word* [La Palabra de Dios], Ivp, 1981, p. 35
4. Watson, David, *Discipleship*, Hodder & Stoughton, 1981, p. 147
5. McAlpine, *The Practice of Bible Meditation*, p. 75
6. M. Basil Pennington DCSO: *Centering Prayer* [Centrando la oración], Image Books, 1982, p. 193
7. Foster, Richard, *Meditative Prayer*, MARC Europe, 1983, p. 23-4

Capítulo 15: Tentada a darme por vencida

1. Mother Mary Clare SLG, Conversación grabada.
2. Louf, Andre, *Teach Us to Pray* [Enséñanos a orar], DLT, 1974
3. Nouwen, Henri J., *Diario desde el monasterio*, Lumen, Argentina, p. 14 [del inglés]
4. Ibíd, p. 135
5. Barclay, William, *Comentario al Nuevo Testamento Vol. 2: Mateo ll*, Editorial CLIE, Barcelona, España, p. 60 [del inglés]

Capítulo 16: Algunas ayudas a lo largo del camino

1. Brinkworth, Guy sj, Thirsting for God [Sed de Dios], Mullan Press
2. Ibíd, p. 16
3. Ibíd, p. 12
4. Ibíd, p. 13
5. Citado en *You* [Tú], por Mark Link, Argus, 1976, p. 53
6. Hueck Doherty, *Pustinia*, p. 70
7. Ibíd, p. 93
8. Quoist, Michel, *Prayers of Life* [Oraciones de vida], Gill & Macmillan, 1966, pp. 101-2
9. Para sugerencias de música para darnos tranquilidad, ver el apéndice.

10. Leech, Kenneth, *Soul Friend* [Alma amiga], Sheldon Press, 1977, p. 170
11. Ibíd, citado, p. 41
12. Ibíd, citado, p. 44
13. Ibíd, citado, Frontispiece
14. Pray with ... [Ore con] el Hermano Kenneth CGA y la Hermana Geraldine Dss. CSA C10, 1977, p. 15

Capítulo 17: Más ayudas a lo largo del camino

1. Lewis, C.S. *Cartas del Diablo a Su Sobrino*, HarperCollins, p. 114 [del inglés]
2. Foster, Richard, *Celebration of Discipline* [Celebración de la disciplina], Hodder & Stoughton, 1980, p. 48

Capítulo 18: Otra pieza del andamiaje: el grupo de oyentes

1. Brinkworth, Guy sj, *Personal Renewal and Formal Prayer* [Renovación personal y oración formal], Convent of Mercy, 1970, p. 32

Capítulo 19: Algunos resultados de escuchar a Dios

1. Merton, Thomas, *Contemplative Prayer*, DLT, 1973, p. 45
2. Foster, Richard, *Celebration of Discipline*, Hodder & Stoughton, 1978, p. 17
3. Merton, *Contemplative Prayer*, p. 32
4. Ibíd, p. 44
5. Ibíd, p. 44

Capítulo 20: Ora como puedas

1. Orsy, Ladislas M., *Probing the Spirit* [Probar el Espíritu], Dimension Books, 1976, p. 14
2. Schaffer, Ulrich, *Into Your Light*, Ivp, 1979, p. 29

Epílogo: Seguir adelante

1. Green, Thomas sj, *When the Well Runs Dry* [Cuando el pozo corre seco], 1992, p. 12
2. Para lectores entrando o morando en esta fase de oración, yo les recomiendo Henry Nouwen, *The Life of the Beloved* [La vida del Amado], Hodder & Stoughton, 1992.
3. Traducción de Eugene Peterson de *The Message* [El Mensaje]
4. Green, Thomas sj, *When the Well Runs Dry*, p. 24
5. Ibíd, p. 12

6. Brown, Bob, *Wild Rivers* [Ríos salvajes], Peter Dombrovskis Pty Ltd, Tasmania, Autralia, 1983, p. 29. La descripción gráfica de Bob Brown acerca de algunos de los ríos de Tasmania inspiró mi propia percepción de la vida como un río que va serpenteando.

7. Yo recomendaría que aquellos que quieran explorar más acerca de la naturaleza del desierto espiritual lean tres libros que escribió Thomas Green: *When the Well Runs Dry* [Cuando el pozo corre seco], *Drinking From a Dry Well* [Tomar de un pozo seco], *Darkness en the Marketplace* [Oscuridad en la plaza del mercado] todos publicados por Ave Maria Press.

El reto continúa

1. Para obtener los detalles acerca de este curso comuníquese con Mrs. Michelle Shaw en el *Open Learning Centre*, Cliff College, Calver, Hope Valley, Derbyshire S32 3XG, www.cliffcollege.org